Modern Society & Crime

현대사회와 범죄

김순석
김양현
조민상

박영사

머리말

이 책은 일반인들로 하여금 현대 사회에서 우리가 마주하는 범죄 현상을 보다 깊이 있게 이해시키고자 하는 데 목적이 있다. 범죄를 논할 때 우리는 흔히 '합리적(rational)'과 '비합리적(irrational)'이라는 이분법적 개념에 기대는 경향이 있다. 그러나 실제 범죄는 이러한 극단적인 틀로는 설명하기 어려울 만큼 복잡한 양상을 띤다.

'합리적'이라는 표현은 범죄자가 치밀한 계산과 논리를 바탕으로 범행을 저질렀다는 인상을 주지만, 현실에서는 순간적인 판단이나 충동에 따른 범죄도 적지 않다. 반대로 '비합리적'이라는 말은 범죄가 아무런 사고 과정 없이 저질러졌다는 오해를 낳을 수 있다. 중요한 점은, 그 판단이 비록 어리석고 실패한 것이었더라도 여전히 하나의 '의사결정'이었다는 사실이다.

따라서 이 책은 범죄의 결과만을 평가하기보다, 그것이 발생한 사회적 맥락과 범죄자의 인식 과정을 함께 분석하는 데 초점을 맞춘다. 부주의한 결정이나 순간적인 충동, 심지어 폭력적인 행동조차도 특정한 사고와 판단의 흐름 속에서 발생한다. 범죄를 제대로 이해하고 예방하기 위해서는 인간의 복잡한 사고 과정을 면밀히 들여다볼 필요가 있다. 이 책을 통해 범죄 이론가의 시각뿐 아니라, 범죄자의 인식과 판단을 분석하는 범죄 분석가의 관점도 함께 익히게 될 것이다.

범죄는 개인의 성격이나 도덕성만으로 설명할 수 없다. 다양한 요소들이 결합해 새로운 화합물을 만들어 내듯, 여러 사회적 요인이 얽히면서 예상치 못한 범죄라는 결과로 이어지기도 한다. 우리의 일상은 끊임없이 변화하며, 그 속에서 범죄를 유발하거나 유혹하는 조건들이 형성된다. 평범한 사람도 특정한 상황과 환경에 따라 범죄자가 될 수 있다. 낮에는 조용히 강의를 듣던 대학생이 밤에는 음주나 약물에 노출될 수 있고, 성실했던 직장인도 순간의 유혹에 물건을 훔칠 수 있다. 범죄를 바라볼 때 우리가 반드시 고려해야 할 요소는 바로 '상황'이다. 이 강좌는 일상 속 다양한 상황과 맥락이 어떻게 범죄와 맞물리는지를 세밀하게 들여다본다.

이 책은 이러한 문제의식을 바탕으로, 독자들이 범죄를 보다 입체적으로 이해하고 우리 사회에 만연한 범죄 현상을 분석하며, 나아가 실질적인 대응 방안을 고민할 수 있도록 각 장을 체계적으로 구성하였다.

1장은 '우리는 범죄에 대해 얼마나 알고 있는가?'라는 질문에서 출발한다. 이 장에서는 범죄의 개념과 발생 요인, 그리고 '범죄자는 태어나는가, 아니면 만들어지는가'라는 고전적인 논쟁을 중심으로 범죄학의 기본적인 관점을 다룬다. 2장 '우리 주변에서 어떤 범죄가 발생하고 있는가?'에서는 현재 우리 사회에서 나타나는 다양한 범죄 유형을 살펴본다. 폭력, 살인, 재산 범죄, 성범죄, 마약, 청소년 범죄뿐 아니라, 과학기술의 발전과 함께 등장한 신종 범죄까지 구체적인 사례를 통해 현실적인 시각으로 접근한다. 3장 '우리는 범죄는 예방할 수 있는가?'에서는 범죄에 대한 두려움, 피해자 문제, 그리고 예방을 위한 다양한 아이디어를 제시한다.

우리는 지금 '노출의 시대(An Age of Exposure)'를 살고 있다. 범죄는 더 이상 어두운 골목이나 외진 공간에만 국한되지 않는다. 디지털 기술의 발전과 사회의 복잡화는 우리가 인식하지 못하는 사이에 다양한 위험에 노출되도록 만들고 있다. 해킹, 사생활 침해, 온라인 괴롭힘, 신원 도용 등 디지털 범죄는 기존의 범죄 개념을 뛰어넘는 새로운 위협으로 등장했다.

동시에 우리는 수많은 낯선 이들과 관계를 맺고, 다양한 기관과 전문가에게 개인정보와 권리를 위임한다. 현대 사회의 조직화는 삶을 편리하게 만드는 동시에 새로운 위험을 초래하고 있다. 물리적 공간에서는 거리나 장벽이 범죄를 억제하는 기능을 하지만, 디지털 공간에서는 이러한 제약이 거의 없다. 그 결과 타인이 훨씬 쉽게 우리의 사적 영역에 침투할 수 있으며, 반복적이고 은밀한 방식으로 피해를 유발하기도 한다. 이제 범죄는 물리적 방어만으로는 대응할 수 없으며, 기술과 제도, 그리고 사회구조에 대한 통합적인 이해가 요구된다.

이 책은 현대 사회가 범죄 양상을 어떻게 변화시키고 있는지를 살펴보고, 이에 대한 현실적인 대응 방안을 함께 고민하고자 한다. 범죄를 단순한 '나쁜 행동'이 아닌, 복잡한 사회적 현상으로 바라보게 되기를 바란다. 또한, 범죄를 단순한 법적 문제나 도덕적 일탈로만 보지 않고, 현대 사회 속에서 끊임없이 재구성되는 하나의 사회적 현상으로 이해할 수 있도록 돕는다.

독자 여러분이 이 책을 통해 범죄를 보다 깊이 있게 이해하고, 오늘날 우리 사회가 직면한 범죄 문제에 대해 능동적으로 사고하고 성찰할 수 있기를 바란다.

2025년 7월 22일

백양산 기슭 양지바른 연구실에서

저자 일동

차례

Chapter 3

우리는 범죄를 예방할 수 있는가?

CHAPTER

1

우리는 범죄에 대해 얼마나 알고 있는가?

현대사회와 범죄

1 범죄란 무엇인가?

일상생활과 범죄

범죄란 무엇일까? 이 질문은 오랫동안 논쟁의 중심에 있어 왔다. 범죄에 대한 인식은 시대와 장소에 따라 달라졌으며, 사회적·문화적 배경에 따라 그 개념도 끊임없이 변화해 왔다.

고대 문명에서는 공동체의 전통이나 종교적·도덕적 규범을 어기는 행위가 범죄로 여겨졌다. 중세 유럽에서는 교회의 권위를 부정하거나 도전하는 행위가 중대한 범죄로 간주되어, 종교재판이나 마녀사냥 같은 사건들이 벌어지기도 했다. 산업혁명 이후 급격한 도시화와 빈부 격차의 심화는 절도나 강도 같은 재산 범죄의 증가로 이어졌고, 이는 빈곤과 사회적 불평등이 범죄 발생에 영향을 미친다는 인식을 확산시키는 계기가 되었다.

오늘날에는 기술의 발달과 함께 인터넷 해킹, 개인정보 도용, 금융 사기 등 새로운 형태의 범죄가 등장하고 있다. 이처럼 범죄의 개념은 시대와 문화에 따라 달라지며, 법률, 사회, 경제, 기술 등 다양한 요인의 영향을 받는 복합적인 사회 현상임을 보여 준다.

그렇다면 우리가 살아가는 일상 속에서 범죄란 무엇일까? 범죄는 매우 다양한 행위를 포함하는 개념으로, 그 의미는 개인의 시각이나 역사적·사회적 맥락에 따라 달라질 수 있다(Mannheim, 1965).

고대 이집트의 범죄수사 방법을 그린 벽화

마녀로 판명된 여인을 화형하는 중세 목판 삽화

그림 1-1 고대와 중세 시대의 범죄

범죄를 가장 명확하게 정의하는 방법은 법률적 관점에서 접근하는 것이다. 일반적으로 범죄는 '법으로 금지되었거나 처벌 대상이 되는 행위'로 규정된다(Muncie & McLaughlin, 2001). 때로는 '형법이 규정한 도덕적 규범을 위반하는 행위'로 설명되기도 한다(Wikström, 2006). 이러한 법적 정의의 장점은 범죄에 대한 명확한 기준을 제시한다는 점이며, 우리는 일상 속에서 대부분 이 기준에 따라 범죄 여부를 판단하게 된다.

하지만 법 역시 고정된 것이 아니라 사회적 변화에 따라 달라질 수 있는 산물이다. 현실 속의 범죄는 마치 '움직이는 표적(moving target)'처럼 고정되어 있지 않기 때문에, 같은 행위라도 언제 어디서 발생했는지에 따라 범죄로 간주되는지 여부가 달라질 수 있다(Newburn, 2013). 예를 들어 마약 사용, 도박, 동성애, 성매매, 부부 강간과 같은 행위는 어떤 사회나 시대에서는 범죄로 여겨졌지만, 다른 사회에서는 합법적이거나 사회적으로 용인되기도 했다(Durrant, 2018).

범죄를 바라보는 세 가지 시선

범죄는 그 발생 원인과 특성이 매우 다양하기 때문에, 범죄의 개념이나 성격, 원인에 대해 하나의 통일된 견해를 갖기란 본질적으로 어렵다. 그럼에도 불구하고 일반적으로 범죄를 바라보는 시각은 크게 합의론, 갈등론, 상호주의적 관점으로 나눌 수 있다.

합의론적 관점에서는 법이 사회 구성원 사이에 존재하는 공통의 가치와 신념, 즉 사회적 합의에 기반해 형성된다고 본다. 따라서 범죄는 사회 전체가 부정적으로 인식하고 거부하는 행위로 간주되며, 이는 사회의 도덕적 기준과 규범을 위반한 것으로 해석된다. 이 관점은 법을 사회적 가치가 제도화된 결과, 즉 '관습의 결정화(crystallization of the mores)'로 이해한다(Mannheim, 1965). 사회계약론자인 존 로크(John Locke), 토머스 홉스(Thomas Hobbes), 장 자크 루소(Jean-Jacques Rousseau)는 법과 형벌이 다수 시민의 동의를 바탕으로 형성되며, 이는 공동체의 존속을 위협하는 행위를 범죄로 규정하는 근거가 된다고 보았다. 다시 말해, 사회 구성원 다수가 어떤 행위를 부정적으로 인식하고 그것을 법으로 규제하는 데 동의한다면, 이는 사회적 합의의 결과로 볼 수 있다. 즉, 특정 행위가 법에 의해 금지되고 범죄로 간주되어야 한다는 데에 시민들 사이의 일반적인 합의가 존재한다는 의미다(이윤호, 2021).

프랑스 사회학자 에밀 뒤르켐은 범죄를 집단이 공유하는 도덕적 양심에 반하는 행위로 설명하였다(Durkheim, 1958). 이러한 시각에서 합의론은 법이 사회 전체의 이익을 조화롭게 조정하는 역할을 한다고 본다. 예를 들어, 폭력이나 절도 같은 전통적 범죄는 사회적 약자를 보호하고, 횡령이나 담합 같은 경제범죄는 기득권층의 일탈을 제재하는 기능을 한다. 형법은 특정 계층이 아닌 사회 전체의 질서 유지를 목적으로 하며, 타인과 사회에 해를 끼치는 행위는 개인의 자유나 권리의 범위를 벗어난 것이므로 엄격히 규제되어야 한다(McCaghy, 1976). 물론 마약 사용이나 성매매처럼 명확한 피해자가 없는 '피해자 없는 범죄(victimless crime)'에 대해서는 논란의 여지가 있지만, 사회 구조와 안정성을 위협하는 행위로 간주되어 여전히 법적 규제가 정당화되기도 한다.

반면, 갈등론적 관점은 법과 범죄를 지배계층의 이익을 보호하는 수단으로 본다. 이 이론은 사회를 서로 다른 이해관계를 가진 집단들이 경쟁하는 공간으로 이해하며, 법은 갈등을 조정하는 도구라기보다 결국 특정 집단의 이익을 반영하는 결과물이라고 본다. 즉, 범죄의 정의는 가장 강력한 사회 세력이 무엇을 범죄로 규정하느냐에 따라 결정된다는 것이다. 이로 인해 형법은 주로 사회적 약자나 소외된 집단을 통제하는 데 초점을 맞추며, 형사사법제도 역시 권력이 없는 사람들을 억압하는 수단으로 기능한다(Skolnick & Currie, 1982).

예를 들어, 절도나 노상강도 같은 길거리 범죄는 강력히 처벌되지만, 뇌물이나 횡령 같은 화이트칼라 범죄에는 상대적으로 관대한 처벌이 내려지는 경우가 많다. 이는 경제적·사회적으로 더 큰 피해를 줄 수 있는 범죄일지라도 권력층에 속한 이들이 저지를 경우 가볍게 다루어지는 경향이 있음을 보여 준다. 또한, 가난한 사람은 사소한 법 위반으로도 감옥에 가는 반면, 부유층은 더 심각한 범죄를 저질러도 상대적으로 가벼운 처벌을 받는 사례가 많다. 이런 시각에서 갈등론은 범죄를 도덕적 합의나 사회적 질서의 붕괴로 보기보다, 부와 권력, 지위를 유지하기 위해 만들어진 것으로 본다(이윤호, 2021). 따라서 갈등론에서는 법이 계층, 인종, 성별 등의 권력 구조에 중립적이지 않으며, 오히려 기존 권력 구조를 유지하고 강화하는 역할을 한다고 본다. 이에 따라 인권침해, 환경오염, 불공정한 노동조건, 정치적 배제와 같은 문제들도 범죄로 간주될 수 있다. 즉, 합의론이 형법을 사회 질서 유지를 위한 보편적 도구로 본다면, 갈등론은 그것을 권력 유지의 수단으로 본다. 다만, 갈등론 역시 모든 사회적 갈등을 법으로 해결할 수 없으며, 경우에 따라 사회적 합의와 조정이 더 효과적인 해결책이 될 수 있다는 점에서 한계를 가진다.

상호주의적 관점은 범죄를 객관적인 사실로 보기보다, 사회와 개인 사이의 상호작용 속에서 형성되는 주관적인 판단으로 이해한다. 즉, 범죄는 사람들 간의 해석과 의미 부여에 따라 달라질 수 있다는 것이다. 이 관점은 상징적 상호작용주의(symbolic interactionism)에 기반하며, 인간은 단순한 행동 자체보다 그 행동이 갖는 사회적 의미에 반응한다는 전제를 따른다. 조지 허버트 미드는 인간의 마음과 자아가 사회적 상호작용을 통해 형성된다고 보았다(Mead, 1934).

예를 들어, 주먹을 드는 행동이 위협이 될 수도 있고 축하의 표시일 수도 있으며, 문신 역시 과거에는 반항의 상징으로 여겨졌지만, 오늘날에는 개성 표현으로 받아들여지는 경우가 많다. 이처럼 범죄나 도덕 기준은 절대적이지 않고, 사회적 맥락과 해석에 따라 달라질 수 있음을 강조한다. 실제로 한국에서는 과거 간통이 범죄였지만 현재는 비범죄화되었으며, 미국의 일부 주에서는 마리화나가 합법화되기도 한다. 즉, 같은 행위라도 시대와 장소, 문화에 따라 의미와 처벌 여부가 달라질 수 있다는 것이다. 이 관점에서는 동일한 행위를 했더라도 어떤 사람은 교도소에 가고, 또 다른 사람은 보호관찰을 받는 식으로, 범죄에 대한 판단과 처벌은 사회적 상호작용의 결과로 본다.

상호주의적 관점은 범죄의 정의가 법적·사회적 권력을 가진 이들에 의해 형성된다는 점에서 갈등론과 유사하지만, 자본주의적 동기보다는 도덕적 해석과 상징적 의미에 더 주목한다. 예컨대, 포르노, 성매매, 마약 사용과 같은 행위는 경제적 이익보다는 사회의 도덕적 가치관에 따라 범죄로 간주되는 경향이 크다.

범죄에 대한 편견과 오해

우리가 범죄를 인식하는 방식은 다양한 요인의 영향을 받는다. 뉴스, 영화, 드라마 등 미디어는 범죄와 형사사법제도에 대한 특정한 이미지를 우리에게 전달하며, 개인적인 경험 역시 이러한 인식에 일정한 영향을 미친다. 대부분의 뉴스는 범죄 사건을 주제로 하지만, 실제로 모든 범죄를 보도하는 것은 아니다. 따라서 뉴스 등 미디어를 통해 접하는 범죄 정보가 실제 사회에서 발생하는 범죄 전반을 정확히 반영한다고 보기는 어렵다(Howitt, 1998a).

뉴스 보도는 대체로 이례적이거나 자극적인 범죄에 집중하는 경향이 있다. 이로 인해 반복적이고 일상적인 범죄는 상대적으로 주목받지 못한다. 예를 들어, 절도와 같은 재산 범죄는 실제로는 자주 발생하지만 뉴스에서는 잘 다뤄지지 않는다. 반면, 강력 범죄나 폭력 사건은 발생 빈도는 낮지만 과도하게 보도되는 경향이 있다. 이처럼 뉴스에서 다뤄지는 범죄의 모습은 경찰 통계나 피해자 조사를 통해 나타나는 실제 범죄 양상과 일치하지 않는다는 점은 오래 전부터 학자들에 의해 지적되어 왔다(Croll, 1974; Davies, 1952; Roshier, 1973).

Illustrated Police News | 16 July 1892

그림 1-2 자극적인 사건과 사고를 주요 기사로 다룬 1892년 신문 삽화

살인과 같은 폭력 범죄가 미디어에서 과장되게 보도되는 현상도 이러한 왜곡의 한 예다(Chermak, 1995). 수렛은 이를 '반대의 법칙(law of opposites)'이라고 설명하며, 미디어가 보여 주는 범죄의 이미지는 실제 범죄 통계와 종종 정반대라고 지적했다(Surette, 2010). 도프만과 시랄디도 같은 맥락에서, 실제로는 범죄율이 감소하고 있는 시기에도 미디어의 범죄 보도량은 오히려 증가하는 현상을 예로 들며, 미디어가 범죄를 재현하는 방식에 문제가 있음을 강조한 바 있다(Dorfman & Schiraldi, 2001).

범죄를 구성하는 사회적 규범의 구조

미국 최초의 사회학 교수였던 윌리엄 그레이엄 섬너는 1906년 저서 『풍습(Folkways)』에서 문명을 유지하는 규칙을 세 가지 형태로 구분해 설명했다. 그는 이를 풍습(folkways), 도덕적 관습(mores), 법(laws)으로 나누어 이해했다(Sumner, 1906). 섬너의 이 같은 규범 분류는 범죄를 이해하는 데 중요한 개념적 틀을 제공한다.

규범이란 특정 사회의 가치와 문화를 반영하며, 사람들이 어떤 행동을 바람직하다고 여기는지를 보여 주는 공통된 기대와 기준을 뜻한다. 규범은 법처럼 공식적인 형태로 존재하기도 하지만, 사회적 예절이나 전통처럼 비공식적인 방식으로도 작동한다.

먼저 '풍습(folkways)'은 가장 느슨한 형태의 비공식적 규범으로, 일상생활 속에서 지켜야 할 기본적인 예절이나 습관을 의미한다. 예를 들어, 전통적인 복장, 식사 예절, 인사 방식, 몸짓 등이 이에 해당한다. 이런 풍습은 어긴다고 해서 법적인 처벌을 받지는 않지만, 경우에 따라 사회적 비난이나 지적을 받을 수 있다. 풍습은 일상 속 행동양식을 형성하며, 때로는 범죄를 조장하거나 방조하는 사회적 분위기를 만들어 내기도 한다.

다음으로 '도덕적 관습(mores)'은 사회가 공유하는 윤리와 도덕의 기준을 반영한 규범이다. 이는 단순한 예의범절을 넘어서, 공동체의 질서와 조화를 유지하는 데 필수적인 역할을 한다. 법처럼 강제력은 없지만, 이를 어길 경우 비난, 배제, 소외 등 강한 사회적 제재를 받게 된다. 예컨대, 살인이나 절도처럼 명백히 금지된 행위뿐 아니라, 결혼과 가족에 대한 기대, 성적 도덕성, 사회 정의에 대한 신념 등도 도덕적 관습에 포함된다. 도덕적 기준이 약한 사회는 범죄 발생 가능성이 높아지고, 반대로 도덕적 기준이 강한 사회는 더 강력한 사회적 통제를 이룰 수 있다.

마지막으로 '법(laws)'은 국가 권력에 의해 공식적으로 제정되고 집행되는 규범으로, 사회 질서를 유지하기 위한 강제력을 지닌다. 법은 어떤 행위를 범죄로 규정하고, 이에 대한 처벌 기준을 명확히 제시한다. 합의론적 관점에서는 법이 도덕적 관습이 제도화된 형태로 볼 수 있다. 예를 들어, 오랜 시간에 걸쳐 자연스럽게 자리 잡은 풍습이 나중에 법으로 제정되는 경우도 있다. 도덕적 관습은 법의 제정뿐 아니라 집행과 판결 과정에도 영향을 준다. 법이 사회 구성원의 도덕적 기대와 일치할수록 법의 정당성과 권위는 높아지며, 사회의 지지도 강화된다. 반면, 도덕적 가치와 충돌하는 법은 저항과 반발을 불러일으킬 수 있다.

풍습과 도덕적 관습은 시대와 함께 변화하며, 이러한 변화는 법에도 영향을 미친다. 즉, 법은 고정된 규칙이 아니라 사회 변화에 따라 끊임없이 수정되고 발전해야 하는 유동적인 제도이다. 사회 구성원의 가치관과 문화가 달라지면, 그에 발맞춰 법률도 변화해야 한다.

일탈과 범죄의 경계

범죄학자들은 법을 포함한 다양한 사회 규범을 위반하는 행위를 설명할 때 '일탈(deviation)'이라는 개념을 사용한다. 여기서 말하는 일탈이란 단지 법이나 규칙 같은 공식적인 규범을 어기는 것에 그치지 않고, 사회적으로 기대되거나 제도화된 관습에서 벗어난 행동 전반을 의미한다. 일반적으로 정상적이지 않거나 바람직하지 않은 행위로 간주되며, 불법은 아니더라도 비도덕적이거나 사회적으로 받아들이기 어려운 행동도 일탈의 범주에 포함된다.

일탈은 많은 사회 구성원들이 불쾌하거나 부적절하게 느끼는 다양한 행위를 포함한다. 이는 단순히 규칙을 위반하는 것을 넘어, 사회가 용납할 수 있는 기준을 넘는 것으로 간주되기 때문에, 개별 행위 자체보다는 그 행위가 발생한 사회적 맥락에서 판단해야 한다.

예를 들어, 살인이나 절도처럼 명백하게 범죄로 규정되는 행위는 대표적인 일탈이다. 하지만 법을 직접 어기지 않더라도 도덕적으로 비난받을 수 있는 행동 역시 일탈에 해당할 수 있다. 가령, 어린 소녀가 살해되는 장면을 목격하고도 자신의 안전만을 이유로 침묵하는 사람을 떠올려 보자. 현행법상 이 목격자를 처벌하거나 증언을 강제할 수는 없지만, 대부분의 사람들은 그의 침묵을 도덕적으로 문제 삼고, 일탈적인 행동으로 인식할 가능성이 크다. 이처럼 법을 어기지 않았더라도 사회적 비난의 대상이 되는 행위는 일탈로 간주된다.

또한, 명백한 도덕적 잘못은 아니지만 사회적 관습에 어긋나는 행동들도 일탈로 볼 수 있다. 예를 들어, 격식을 차려야 하는 공식적인 자리에서 지나치게 무례하거나 부적절한 복장을 하고 나타나는 경우가 이에 해당한다. 이는 법적으로 처벌받을 일은 아니지만, 그렇다고 범죄성과 무관하다고 단정할 수는 없다. 이러한 일탈적 행동이 반복될 경우 반사회적인 성향으로 이어질 수 있으며, 이는 결국 범죄로 발전할 가능성도 존재하기 때문이다. 예컨대, 운전 중 휴대전화를 사용하는 행위나 공공장소에서의 무분별한 흡연처럼 다른 사람에게 불쾌감을 주는 행동은 지역이나 상황에 따라 법적 제재를 받을 수 있으며, 이러한 행위들 역시 일탈로 볼 수 있다.

범죄학은 이처럼 일탈과 범죄에 대한 사회의 반응을 주요한 연구 대상으로 삼는다. '낙인이론(Labeling Theory)'은 사회가 특정 행위나 사람을 '일탈적' 또는 '범죄적'으로 규정하는 과정을 설명하며, 이 과정에서 부여된 낙인이 개인의 정체성과 행동에 영향을 미쳐 결국에는 그 낙인이 현실이 되는 '자기실현적 예언(self-fulfilling prophecy)'으로 이어질 수 있다고 본다. '긴장이론(Strain Theory)'은 사회 구조와 개인의 기대 사이의 괴리로 인해 일탈이 발생할 수 있다고 설명하며, '사회학습이론(Social Learning Theory)'은 사람들이 중요한 타인, 즉 호의적인 주변 인물로부터 일탈 행동을 학습한다고 본다.

이처럼 다양한 이론들은 일탈과 범죄가 단순한 개인의 일탈 행위에 그치지 않고, 사회적·문화적·법적 환경과 밀접하게 연관되어 있음을 보여 준다. 따라서 범죄학은 법을 어긴 범죄뿐 아니라, 아직 범죄로 규정되지는 않았지만 사회에 잠재적 위협이 될 수 있는 일탈 행동까지도 폭넓게 이해하고 분석해야 한다.

범죄가 가져다주는 효용

범죄는 일반적으로 사회에 해를 끼치는 부정적인 행위로 인식되지만, 사회학적 관점에서는 오히려 사회에 긍정적인 기능을 할 수 있다고 본다. 이런 시각은 범죄를 단순히 제거해야 할 악으로 보지 않고, 사회 변화를 이해하고 대응하는 데 중요한 통찰을 제공한다고 여긴다.

로버트 머튼은 법과 범죄가 가지는 기능을 '표면적 기능(manifest functions)'과 '잠재적 기능(latent functions)'으로 구분하였다(Merton, 1957). 표면적 기능은 사회적 합의에 따라 의도되거나 계획된 결과를 의미한다. 예를 들어, 미국의 금주법은 알코올 남용을 막기 위한 목적으로 제정되었으며, 개신교를 포함한 종교 세력의 요구에 따라 수정헌법 제18조가 통과된 것은 이러한 표면적 기능의 한 사례다.

반면, 잠재적 기능은 법이 의도하지 않았거나 예측하지 못한 결과를 말한다. 금주법 시행 이후 밀주 거래가 급증하고, 법에 대한 대중의 불복종이나 법적 권위에 대한 저항이 커진 것이 대표적인 예다. 합법적인 유통망이 사라지면서 불법 시장이 활성화되고, 결과적으로 국가가 범죄 조직에 기회를 제공하는 부작용이 나타났다. 이처럼 법이 항상 사회 통제의 가장 효과적인 수단이 되는 것은 아니며, 오히려 지나치게 엄격한 법은 공동체의 연대감이나 비공식적인 통제 기능을 약화시킬 수 있다. 따라서 경찰과 형사사법 제도는 사회 통제의 '최후의 수단'으로 작동해야 한다.

많은 사람들은 범죄를 건강한 사회를 위협하는 악의적인 행동으로만 인식하지만, 범죄의 증가는 때로는 확대된 자유, 경제적 풍요, 공정한 경쟁 등 긍정적인 변화의 부산물일 수도 있다. 결국 법은 사회의 변화와 도전에 따라 표면적 기능과 잠재적 기능을 동시에 가지며, 범죄와 법 규범이 항상 의도한 대로만 작용하지는 않는다는 점을 보여 준다.

이처럼 범죄는 부정적인 이미지에도 불구하고 여러 긍정적인 효과를 수반하기도 한다. 첫째, 범죄는 사회 규범과 가치를 재확인하고 강화하는 계기가 된다. 범죄가 발생하면 사회는 이를 비난하고 처벌하는 과정을 통해 어떤 행위가 용납될 수 없는지를 명확히 하게 되며, 이로써 규범에 대한 사회적 공감대가 형성된다. 둘째, 범죄에 대응하는 과정에서 공동체의 연대와 통합이 강화된다. 피해자와 그 가족을 돕고, 지역사회가 함께 범죄 예방에 나서는 과정에서 구성원 간 유대감이 높아진다. 셋째, 범죄는 새로운 법과 제도의 정비를 촉진한다. 새로운 유형의 범죄가 등장하면 기존 법률을 개정하거나 새로운 법을 제정할 필요가 생기며, 이 과정에서 법체계는 더욱 현대적이고 효율적으로 발전하게 된다. 넷째, 범죄는 사회 변화를 유도하고 혁신을 촉진하는 역할도 한다. 범죄 문제가 심각해질수록 이를 해결하기 위한 정책, 제도, 기술이 개발되며, 이는 사회 전반에 긍정적인 영향을 미칠 수 있다. 특히 특정 범죄가 사회에 큰 충격을 줄 경우, 그 원인을 분석하고 해결책을 찾는 과정에서 다양한 사회 문제에 대한 인식이 확대되고, 실제 정책 변화로 이어지기도 한다.

2

범죄 발생에 영향을 주는 요인은 무엇인가?

범죄 발생 시간과 장소

티모시 하트와 터렌스 미테는 범죄율이 시간적 특성과 밀접하게 연관되어 있으며, 일정한 패턴이 존재한다고 주장했다(Hart & Miethe, 2015). 실제로 범죄는 유형에 따라 발생 시간이 다르게 나타난다. 일부 범죄는 주로 야간에 일어나며, 반대로 어떤 범죄는 주간에 집중되기도 한다. 예를 들어, 24시간 운영되는 편의점이나 패스트푸드점은 범죄자에게 시간의 제약 없이 범행 기회를 제공한다. 반면, 현금을 주로 취급하는 상점은 현금이 많이 모이는 늦은 시간대에 범죄 위험이 높아진다. 또한, 현금인출기(ATM)는 하루 종일 이용할 수 있지만, 실제로는 사람들이 상대적으로 경계를 덜 하는 오전이나 낮 시간대에 범죄 발생률이 더 높은 것으로 나타났다(Haberman & Ratcliffe, 2015).

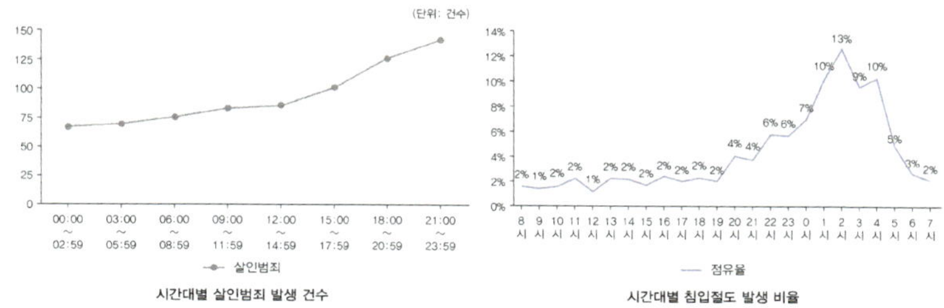

그림 2-1 시간과 범죄 발생과의 관계

※ 출처: 한국형사·법무정책연구원. (2023). 2023 한국범죄피해조사 통계 분석 보고서.

한국의 전국범죄피해조사(KCVS)에 따르면, 강력범죄의 절반 이상이 오전 6시부터 오후 6시 사이에 발생한다. 특히 청소년이 저지른 강력범죄는 오후 3시부터 저녁 7시 사이에 집중되는 경향을 보인다. 반면, 성폭력의 65%, 주거침입 절도의 70%, 자동차 절도의 75%는 주로 야간에 발생한다. 이처럼 범죄는 시간대에 따라 발생 양상이 달라지며, 이는 범죄 예방 전략을 수립하는 데 있어 매우 중요한 단서가 된다.

예를 들어, 침입 절도는 집이 비어 있는 시간대에 자주 발생하며, 대학 캠퍼스 내에서도 범죄는 주로 야간에 일어나는 경우가 많다(Nasar & Fisher, 1993). 많은 사람들이 범죄는 밤에만 발생한다고 생각하지만, 실제로는 낮 시간대에도 빈번히 발생한다. 특히 평일 오전 8시부터 오후 6시 사이에는 출퇴근과 외부 활동이 많아 범죄가 발생하기 쉬운 환경이 조성된다. 주말이나 공휴일의 경우에는 저녁 시간대에 범죄 발생률이 높아지는 경향이 있으며, 날씨나 계절 변화도 범죄 패턴에 영향을 미친다. 이처럼 시간은 범죄 예방에서 중요한 변수로 작용하며, 범죄 발생 시간대를 고려한 예방 전략이 필요하다. 예를 들어, 야간 범죄를 줄이기 위해 조명을 추가 설치하거나 업종 특성에 맞는 맞춤형 예방 조치를 강화하는 방식이 효과적이다.

범죄는 시간뿐만 아니라 장소와도 깊은 관련이 있다. 일반적으로 소도시나 농촌보다 대도시에서 범죄 발생률이 높으며, 대도시 내에서도 지역에 따라 큰 차이를 보인다. 실제로 범죄는 특정 지리적 구역에 집중되는 경향이 있으며, 도시 전체 면적의 10% 미만 지역에서 전체 범죄의 절반 이상이 발생하는 것으로 나타났다(Weisburd, 2015). 이러한 집중 현상은 인구 밀도, 경제적 수준, 경찰 활동의 강도 등 다양한 요인의 영향을 받는다.

미국의 국가범죄피해조사(NCVS)에 따르면, 집은 가장 안전한 공간으로 인식되지만 동시에 범죄 피해가 가장 많이 발생하는 장소이기도 하다. 실제로 강력범죄의 25% 이상이 피해자의 집이나 그 인근에서 발생하며, 전체 범죄의 약 75%는 피해자의 집에서 반경 10km 이내에서 일어난다.

특정 장소의 물리적 환경 또한 범죄 발생에 큰 영향을 미친다. 깨진 창문, 어두운 조명, 방치된 건물 등은 해당 지역이 관리되지 않고 있다는 인식을 심어주며 범죄 발생 가능성을 높인다. '깨진 창문 이론(broken window theory)'은 이러한 물리적 환경이 범죄를 유발할 수 있음을 강조한다. 또한 상업지역이나 대중교통 허브처럼 유동 인구가 많은 곳은 범죄 기회도 많아 주거지역보다 범죄율이 높게 나타난다.

범죄가 집중되는 '핫스폿(hot spot)' 지역에 대한 연구에서는, 경찰력을 효과적으로 집중시킬 경우 범죄율을 줄일 수 있다는 결과가 나왔다. 예를 들어, 로스앤젤레스의 한 연구에 따르면 특정 지역에 집중적인 경찰 활동을 실시한 결과, 전체 범죄는 12%, 폭력 범죄는 26% 감소했다(Braga, Papachristos & Hureau, 2012).

이처럼 범죄와 물리적 환경의 관계를 이해하면, 정책 입안자나 수사기관이 보다 실효성 있는 범죄 예방 전략을 설계할 수 있다. 예를 들어, 조명 개선, 방치된 공간 정비, 안전을 고려한 건축 및 거리 설계, 자연 감시 기능 강화 등이 대표적인 대안이 된다. 자연 감시는 주민이나 보행자가 주변을 쉽게 관찰하고 감시할 수 있는 구조를 의미하며, 이는 실제로 범죄 발생 가능성을 낮추는 데 효과가 있다(Taylor & Harrell, 1993).

계절 및 기온과 범죄의 상관관계

범죄 발생은 계절에 따라 뚜렷한 양상을 보인다. 일반적으로 범죄율은 7월과 8월, 즉 무더운 여름철에 가장 높다. 여름에는 청소년들이 방학으로 학교를 떠나 야외에서 보내는 시간이 많아지면서, 자연스럽게 범죄에 노출될 가능성도 커진다. 또한 따뜻한 날씨로 인해 많은 사람들이 외부 활동을 즐기게 되며, 이로 인해 범죄자들이 범행 대상을 찾기 쉬운 환경이 조성된다(Hart & Miethe, 2015). 여기에 더해 휴가철에는 집을 비우는 가정이 많아지면서 빈집을 노린 절도와 같은 재산범죄도 증가하는 경향을 보인다. 반면, 살인이나 강도 같은 강력범죄는 12월과 1월, 즉 추운 겨울철에 더 자주 발생하는 경향이 있다. 특히 강도는 해가 짧아지는 겨울철에 밤이 길어지면서 더 많이 발생하는 특징이 있다(Tompson & Bowers, 2013).

계절 변화는 범죄 발생에 중요한 영향을 미치기 때문에, 범죄학자들은 이러한 계절적 특성을 반영한 범죄 예방 전략을 마련하고 있다. 마커스 펠슨과 레이철 보바는 온대기후 지역에 거주하는 사람들은 가을부터 봄까지는 실내 활동이 중심이 되고, 늦봄부터 여름까지는 야외 활동이 활발해진다고 지적했다. 이러한 활동 패턴은 여름방학을 맞은 청소년들의 일탈 행동이나 범죄 발생에도 영향을 끼친다(Felson & Boba, 2010).

또한 미국의 6개 도시를 대상으로 한 연구에서는 도시마다 계절에 따른 범죄 양상이 서로 다르게 나타났다. 이는 각 도시의 고유한 사회적·환경적 요인에 따라 범죄 발생 패턴이 달라지기 때문이라는 점을 보여 준다. 어떤 도시는 여름철에 재산범죄가 늘어난 반면, 다른 도시는 폭력범죄가 계절 변화에 더 큰 영향을 받는 것으로 나타났다. 이러한 연구 결과는 지역 사회의 특성에 맞춘 맞춤형 범죄 예방 정책을 수립하는 데 실질적인 도움을 줄 수 있다(Andresen & Malleson, 2013).

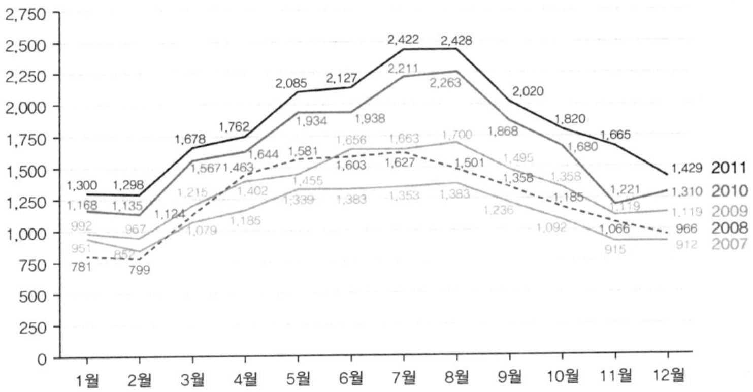

그림 2-2 **한국에서의 계절과 범죄와의 관계**

※ 출처: 헤럴드경제(2013.6.11.). 여름철은 사건 사고의 계절?

특히 기온이 높아질수록 폭행이나 가정폭력과 같은 특정 범죄 유형이 증가하는 경향이 있으며, 이러한 현상은 저소득층 거주지나 실업률이 높은 지역에서 더욱 뚜렷하게 나타난다. 날씨와 범죄 간의 상관관계는 단순히 경제적 요인뿐만 아니라, 사회적 규범, 문화적 가치, 폭력에 대한 노출 수준 등 다양한 비경제적 요소의 영향을 받는다. 예를 들어, 낮은 강수량과 높은 기온은 농업 생산성을 저하시켜 농민의 소득과 고용 안정성을 해치고, 이는 결국 범죄 증가로 이어질 수 있다. 반면, 비가 많이 오는 날은 사람들 간의 물리적 접촉이 줄어들기 때문에 범죄 발생 가능성도 낮아질 수 있다.

일반적으로 높은 기온은 재산범죄와 폭력범죄 모두에 영향을 미치지만, 강수량이 적은 날씨는 특히 재산범죄에 더 큰 영향을 주는 것으로 나타났다(Blakeslee et al., 2021). 따라서 기온이 범죄에 미치는 영향을 보다 정확히 이해하기 위해서는 범죄학뿐 아니라 환경심리학, 사회학 등 다양한 분야의 학제 간 연구가 필요하다.

다양한 연구 결과에 따르면, 기온이 높은 여름철 도시 지역에서는 폭력범죄와 재산범죄 모두 증가하는 경향이 분명하게 나타난다. 특히 고온이면서 건조한 지역에서는 이러한 상관관계가 더욱 강하게 드러난다. 전통적으로는 기온과 범죄 간의 관계를 '역 U자형 곡선'으로 설명해 왔다. 즉, 기온이 상승할수록 범죄율도 함께 증가하지만, 일정 수준을 초과하여 지나치게 더워지면 오히려 외부 활동이 줄어들어 범죄율이 다시 감소하는 경향을 보인다(Baron, 1972).

<그림 2-3>은 기온 변화에 따라 협박 사건과 폭행 사건의 발생 건수가 어떻게 달라지는지를 보여 주며, 폭력범죄와 기온 간의 관련성을 시각적으로 잘 나타내 준다.

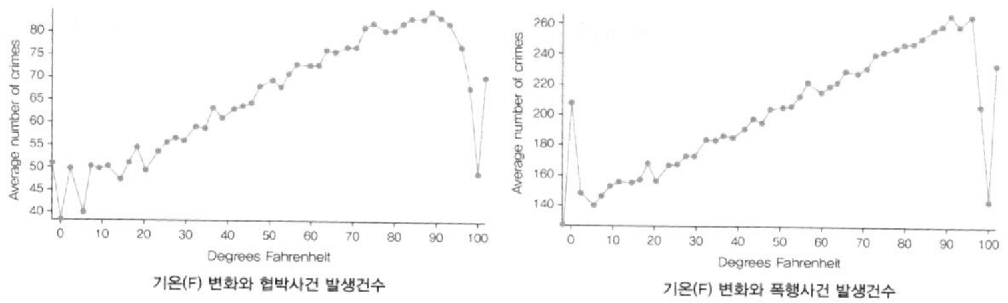

기온(F) 변화와 협박사건 발생건수 　 기온(F) 변화와 폭행사건 발생건수

그림 2-3 기온과 폭력범죄와의 관계

※ 출처: medium(2017. 11. 15). How does the Temperature affect crime rate?

그러나 이러한 설명에 대해서는 학계에서도 의견이 엇갈리고 있다. 일부 연구자들은 기온이 상승할수록 범죄율도 꾸준히 증가한다고 주장한다(Bushman, Wang & Anderson, 2005). 반면 다른 연구에서는 기온의 영향이 하루 중 시간대에 따라 달라질 수 있으며, 개인의 행동 패턴, 지역사회의 기능, 사회적 상호작용, 그리고 경찰의 활동 방식 등 다양한 요소가 함께 작용한다고 본다(Corcoran & Zahnow, 2022).

일례로, 기온 상승은 가정폭력 발생률을 지속적으로 높이는 경향이 있는 반면, 강간과 같은 범죄는 지나치게 고온인 환경에서는 오히려 줄어드는 경향이 있다는 연구 결과도 있다(Cohn, 1993). 또한 기온이 1℃ 상승할 때마다 폭력범죄는 2.2%, 재산범죄는 1.7%, 마약범죄는 2.8% 증가한다는 통계도 보고되었다(Stevens et al., 2019).

이러한 현상은 무더운 날씨에 따른 알코올 소비 증가와도 밀접한 관련이 있다. 더운 기온은 신체적·정신적 스트레스를 유발하고, 이는 공격성과 관련된 아드레날린이나 테스토스테론 같은 호르몬 분비를 촉진시켜 범죄 가능성을 높이는 요인이 될 수 있다(Simister & Cooper, 2005).

젊음은 왜 범죄에 끌리는가?

미국에서 체포된 범죄자 중 절반가량은 25세 미만의 청년층으로 나타났다. 2006년 미 연방수사국(FBI)의 주요 범죄 통계에 따르면, 18세 미만 청소년은 전체 인구의 약 8%에 불과하지만, 체포된 범죄자의 15%를 차지했다(U.S. Department of Justice, 2010). 범죄 유형별로 보면, 절도 사건의 25%, 방화 사건의 절반이 청소년과 관련되어 있었다.

반면, 65세 이상 고령층은 전체 인구의 12.4%를 차지하지만, 범죄로 체포된 비율은 1%도 되지 않았다(U.S. Census Bureau, 2008). 이러한 통계는 연령과 범죄율 사이에 뚜렷한 상관관계가 있음을 보여 준다. 고트프레드슨과 허쉬는 범죄 성향이 대체로 10대 후반에 가장 높고, 이후 나이가 들수록 점차 감소한다고 설명했다(Gottfredson & Hirschi, 1986). 이러한 경향은 성별, 인종, 국가, 시대, 그리고 범죄의 유형에 관계없이 일관되게 나타나는 특징이다.

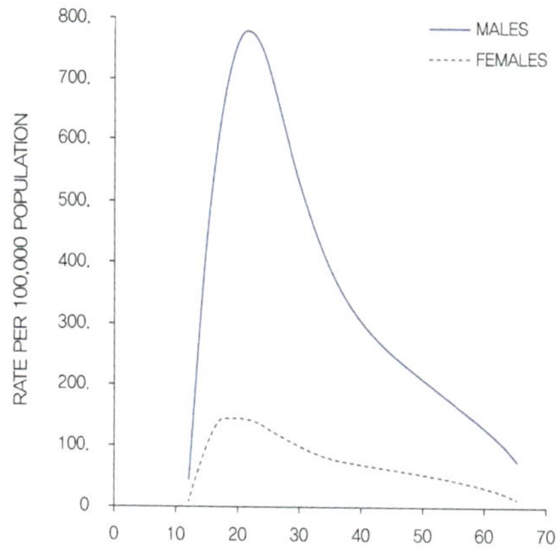

그림 2-4 Hirschi & Gottfredson(1983)에 나타난 연령-범죄 곡선

※ 출처: Hirschi, T. & Gottfredson, M.,(1983). "Age and the explanation of crime", American Journal of Sociology, 89: 552-584.

상습범이나 누범의 경우에도 연령이 높아질수록 범죄율이 낮아지는 경향은 동일하게 나타난다. 특히, 성별이나 사회계층에 따른 청년층의 범죄율 격차도 시간이 지나면서 생애주기에 따라 달라진다. 예를 들어, 하위계층 청소년이 중산층 청소년보다 범죄에 가담할 가능성이 3배 더 높다고 하더라도, 이러한 격차는 나이가 들어서도 유지되어 60세가 된 하위계층 인구가 같은 나이의 중산층보다 여전히 높은 범죄율을 보일 수 있다(Gottfredson & Hirschi, 1988).

이러한 주장은 나이가 들수록 신체 활동성과 체력이 저하되고, 경제적·사회적 책임이 커짐에 따라 위험한 행동에 참여할 가능성이 줄어든다는 점에서 설득력을 가진다. 대부분의 범죄학자들은 연령과 범죄율이 반비례 관계에 있다는 데 동의하고 있다. 허쉬와 고트프레드슨은 연령이 범죄와 관련된 가장 중요한 변수 중 하나이며, 그 영향은 경제적 지위, 혼인 여부, 인종, 성별과 무관하게 일관되게 나타난다고 강조했다(Hirschi & Gottfredson, 1983).

청년층이 범죄를 더 자주 저지르는 이유는 경제적·사회적 이득, 또래 집단 내 지위 상승과 같은 요인 때문이다. 청소년에게 반사회적 행동은 때로 위험을 감수하는 용기로 인식되며, 이는 또래 사이에서 인정받는 수단이 되기도 한다. 이러한 점에서 청소년 범죄는 또래 집단 내 인정욕구와 결합되어 나타나는 경향이 있다(Kreager, 2007).

또한 청소년기는 독립을 추구하지만 자립 능력이 부족한 시기이기 때문에, 돈이나 성적 호기심, 음주, 지위 획득을 목적으로 범죄에 쉽게 노출될 수 있다. 이 같은 일탈 행동은 전통적 사회 규범에 저항하는 또래 문화에 의해 더욱 강화된다. 그러나 성인이 되면 불법 행위를 통해 얻는 이익이 그다지 매력적으로 느껴지지 않으며, 결혼이나 직업 같은 합법적인 경로를 통해 삶을 꾸려가려는 경향이 강해진다(King et al., 2007).

나이가 들면서 범죄에 연루된 친구들이 자연스럽게 줄어들고, 신체적 노화와 함께 범죄에 가담하는 빈도와 강도 역시 점차 감소한다. 윌슨과 헌스타인은 노화가 생애주기의 자연스러운 일부로서 범죄 행동에도 분명한 영향을 미친다고 보았다(Wilson & Herrnstein, 1985). 이는 신체적 조건이 범죄율과 밀접하게 연관된다는 점과도 맞닿아 있다. 특히 강력범죄일수록 일정 수준의 신체적 힘과 활동성을 필요로 하기 때문에, 노년층이 이러한 범죄에 가담할 가능성은 자연스럽게 낮아진다(이윤호, 2021).

한편, 노년층은 범죄의 유혹에 상대적으로 덜 노출되는 경향이 있다. 전체 인구에서 65세 이상이 14% 이상을 차지함에도 불구하고, 이 연령대에서 체포된 범죄자는 전체의 1% 미만에 불과하다. 체포된 노인의 경우, 남성은 주로 음주 관련 범죄에, 여성은 절도에 연루되는 경우가 많다. 지난 20년간 노인 범죄율은 비교적 안정적인 수준을 유지해 왔지만, 베이비붐 세대의 고령화로 인해 향후 노인 인구가 급격히 증가하면서 노인 범죄율 역시 함께 증가할 가능성이 존재한다. 이에 따라 형사사법기관의 선제적이고 적극적인 대응이 요구된다(Aday & Krabill, 2006).

여성 범죄에 대한 새로운 시선

전통적으로 성매매와 같은 특정 범죄를 제외하면, 거의 모든 연령대에서 남성의 범죄율이 여성보다 높게 나타났다. 여성은 전반적으로 낮은 범죄율을 보여 왔기 때문에, 학계나 대중매체에서도 여성 범죄 문제를 상대적으로 중요하지 않게 다뤄 왔다. 이로 인해 여성 범죄자는 사회에 위협이 되는 존재라기보다는 예외적인 사례로 간주되어 왔다.

초기 범죄학자들은 남성과 여성 사이의 정서적, 신체적, 심리적 차이에 주목하면서 이러한 범죄율 격차를 설명하려 했다. 1895년 체사레 롬브로소와 윌리엄 페레로는 『여성 범죄자(The Female Offender)』에서 일부 여성 범죄자는 연애, 출산, 낮은 지능, 심신 허약 등 여성의 전형적 특성이 결여돼 있다고 주장했다(Lombroso & Ferrero, 1895). 이들은 특히 범죄를 저지른 여성의 외모와 정서가 일반 여성보다 남성에 더 가깝다고 보며, 이를 '남성성 가설'로 설명했다.

하지만 롬브로소의 생물학적 범죄 이론은 남성 범죄자 연구에서 이미 한계를 드러낸 바 있으며, 여성 범죄자에 대해서도 많은 비판을 받았다. 1930년대에는 셸던과 엘리너 글룩 부부가 여성 범죄자를 대상으로 독립적인 연구를 진행하며, 범죄 원인을 생물학적 요인뿐 아니라 사회적·환경적 배경에서도 찾아야 한다고 주장했다(Glueck & Glueck, 1934). 이들은 여성의 사회적 환경이 변화하면 범죄율 역시 달라질 수 있다고 보았다.

오토 폴락도 글룩 부부의 관점에 공감하며, 여성 범죄는 통계에 잘 드러나지 않는 '암수범죄'의 형태로 나타난다고 보았다(Pollack, 1950). 그는 여성 범죄가 '가면을 쓴 이중적 성격'을 가지며, 사회 전반에 퍼져 있는 여성에 대한 보호적이고 관대한 태도가 여성 범죄를 은폐시킨다고 주장했다(Steffensmeier, 1980). 이러한 인식은 경찰이 여성 범죄자에게 소극적으로 대응하게 만들고, 피해자들이 여성 가해자에 대한 진술을 꺼리게 하며, 검사나 배심원 역시 여성에게 유죄 판결을 내리는 데 주저하게 만든다. 이로 인해 여성 범죄는 사회적으로 과소평가되는 경향이 있다.

일부 범죄학자들은 여전히 성별에 따른 생물학적 요인이 범죄율 차이의 중요한 원인이라고 본다. 예를 들어, 남성 호르몬인 안드로겐이 남성의 공격성과 관련이 있으며, 이 같은 호르몬 차이가 남성과 여성 간의 범죄율 격차를 설명한다고 주장한다(Booth & Osgood, 1993). 이러한 관점에서는 여성의 해부학적 특성과 그에 따른 심리적·생리적 특성이 여성의 범죄 발생을 제약한다고 본다(Pollack, 1950).

하지만 최근에는 사회 변화에 따라 여성의 역할도 달라지면서, 여성 범죄에 대한 시각 역시 점차 변화하고 있다. 프레다 아들러는 1970년대 자유주의 페미니스트 이론을 바탕으로, 여성의 사회적·경제적 지위가 향상되면 여성의 범죄율도 증가할 수 있다고 주장했다(Adler, 1975). 그녀는 여성들이 남성과 유사한 사회적 스트레스와 유혹에 노출되면서, 이전과는 다른 방식으로 범죄에 관여할 가능성이 높아졌다고 보았다. 예를 들어, 자동차 절도에는 운전 능력이 필요하고, 횡령은 신뢰받는 지위에서 가능하며, 술집 싸움은 그 공간에 있어야 가능한 행동이라는 것이다.

리타 사이먼도 이 같은 변화에 동의하며, 여성의 경제활동 참여 증가가 절도, 사기, 횡령 같은 재산범죄의 증가로 이어질 수 있다고 보았다(Simon, 1975). 그녀는 남성과 여성의 범죄 성향이 본질적으로 다르지 않으며, 사회적·경제적 기회가 평등해질수록 양성 간 범죄 양상도 점차 비슷해질 것이라고 주장했다.

인종, 편견, 그리고 범죄율

미국의 공식 범죄 통계에 따르면, 소수 인종 집단은 전체 인구 비율에 비해 범죄 통계에서 과도하게 높은 비중을 차지하는 것으로 나타난다. 예를 들어, 아프리카계 미국인은 전체 인구의 약 13.2%에 불과하지만, 주요 흉악범죄에서의 체포율은 38%를 넘는다. 이러한 수치는 형사사법 제도 전반에 인종 간 불균형이 존재함을 보여준다.

대규모 표본을 기반으로 한 연구에 따르면, 흑인 남성의 약 30%가 18세 이전에 적어도 한 차례 이상 체포된 경험이 있으며, 이는 백인 남성의 22%에 비해 높은 수치다. 23세까지의 누적 체포율 역시 흑인 남성은 약 50%에 달하지만, 백인 남성은 38%에 그친다(Brame et al., 2014). 또한 흑인이 교도소에서 복역할 확률은 18%에 달하는 반면, 백인은 3%에 머문다. 특히 젊은 흑인 남성의 주요 사망 원인이 살인이라는 점은 매우 주목할 만하다(Petersilia, 1985).

하지만 이러한 통계가 실제 범죄율의 인종 간 차이를 반영하는 것인지, 아니면 제도 전반에 걸친 인종적 편견의 결과인지에 대해서는 많은 전문가들이 의문을 제기한다. 한 연구에서는 흑인과 백인이 자진 신고한 범죄 건수가 유사함에도 불구하고, 소수 인종이 훨씬 더 자주 체포·기소되는 경향이 있다는 점을 확인했다(Akers et al., 1981). 이러한 차별은 체포 단계에서부터 수감에 이르기까지 형사사법 절차 전반에 영향을 미친다. 실제로 최근 자기 보고식 조사에서는 인종 간 범죄율의 뚜렷한 차이가 거의 발견되지 않았다(Huizinga & Elliott, 1987).

다른 연구에서도 흑인과 백인 청소년의 비행률은 유사하지만, 체포 통계에서 차이를 보이는 것은 경찰의 차별적 체포 행위 때문일 수 있다고 지적했다(Tracy, 1987). 또한 백인이나 부유층 여성보다 가난한 사람이나 소수 인종 남성이 공식적으로 체포될 가능성이 더 높은 것으로 나타났다(Sealock & Simpson, 1998).

이처럼 공식 통계, 범죄 피해 조사, 자기 보고식 조사 간에 범죄율에 대한 결과가 상이할 경우, 그 원인을 면밀히 분석할 필요가 있다. 인종 간 범죄율 격차는 실제 범죄 행위의 차이라기보다는 형사사법 제도 내의 불평등이나 차별적 대우에서 비롯될 수 있다. 체포율에서 나타나는 인종 간 격차는 범죄 자체보다는 제도적 편향의 결과일 가능성이 크다. 다수 연구들은 경찰이 백인보다 소수 인종을 더 자주 정지시키고 수색하거나 체포하는 경향이 있다는 점을 지적하고 있으며, 이러한 현상은 흔히 '인종 프로파일링(racial profiling)'이라고 불린다(Close & Mason, 2007).

인종 프로파일링은 소수 인종 시민이 백인이 다수를 이루는 지역에서 차량을 운전할 경우, 경찰에 의해 정차나 수색을 당하는 상황을 설명할 때 주로 사용되는 개념이다(Carroll & Gonzalez, 2014). 이러한 현상은 소수 인종 비율이 낮은 지역에서 더 자주 발생하며, 인종적으로 동질적인 지역일수록 경찰은 이웃과 인종이 다른 사람을 더욱 의심하는 경향을 보인다(Novak & Chamlin, 2012).

이러한 편향은 경찰과 소수 인종 간의 갈등과 적대감을 심화시키며, 특히 젊은 흑인 남성은 '위험한 집단'으로 낙인찍혀 과잉 대응의 대상이 되는 악순환이 이어진다. 이는 상호 불신을 확대하고, 인종 간 갈등을 더욱 심화시키는 결과를 낳는다(Rosenfeld et al., 2011).

'인종 위협 가설(Racial Threat Hypothesis)'은 경찰이 사회적 위협으로 인식한 소수 집단을 더 자주 통제하려는 경향을 설명하며(Blalock, 1967), 이러한 인식은 인종차별적 시선과 고정관념을 사회 전반에 확산시키는 결과로 이어진다(Wickes et al., 2013).

인종적 편향은 체포 단계에 국한되지 않고 형사사법 제도 전반에 걸쳐 나타난다. 예를 들어, 흑인과 히스패닉계 성인은 백인보다 보석금이 허용될 가능성이 낮고(Schlesinger, 2005), 동일한 경제적 조건에서도 흑인은 백인보다 더 긴 형량을 선고받는 경향이 있다(Tillyer, 2014).

이처럼 제도 내부의 편향은 소수 인종 집단을 범죄 통제 체계 내에서 더 자주 표적화하게 만들며, 결과적으로 이들의 범죄율을 실제보다 높이는 결과를 초래할 수 있다. 이는 경제적 불평등, 사회적 고립, 가족 해체와 같은 구조적 요인들과 밀접하게 연결된다. 예를 들어, 흑인 공동체에서 독신 여성 가구의 비율이 높은 현상은 범죄율과 관계될 수 있으며, 이러한 구조적 조건은 소수 인종이 범죄에 가담할 가능성을 높이는 악순환을 낳는다.

심 화 연 구

인종위협가설 (racial threat hypothesis)

이 이론은 커뮤니티 내 소수 인종 또는 소수 민족 집단의 규모와, 다수 집단 구성원이 느끼는 위협 인식 사이의 관계를 설명하는 사회학적 관점이다. 이 가설에 따르면, 소수 집단의 인구가 증가할수록 다수 집단은 자신들의 사회적, 경제적, 정치적 지위가 위협받는다고 인식하게 되며, 이는 기존의 사회 질서를 유지하고 소수 집단을 통제하려는 행동으로 이어질 수 있다.

특히 치안과 형사사법 영역에서는 이러한 인식이 보다 공격적인 경찰 활동, 더 엄격한 형벌 선고, 감금 등과 같은 통제 수단의 확대로 나타날 수 있다고 본다. 이처럼 소수 집단의 존재 자체가 위협으로 간주될 때, 이들은 형사사법 제도에 의해 불균형적으로 표적화되고, 체포율, 형량, 수감률 등에서 인종 간 뚜렷한 차이를 초래할 수 있다.

또한 다수 집단 구성원은 소수 집단의 인구 증가에 따른 위협을 회피하기 위해 소수 민족이 다수인 지역을 떠나는 방식으로 반응하게 되며, 그 결과 지역 간 인종 및 민족 분리가 심화되는 현상도 나타날 수 있다. 이러한 현상은 결국 사회적 통합을 저해하고 인종 간 갈등을 더욱 고착화시킬 수 있다.

이민자, 범죄의 희생양인가? 주범인가?

인종차별 문제는 각국의 불법체류자 문제와 깊은 관련이 있다. 종종 불법체류자들이 위험하고 폭력적이며, 이들이 거주하는 지역의 범죄율이 높아져 밤길을 걷기 무섭다는 주장이 제기되곤 한다. 하지만 이러한 인식이 실제 사실에 기반한 것인지에 대해서는 의문을 제기할 필요가 있다.

미국에서 진행된 여러 연구에 따르면, 이민자들이 평균적인 미국 시민보다 범죄를 저지를 가능성은 훨씬 낮은 것으로 나타났다. 외국 출신 성인의 범죄율과 수감률이 낮다는 점은, 이민자들이 공공 안전에 위협이 된다는 오랜 편견이 사실과 다르다는 것을 보여 준다(Martínez, 2010). 물론 이민자의 범죄율은 국가, 지역, 인종 집단, 범죄 유형 등에 따라 다를 수 있지만, 전반적으로 이들이 범죄에 더 많이 연루된다는 주장은 과장되었거나 오해에서 비롯된 경우가 많다.

대부분의 이민자와 불법체류자는 사회에서 정상적인 생활을 유지하려 노력하며, 범죄에 휘말리는 것을 피하려는 경향이 있다. 일부 사례에서는 이민자들이 범죄에 연루되기도 하지만, 이들의 범죄율이 다른 인구 집단보다 높다고 일반화하기는 어렵다. 여러 연구에서도 이민자들의 범죄율이 미국 전체 평균보다 낮다는 결론이 반복적으로 제시되었다. 또한, 이민자가 많이 유입된 국경 지역이 더 폭력적이라는 주장 역시 명확한 근거가 부족하다(Martínez, 2010).

이민자의 낮은 범죄율은 범죄 이력이 있는 이민자를 선별하고, 범죄를 저지른 비시민권자에게는 추가적인 제재를 가하는 미국의 이민 정책과도 관련이 있을 수 있다. 그러나 일부 연구는 이러한 억제 정책이 실제로 범죄율을 낮추는 효과가 있는지에 대해 회의적인 시각을 제시하며, 오히려 이민자 비율이 높을수록 범죄가 감소하는 경향을 보인다고 분석하기도 했다(Schnapp, 2015).

다른 연구들 또한 이민자들의 범죄 발생 경향이 다른 인구 집단과 뚜렷하게 다르지 않다는 점을 보여 준다. 범죄에 연루된 이민자들은 대부분 경제적으로 어려운 상황에 놓여 있거나, 기존에 범죄 경력이 있는 경우가 많았다. 이처럼 이민자와 범죄 사이의 관계를 정확히 이해하려면 이들의 사회경제적 배경 등 다양한 요인을 함께 고려해야 한다는 점이 강조되고 있다. 캐나다에서도 유사한 연구 결과가 보고되었으며, 이민자의 범죄율은 과거 범죄 이력, 경제 상황, 고용 상태 등과 연관이 있었지만, 이민자라는 사실 자체가 범죄율 상승을 초래한다는 인과관계는 발견되지 않았다(Butcher & Piehl, 2007).

따라서 이민자나 불법체류자의 범죄율을 근거로 인종차별적인 태도를 정당화하는 것은 타당하지 않다. 범죄는 개인의 구체적인 사회적 · 경제적 조건과 밀접한 관련이 있으며, 이를 예방하기 위해서는 차별보다는 정책적인 대응이 필요하다.

소득 불평등 사회, 범죄의 온상인가?

계층과 범죄의 관계를 단정적으로 규정하기는 어렵지만, 여러 연구에서는 강간, 살인, 강도 등 중범죄가 주로 하위 계층에서 더 자주 발생한다고 지적한다. 이는 하위 계층의 범죄율이 상대적으로 부유한 지역보다 높다는 사실을 시사한다(Blau & Blau, 1982).

특히 소득 불평등이 심하고 자원이 부족한 지역은 경제적 기회가 풍부한 지역보다 범죄 발생률이 높게 나타나는 경향이 있다(Hipp & Boessen, 2013). 사회 구조상 가장 취약한 위치에 놓인 사람들은 경제적 어려움 속에서 불법적인 수단에 의존할 가능성이 크며, 이들에게는 범죄를 유발하는 동기 역시 강하다고 볼 수 있다(Estrada & Nilsson, 2008).

리처드 클라우드와 로이드 올린은 계층에 따른 범죄 양상을 '도구적 범죄(instrumental crimes)'와 '표출적 범죄(expressive crimes)'로 구분해 설명한다(Cloward & Ohlin, 2013). 도구적 범죄는 경제적 기회 부족에 따른 보상 심리로 인해 가난한 사람들이 저지르는 범죄를 의미하며, 표출적 범죄는 사회에 대한 분노나 좌절이 폭력으로 나타나는 경우를 말한다(Roberts & Willits, 2015). 예를 들어, 특정 인종, 종교, 성적 지향 등을 이유로 발생하는 증오범죄는 대표적인 표출적 범죄에 해당한다.

이처럼 경제적 불평등과 사회자원의 결핍은 범죄 발생과 밀접하게 연관되어 있으며, 사회계층은 범죄를 이해하는 데 중요한 배경 요인으로 작용한다. 그러나 이 같은 연관성이 모든 범죄학자에게 받아들여지는 것은 아니다. 그 이유 중 하나는 '계층'이라는 개념 자체가 모호하다는 점에 있다. 만약 하위계층을 단순히 소득 수준만으로 정의한다면, 실업자, 학생, 연금 수급자 등 다양한 특성을 지닌 집단이 모두 포함되는데, 이들은 '소득이 적다'

는 공통점 외에는 거의 유사점이 없다.

또한 범죄율과 사회계층의 관계는 실제 범죄 발생 자체보다는 법 집행 과정에서의 차이로 인해 왜곡되었을 가능성도 있다. 예를 들어, 경찰이 빈곤 지역에 더 많은 감시 인력을 배치하는 한편, 중산층이나 상류층에 대해서는 상대적으로 관대한 대응을 보이는 경향이 있기 때문이다(Tittle, Villemez & Smith, 1978; Tittle & Meier, 1990). 실제로 수억 원대의 뇌물이나 횡령으로 유죄 판결을 받은 대기업 회장이나 유력 정치인이 일반 시민보다 훨씬 가벼운 처벌을 받는 사례는 많은 나라에서 공통적으로 나타난다. 이러한 사례는 법 집행이 계층에 따라 차별적으로 작동할 수 있음을 보여주는 대표적인 예라고 할 수 있다.

한편, 자기보고식 설문 조사에서는 소득 수준에 따른 범죄율 차이가 거의 없다고 주장하는 시각도 존재하지만, 후속 연구에서는 중하위 계층 청소년들이 저지르는 중범죄의 유형과 빈도에서 의미 있는 차이가 나타났다는 결과도 보고되었다(Elliott & Huizinga, 1983). 결국 범죄자의 사회적 계층에 대한 논쟁은 여전히 지속되고 있으나, 교도소 수감률과 계층 간의 연관성에 대해서는 비교적 폭넓은 공감대가 형성되어 있는 상황이다.

실업률과 범죄율의 불편한 관계

실업률과 범죄율 사이의 상관관계는 직관적으로 받아들이기 쉬운 개념이지만, 범죄학자들 사이에서는 이에 대한 다양한 견해가 존재한다. 일부 연구는 총범죄율과 실업률 간의 연관성이 약하며, 오히려 경제가 호황일 때 범죄율이 오르는 반면, 불황기에는 오히려 줄어드는 경향이 있다고 주장한다(Messner, Raffalovich & McMillan, 2001).

반면, 다른 연구들은 국가가 실업자에게 복지제도나 실업급여 같은 충분한 경제적 지원을 제공하지 않을 경우, 실업률과 재산범죄율 사이에 밀접한 관계가 생긴다고 지적한다(Aaltonen et al., 2013). 예를 들어, 중산층 노동자가 실직했다고 해서 곧바로 폭력조직에 가담하거나 은행을 털 가능성은 낮지만, 소매치기, 주거침입, 차량 부품 절도 등 비폭력적 재산범죄에는 가담할 가능성이 더 클 수 있다(Kleck & Chiricos, 2002).

이처럼 상반된 연구 결과는 데이터 분석 방식의 차이에서 비롯될 수 있다. 직업, 경제, 범죄 같은 변수들 간의 관계를 정밀하게 측정하는 일은 쉽지 않으며, 국가나 지역의 경제 구조에 따라 결과가 달라지기도 한다. 단기적으로는 경제 상황과 범죄 사이의 관계가 뚜렷하게 드러나지 않지만, 장기적으로는 경제 구조의 변화에 따라 범죄율이 주기적으로 움직이는 경향이 나타난다.

예컨대, 1960년대 이후 여성의 경제활동 참여가 늘고, 노동조합의 영향력이 약화되며, 제조업이 해외로 이전하면서 노동시장이 급격히 변화했다. 이 과정에서 교육 수준이 낮거나 직업훈련을 받지 못한 남성 노동자들이 일자리를 잃고, 일부는 매춘이나 마약 거래 같은 불법 시장에 유입되기도 했다. 이러한 현상은 단순한 실업률보다 노동시장의 구조적 변화가 범죄율에 더 큰 영향을 미친다는 점을 시사한다(Bushway, 2010).

따라서 실업률과 범죄율 사이의 관계를 단순한 인과관계로 이해하는 것은 어렵다. 정확한 해석을 위해서는 다양한 경제적·사회적 요인을 함께 고려해야 한다.

실제로 경제 상황과 범죄율 간의 관계를 바라보는 시각은 매우 다양하다. 첫 번째는 경제 불황기일수록 범죄율이 높아진다는 주장이다. 경기가 침체되면 실업자가 늘어나고, 이들이 생계를 유지하기 위해 절도나 사기 같은 재산범죄를 저지를 가능성이 커진다는 설명이다.

두 번째는 경제가 호황일 때도 범죄율이 높아질 수 있다는 견해다. 청소년들의 아르바이트 기회가 늘어나면서 일부는 방과 후 일자리에서 얻은 자유시간이나 수입을 바탕으로 비행 행동에 빠지기도 한다는 것이다. 실제로 청소년 고용률이 증가하면 전체 범죄율이 함께 오를 수 있다는 연구도 있다(Apel et al., 2007). 게다가 경기 호조로 인해 고가의 소비재가 늘어나면, 범죄자들이 노릴 수 있는 대상도 그만큼 많아진다는 점이 지적된다.

세 번째는 경제 호황기에는 오히려 범죄율이 낮아진다는 주장이다. 이 시기에는 사람들이 안정적인 일자리를 가지고 필요한 물품을 쉽게 구입할 수 있기 때문에, 재산범죄를 저지를 유인이 줄어든다는 설명이다(Rosenfeld & Fornango, 2007).

네 번째는 경제 불황기에도 범죄율이 낮아질 수 있다는 관점이다. 경기침체로 인해 외출을 줄이고 가정에 머무는 시간이 많아지면서 자녀를 더 잘 감독하고, 재산을 지킬 수 있는 시간도 늘어나기 때문이다. 또한 실직한 사람들이 생계를 위해 귀중품을 처분하게 되면, 도둑들이 노릴 대상이 줄어드는 효과도 있다.

마지막으로, 실업률이나 경제 상황과 범죄율 사이에는 뚜렷한 상관관계가 없다는 주장도 존재한다. 일부 연구에서는 범죄율이 경제적 변수와 관계없이 일정한 수준을 유지하며, 실업 여부와 무관하게 범죄는 발생한다고 본다.

결국, 범죄율과 경제활동 사이의 관계는 단일한 원인으로 설명하기 어렵고, 다양한 사회적 맥락과 정책적 조건을 함께 고려할 필요가 있다.

3

범죄자는 태어나는가?

범죄는 신(神)의 저주인가, 선택인가?

'악마론적 결정론(Demonological Determinism)'은 범죄를 악마의 유혹에 빠지거나 신의 저주를 받은 자의 행위로 보는 시각이다. 이러한 초자연적 설명은 인류의 초기 역사부터 1789년 프랑스 대혁명 이전까지, 동서양을 막론하고 널리 받아들여져 왔다.

당시에는 신(神) 중심적 사고가 사회 전반에 지배적이었으며, 사람들은 인간이 신, 귀신, 유령, 운명, 저주, 분노, 또는 보이지 않는 영적 존재에 의해 지배된다고 믿었다. 중세 유럽에서도 범죄 행위는 개인의 의지나 통제를 넘어선 외부의 강력한 힘에 의한 결과로 여겨졌고, 성직자나 무속인처럼 초자연적 존재와 소통할 수 있는 사람들만이 이를 이해할 수 있다고 생각했다. 범죄에 대한 판단 역시 이성과 합리보다는 전통적인 신앙과 세계관에 기반해 이루어졌다.

예를 들어, 봉건 영주들은 신의 뜻에 따라 유무죄를 판단했으며, 전투에서 승리하거나 위험한 시험을 통과한 사람은 신의 보호를 받은 죄 없는 자로 여겨졌다. 이를 대표하는 사례가 바로 '마녀사냥(witch-hunt)'이다. 마녀로 지목된 여성들은 강물에 던져지거나 불 위를 걷는 등 위험한 시험을 치러야 했고, 그 고통을 견디면 무죄로 간주되었다. 13세기와 14세기 중세 초기에는 범죄자나 사회 규범을 어긴 이들이 종종 마녀로 몰려 처형되었고, 공개 재판과 고문, 화형 같은 미신적 방식으로 처벌되었다. 특히 16세기와 17세기에는 유럽 전역에서 약 10만 명이 마녀재판에 희생되었다(Weber, 1971).

심화연구

중세의 마녀사냥과 현대의 마녀사냥

16세기 초 중세부터 19세기 근대에 이르기까지, 유럽과 북아프리카, 북미 지역에서는 마법 행위에 대한 추궁과 재판, 형벌이 광범위하게 이루어졌다. 당시의 마녀재판은 신앙, 마술, 악마와의 계약을 부정하거나 인정하지 않을 경우, 가혹한 처벌을 피할 수 없도록 설계되어 있었다.

재판 절차는 대개 이웃 주민들의 고발을 시작으로 자백을 강요받는 과정, 그리고 피의자가 마법이나 악마와 연관되었음을 입증하려는 혹독한 검증 과정을 거쳐 진행되었다. 이러한 방식은 이성과 합리보다는 공포와 편견, 종교적 신념에 기초한 것이었다.

현대에 들어 '마녀사냥'이라는 표현은 더 이상 문자 그대로의 의미가 아니라, 정치적 견해가 다르다는 이유만으로 특정 인물을 다수나 기득권 세력이 위협하거나 희생양으로 삼는 행위를 비유적으로 지칭하는 데 사용되고 있다. 이러한 현대적 마녀사냥 현상에서는 '도덕적 공황(moral panic)'이나 '집단 히스테리(mass hysteria)'와 같은 사회심리적 요인들이 함께 작용한다.

이러한 악마론적 시각은 이후 범죄학이 발전하는 데 중요한 전환점을 마련했다. 초자연적 설명은 범죄를 과학적이고 합리적으로 이해하는 데 한계를 드러냈고, 이에 따라 범죄 현상을 보다 체계적이고 객관적으로 분석할 필요성이 제기되었다. 이러한 흐름은 계몽주의 사상과 맞물리면서 합리주의와 과학적 방법론의 도입을 촉진했다.

그 결과 법의학과 심리학이 범죄학의 중요한 분야로 자리잡았으며, 범죄의 사회적, 경제적, 심리적 원인을 규명하려는 시도가 본격화되었다. 이는 범죄를 단순히 도덕적 타락이나 신의 처벌로 보는 관점에서 벗어나, 인간 행동의 원인을 실증적으로 탐구하려는 방향으로 전환된 것을 의미한다. 이러한 변화는 범죄학이 현대적인 학문으로 발전하는 데 결정적인 계기가 되었다.

범죄를 바라보는 과학적 사고의 시작

18세기 유럽에서는 계몽주의(Lumières) 사상이 유행하며, 이성과 과학적 사고가 중시되기 시작했다. 이러한 흐름은 전통적인 권위와 종교에 대한 도전으로 이어졌고, 과학은 자연현상을 설명하는 핵심 수단으로 자리 잡았다. 이후 19세기에 이르러 실증주의(positivism)가 등장하면서, 감각 경험과 실증적 검증을 통해 얻은 지식만이 참된 지식이라는 인식론이자 과학 철학으로 발전하였다. 실증주의자들은 사회 현상 역시 과학적 방법에 의해 설명되어야 한다고 보았다.

프랑스 사회학자 오귀스트 콩트는 『순수분야의 연구(Recherches sur les lois de la vie morale)』를 통해 과학적 사고방식을 사회과학에 도입한 인물로 평가된다(Comte, 1851-1854). 그의 시도는 사회를 과학적으로 이해하려는 초기 시도로, 범죄와 같은 사회적 현상에 대한 학문적 접근의 기초를 다졌다.

18세기 후반 이후에는 물리적 세계뿐만 아니라 사회적 세계에 대한 인식도 빠르게 발전하면서 범죄에 대한 이해 방식에도 변화가 생기기 시작했다. 그러나 실증주의만으로는 범죄학의 근본적 전환을 이루기엔 한계가 있었다. 이러한 한계를 넘어서는 계기가 된 것은 찰스 다윈(Charles Robert Darwin)이 1859년에 발표한 『종의 기원(On the Origin of Species)』이었다. 다윈은 생물 종이 신의 창조물이 아니라 자연선택과 적응적 돌연변이 과정을 통해 진화했다고 주장하며, 전통적인 종교적 세계관에 커다란 도전을 던졌다. 이 이론은 초기에는 격렬한 반발에 부딪혔지만, 1871년경에 이르러 사회적으로 점차 수용되기 시작하였다(Sandberg, Koepf & Ishihara, 1961).

다윈의 진화론은 생물학의 패러다임을 바꾸며 사회 전반에 큰 영향을 주었다. 이러한 사상적 흐름 속에서 체사레 롬브로소(Cesare Lombroso)는 콩트의 실증주의와 다윈의 진화론을 결합하여 범죄와 신체적 특징 사이의 연관성을 연구하였다. 롬브로소는 다윈의 이론에서 영향을 받아 격세유전(phenotypic plasticity) 개념을 발전시키고, 인간의 본성에 기반한 고전주의 범죄학을 비판하였다.

그는 군의관 시절 교수형이 선고된 중범죄자 383명과 일반 재소자 3,839명의 신체 각 부분을 측정하여 비교한 결과, 중범죄자의 약 40%에서 격세유전적 특성이 나타났다고 주장하였다. 이후 토리노 대학에서 정신의학 및 범죄 인류학 교수로 재직하면서 '생래적 범죄자(atavistic criminal)' 개념을 정립하였다. 이전의 범죄학자들이 범죄의 원인을 과학적으로 설명하지 못한 데 반해, 롬브로소는 자신의 이론을 의학적 지식에 근거해 체계적으로 정리하였다. 특히, 진화론이 사회 전반에 영향을 미치던 시대적 분위기 덕분에 그의 이론은 빠르게 주목받았다.

그는 1876년에 출간한 『범죄인(The Criminal Man)』에서 다윈 이전의 뇌 측정학, 골상학, 관상학 등 다양한 학문을 통합해, 범죄자를 단순히 '타고난(born)' 존재가 아니라 '유전적으로 퇴행한(atavistic)' 존재로 설명하였다. 그는 상습범들이 원시 인류의 폭력성을 이어받은 존재라고 주장하였으며, 이러한 관점은 기존의 도덕적·법률적 기준과는 다른 범죄 이해 방식을 제시하였다. 롬브로소는 범죄 성향이 특정 신체적 특징(스티그마타)으로 나타난다고 믿었으며, 비록 이후 학문적 비판을 받았지만, 당시로서는 범죄학의 새로운 지평을 열었다는 평가를 받았다. 그의 이론은 현대 범죄학의 기초를 마련하는 데 중요한 역할을 하였다.

범죄 우생학(Eugenics)

고전주의 범죄학 이후, 범죄학자들은 과학적 연구를 통해 처벌 강화와 같은 억제 중심의 접근이 범죄를 통제하는 최선의 방법이 아님을 인식하게 되었다. 전통적인 억제 이론(Deterrence Theory)의 한계는 범죄를 보다 잘 설명할 수 있는 새로운 모델을 찾는 계기가 되었으며, 이 과정에서 실증주의적 접근과 생물학적 탐구가 활발히 이루어졌다.

당시 일부 학자들은 신체적으로'열등하다'고 여겨지는 특정 개인이나 집단이 일반인보다 사회에 더 큰 위협이 된다고 믿었다. 이들을 통제하거나 제거해야 한다는 주장은 곧 우생학적 사고로 이어졌다. 우생학(Eugenics)은 인간 집단의 유전적 특성을 개선하려는 이론으로, 19세기 말부터 20세기 초까지 유럽과 미국을 중심으로 확산되었다. 우생학자들은 '우수한 유전자'를 가진 사람들의 번식을 장려하고, '열등한 유전자'를 가진 사람들의 생식을 제한하거나 강제로 중단시켜야 한다고 주장했다. 더 나아가 유전자를 인위적으로 조작하려는 시도도 이어졌다.

하지만 이러한 접근은 인간의 존엄성과 다양성을 침해하는 것으로 평가되었고, 복잡한 인간 유전체의 특성을 무시한 위험한 시도라는 비판을 받았다(Gould, 1981). 실제로 당시에는 생물학적 우열을 기준으로 범죄 가능성이 높은 개인이나 집단을 구별하려는 다양한 시도가 있었다. 19세기에는 '우월한 인종' 과 '열등한 인종'을 구분하려는 이론들이 등장했으며, 이는 제국주의 국가들이 노예제를 유지하고 식민지 반란을 억압하는 수단으로 활용되었다(Mednick, Gabrielli & Hutchings, 1983). 미국에서는 노예제가 절정에 달했고, 유럽 열강은 아프리카와 아시아의 넓은 지역을 식민지로 삼았다. 이처럼 우생학적 사고는 오늘날 인종차별과 차별적 정책의 역사적 뿌리로 지적되며, 생명윤리와 인권 측면에서 많은 논란을 일으키고 있다.

심화연구

우생학이 빚은 인류의 비극 홀로코스트(Holocaust)

'홀로코스트(Holocaust)'라는 단어는 본래 고대 그리스어에서 유래한 것으로, 'holos(전체)'와 'kaustos(불태우다)'가 결합된 말이다. 이는 신에게 동물을 온전히 불태워 바치는 종교 의식을 의미했으나, 1960년대 이후부터는 나치 독일에 의한 유대인 학살을 지칭하는 용어로 자리 잡았다.

독일의 우생학 운동은 인종 위생, 강제 불임, 안락사, 그리고 집단 학살과 깊이 연결되어 있었다. 초기에는 독일 내 장애 아동을 대상으로 한 안락사 프로그램이 시행되었고, 이후 나치가 집권하면서 그 대상이 점차 확대되었다. 결국 건강한 성인을 포함한 타 민족까지 대상으로 삼는 집단 학살로 이어졌다.

제2차 세계대전 동안 히틀러가 이끄는 나치 독일은 독일군이 점령한 전역에서 유대인, 슬라브족, 동성애자, 장애인, 정치범 등 약 1,100만 명의 민간인과 전쟁 포로를 계획적으로 학살했다. 이 중 유대인은 약 600만 명으로, 당시 유럽에 거주하던 약 900만 명 가운데 3분의 2에 해당하는 규모였다.

범죄에 대한 우생학적 접근의 대표적인 사례 중 하나는 19세기 후반부터 20세기 초까지 유행했던 뇌 측정학(craniometry)이다. 뇌 측정학은 인간의 두개골 크기와 형태, 기타 신체적 특성을 측정하여 인종 간 차이를 분석하려는 시도로, 당시는 두개골 크기가 뇌의 구조와 지능과 직결된다고 여겨졌다. 이러한 연구는 주로 인류학과 인구통계학 분야에서 활용되었다.

연구자들은 두개골 모양이나 치아 구조 등을 분석해 인종과 문화 간 진화 경로를 밝히려 했지만, 실제 목적은 인종 간 우열을 과학적으로 정당화하려는 데 있었다. 특히 백인, 그중에서도 서유럽 혈통의 사람들이 더 큰 두개골을 가졌다는 점을 들어 이들의 우월성을 주장했다. '뇌의 앞부분(genu)이 클수록 우수하고, 뒷부분(splenium)이 클수록 열등하다'는 식의 왜곡된 해석도 등장했다. 그러나 이러한 연구들은 실험 대상의 인종을 미리 알고 측정하는 등 과학적 신뢰성과 윤리성을 결여한 방식으로 이루어졌으며, 이 같은 편향된 연구는 20세기 초까지 이어졌다(Gould, 1981).

뇌 측정학은 우생학적 논리를 정당화하는 수단으로 활용되었고, 특정 인종이나 민족을 열등하다고 규정하는 데 과학이 도구로 사용되었다. 특히 이러한 견해는 나치 독일 시기 극단적으로 악용되었다(Mednick, Gabrielli & Hutchings, 1983).

그러나 뇌 측정학에 대한 관심은 오래가지 못했다. 두개골 크기와 인종 간 우열을 연결 지으려는 시도가 과학적 근거가 부족하다는 사실이 밝혀졌기 때문이다. 현대 과학에 따르면, 두개골 크기와 뇌 크기 사이에는 일관된 상관관계가 존재하지 않는다. 물론 일부 연구에서는 뇌 크기가 큰 사람이 지능 검사에서 다소 높은 점수를 받는 경향이 있다는 결과도 있었지만(Kalat, 2004), 그러한 차이는 매우 제한적이며, 지능을 생물학적 요소만으로 설명하기에는 명백한 한계가 있다.

범죄성 유전 연구 I : 범죄자 가계도 연구

20세기 범죄학자들은 범죄가 유전적 요인과 양육 환경 중 어느 쪽의 영향을 더 많이 받는지를 밝히기 위해 다양한 연구 방법을 동원했다. 그중 하나가 바로 '범죄자 가계도 연구'로, 특정 가문에서 범죄가 어떻게 대물림되는지를 추적하는 방식이었다. 이 연구는 범죄 성향이 유전자를 통해 세대를 거쳐 전달되는지, 아니면 가족 환경이나 지역사회 분위기, 문화적 규범 같은 외부 요인이 더 큰 영향을 미치는지를 확인하기 위한 목적에서 진행되었다.

리처드 덕데일(Richard L. Dugdale)은 뉴욕 북부의 한 교도소에서 '주크 가문(The Jukes family)' 출신 수감자 6명을 발견한 것을 계기로 이 연구를 시작했다. 그는 이 가문의 약 1,000여 명에 달하는 구성원의 삶을 조사한 끝에, 1877년 『주크가(家): 범죄, 빈곤, 질병 및 유전에 관한 연구(The Jukes: A Study in Crime, Pauperism, Disease, and Heredity)』를 발표했다. 덕데일은 '범죄자의 어머니'로 불렸던 에다 주크(Ada Juke)의 후손들 중 7명의 살인자, 70명의 범죄자, 196명의 법 위반자, 174명의 성도착자, 64명의 정신질환자, 142명의 부랑자를 확인했다. 그는 이를 바탕으로 범죄 성향이 유전된다고 주장했다(Dugdale, 1887).

한편, 우생학자 헨리 고다드(Henry H. Goddard)는 1912년 『칼리카그가(家): 정신박약의 유전에 관한 연구(The Kallikak Family: A Study in the Heredity

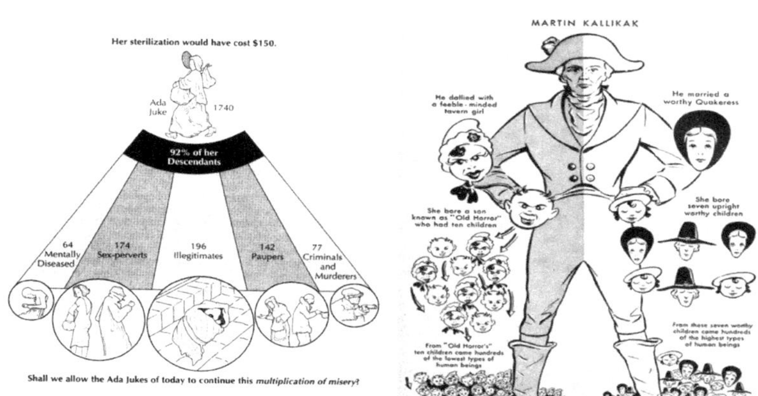

쥬크가(The Juke)의 범죄 빈도 칼리카그가(The Kallikak Family)

그림 3-1 **가계도 연구**

of Feeble-Mindedness)』를 통해 유사한 결론을 제시했다. 그는 미국 독립전쟁에 참전했던 마틴 칼리카그의 후손들을 추적하면서, 정신질환이 있던 여성 바텐더와의 사이에서 태어난 자녀들과 정식 부인 사이에서 태어난 자녀들을 비교했다. 그 결과, 바텐더와의 사이에서 태어난 자손들 중에 범죄자와 '비정상적인 외모'를 지닌 이들이 훨씬 많았다고 주장했다. 이는 범죄자에게 특정한 신체적 특징이 있다고 본 롬브로소의 이론과도 맞닿아 있는 해석이었다(Gould, 1996).

이처럼 당시의 연구들은 범죄가 유전될 수 있다는 가설을 뒷받침하고자 했으며, 이는 범죄학과 우생학의 발전에 적잖은 영향을 미쳤다. 하지만 오늘날에는 이들 연구가 과학적 타당성뿐 아니라 윤리적인 면에서도 많은 비판을 받고 있다.

범죄성 유전 연구 II: 쌍둥이 연구

쌍둥이 연구는 범죄 성향에 대한 유전적 요인과 환경적 요인의 영향을 비교하기 위해 일란성 쌍둥이와 이란성 쌍둥이를 대상으로 진행된다. 일란성 쌍둥이(MZ, monozygotic)는 하나의 수정란이 분열되어 형성되므로 유전자를 100% 공유한다. 반면, 이란성 쌍둥이(DZ, dizygotic)는 서로 다른 두 개의 난자가 수정되어 태어나기 때문에 약 50%의 유전자를 공유하며, 이로 인해 성별, 외모, 행동 특성에서도 차이를 보일 수 있다.

이러한 연구는 주로 두 쌍둥이 사이의 범죄 경향 일치율을 분석하는 방식으로 이루어진다. 일치율이란 쌍둥이 중 한 명이 범죄를 저질렀을 때, 다른 한 명도 유사한 범죄 성향이나 행동을 보일 확률을 뜻한다. 두 명 모두 범죄자이거나 모두 비범죄자인 경우는 '일치'로 간주하고, 한 명만 범죄자인 경우는 '불일치'로 본다. 만약 유전적 요인이 범죄 성향에 큰 영향을 미친다면, 이란성 쌍둥이보다 일란성 쌍둥이의 일치율이 더 높게 나타나야 한다. 실제로 여러 연구 결과가 이러한 가설을 뒷받침하고 있다. 아드레인 레인의 연구에 따르면, 심각한 범죄 성향에 있어 일란성 쌍둥이의 일치율은 이란성 쌍둥이보다 두 배 이상 높게 나타났다(Raine, 1993).

노르웨이의 달가드와 크링렌은 1900년부터 1935년 사이 범죄 기록에 등재된 139쌍의 쌍둥이를 분석했으며, 그 결과 일란성 쌍둥이의 중범죄 관련성이 이란성 쌍둥이보다 높게 나타났다(Dalgard & Kringlen, 1975). 또한 덴마크의 크리스티안센은 3,586명의 남성 쌍둥이를 대상으로 경찰 기록을 분석한 결과, 일란성 쌍둥이의 52%에서, 이란성 쌍둥이의 22%에서 범죄 일치성이 확인되었다(Christiansen, 1974). 메드닉과 볼라브카의 연구 역시 같은 흐름을 보였다. 이들은 1929년부터 1961년까지 쌍둥이들을 추적 조사한 결과, 일란성 쌍둥이의 약 60%, 이란성 쌍둥이의 약 30%가 범죄 일치성을 보였다고 보고했다(Mednick & Volavka, 1980).

일란성 쌍둥이는 외모뿐 아니라 성격이나 행동 양식까지 유사한 경우가 많아, 사회에서도 비슷한 대우를 받는 경향이 있다. 이러한 점 때문에 높은 일치율이 유전적 영향이 아니라, 비슷한 사회적 경험과 기대 때문이라는 비판도 제기된다(Raine, 1993). 그럼에도 불구하고 지금까지 수행된 다수의 쌍둥이 연구를 종합한 메타분석 결과는 유전적 요인이 범죄 성향에 일정한 영향을 미친다는 사실을 지지하고 있다(Walters, 1992).

특히 주목할 만한 부분은, 출생 직후 서로 다른 가정에서 자란 일란성 쌍둥이를 대상으로 한 연구이다. 1990년대 초까지만 해도 이러한 사례는 드물었으며, 많은 쌍둥이들이 자신에게 형제나 자매가 있다는 사실조차 모른 채 성장했다. 이들은 매우 다른 환경에서 성장했는데, 예를 들어 한 명은 도시의 빈곤 가정에서, 다른 한 명은 농촌의 중산층 가정에서 자란 경우도 있었다. 놀랍게도, 이렇게 서로 다른 환경에서 성장한 쌍둥이들도 비슷한 범죄 성향을 보인 사례가 많았으며, 때로는 함께 자란 일란성 쌍둥이보다 범죄 일치율이 더 높게 나타난 경우도 있었다(Bouchard et al., 1990).

이러한 결과는 유전적 요인이 인간의 범죄 성향에 강력한 영향을 미친다는 점을 시사한다. 동일한 유전자를 지닌 두 사람이 전혀 다른 환경에서 성장했음에도 불구하고 유사한 행동 패턴을 보였다는 점은, 인간 행동에서 유전적 기반이 중요한 역할을 한다는 사실을 보여 준다.

범죄성 유전 연구 III: 입양아 연구

범죄학자들은 범죄 성향에 영향을 미치는 유전적 요인과 양육 환경의 상대적인 중요성을 파악하고, 쌍둥이 연구의 한계를 보완하기 위해 입양아 연구를 수행했다. 입양아 연구는 입양된 자녀의 범죄 성향을 파악하기 위해 친부모와 양부모의 범죄 경력을 비교하는 방식으로 이루어진다. 보통 생후 6개월 이전에 입양된 아동을 대상으로 하는데, 이는 이들이 친부모의 영향을 거의 받지 않고 양부모의 환경 속에서 자라났다는 전제에서 비롯된다.

가장 대표적인 사례는 덴마크 코펜하겐에서 1927년부터 1941년 사이에 태어난 14,427명의 남녀 입양아를 대상으로 한 연구이다. 이 연구는 사르노프 메드닉, 윌리엄 가브리엘리, 배리 허칭스가 수행했으며, 생물학적 부모의 범죄 경력이 자녀의 범죄 성향에 어떤 영향을 미치는지를 분석하고자 했다(Mednick, Gabrielli & Hutchings, 1983).

연구 결과, 친부모와 양부모 모두 범죄 전과가 없는 경우에도 자녀의 13.5%는 범죄로 유죄 판결을 받은 것으로 나타났다. 반면, 친부모와 양부모 모두 범죄 경력이 있는 경우에는 그 비율이 24.5%로 높아졌다. 양부모만 범죄자인 경우에는 유죄 판결 비율이 14.7%, 친부모만 범죄자인 경우에는 20%로 나타났다. 이는 친부모와 양부모 모두 범죄 경력이 있을 때 자녀의 범죄 가능성이 가장 높으며, 반대로 두 부모 모두 전과가 없을 경우 자녀의 범죄 가능성이 가장 낮다는 점을 보여 준다.

또한 이 연구는 친부모의 범죄 성향이 양부모보다 자녀의 범죄 경향에 더 큰 영향을 미친다는 사실도 확인했다. 이는 유전적 특성이 단순히 환경의 영향을 받는 것에 그치지 않고, 유전적 요인이 양육 환경에 영향을 미치는 방식으로 작용할 수 있음을 시사한다(Hagan & Daigle, 2020).

결과적으로, 이 연구는 범죄 성향 형성에 있어 생물학적 요인과 환경적 요인이 모두 중요하다는 점을 보여 준다. 특히, 친부모가 범죄자인 경우 입양아가 범죄자가 될 가능성은 양부모만 범죄자인 경우보다 높았다. 이는 자녀의 행동이 양부모보다는 친부모의 특성과 더 깊은 관련이 있을 수 있으며, 인간 행동의 생물학적 기반을 뒷받침하는 경험적 증거로 해석될 수 있다.

도파민과 세로토닌 그리고 범죄

신경전달물질은 한 뉴런에서 다른 뉴런으로 전기 신호를 전달하는 화학물질이다. 이 물질은 신경 경로에서 특정 메시지를 전달할 때 활성화되며, 전기적 방식으로 작용한다는 점에서 비전기적인 방식으로 작용하는 호르몬과 구별된다. 신경전달물질은 뉴런 사이의 틈인 시냅스를 통해 정보를 주고받으며, 이 과정에는 다양한 종류의 신경전달물질이 관여한다.

범죄와 관련하여 가장 많이 연구된 신경전달물질은 도파민과 세로토닌이다. 도파민은 기분과 쾌감에 관련된 물질로, 맛있는 음식을 먹거나 성적인 활동 등에서 분비가 촉진된다. 코카인이나 메스암페타민(필로폰) 같은 마약은 도파민 분비를 과도하게 증가시켜 체내 수치를 비정상적으로 높이며, 이로 인해 강한 쾌감을 추구하려는 경향이 생기고 범죄와 같은 위험한 행동으로 이어질 가능성도 커진다. 도파민 수치가 지나치게 높으면 도박이나 약물 중독 같은 중독 행동으로 발전할 수 있으며, 반대로 수치가 낮을 경우 파킨슨병 같은 운동 기능 저하나 우울, 불안 등의 증상을 초래할 수 있다.

케빈 비버와 그의 연구진은 도파민 수용체 유전자에 대한 연구를 통해 특정 대립유전자가 범죄적 행동과 연관된다고 주장했다(Beaver, 2008). 여러 연구에서는 낮은 도파민 수치가 범죄성과 관련 있다고 보았지만, 이에 대해 반대 결과를 제시한 연구들도 존재한다. 일부 학자들은 도파민 수치가 너무 높거나 낮을 때 모두 일탈 행동에 영향을 줄 수 있다고 주장하기도 했으며(Fishbein, 2001), 아드리안 레인 역시 이러한 가능성에 동의한 바 있다(Raine, 1993). 그러나 현재까지 도파민과 범죄성 사이의 인과관계를 명확히 입증할 수 있는 과학적 증거는 충분하지 않다.

한편, 세로토닌은 범죄와의 관련성에 대해 비교적 일관된 결론을 보여주는 신경전달물질이다. 세로토닌은 주로 기분과 감정을 조절하는 역할을 하며, 그 수치가 낮을 경우 범죄적 행동과 밀접하게 연관된다는 연구 결과들이 다수 존재한다(Ellis, 2005). 세로토닌은 정보 처리 전반에서 핵심적인 기능을 하며, 수치가 낮으면 충동 조절이 어려워지고 우울증, 불안, 불면증, 강박증 등 다양한 정신질환이 나타날 수 있다.

특히 여성의 세로토닌 수치와 폭력성의 관계를 분석한 연구에서는 수치가 낮을수록 공격성이 높아지는 경향이 확인되었다(Coccaro et al., 1997). 또한 아동 학대 피해 아동의 뇌척수액에서 세로토닌 수치가 낮게 측정되었으며, 이는 이후 폭력적 행동이나 범죄로 이어질 가능성을 시사한다(Sanchez et al., 2001). 이처럼 세로토닌은 감정 조절뿐만 아니라 학습, 의사소통 등 일상생활 전반에 영향을 미치며, 수치가 낮은 사람일수록 감정 표현이나 사회적 관계 형성에서 어려움을 겪을 수 있다. 이러한 특성은 범죄 행동으로 이어질 수 있는 토대를 제공하기도 한다.

결국 도파민과 세로토닌 같은 신경전달물질은 인간의 감정과 행동, 나아가 범죄성까지 폭넓게 영향을 미친다는 점에서 중요한 연구 대상이 된다. 특히 세로토닌 수치가 낮을 경우 충동 조절의 어려움과 폭력성 증가로 이어질 가능성이 높다는 점은 신경과학과 범죄학이 함께 다루어야 할 핵심 과제임을 보여 준다. 이런 연구들은 범죄의 원인을 보다 깊이 있게 이해하고, 예방과 개입 방안을 마련하는 데 중요한 기반을 제공한다.

인간 내면의 갈등과 범죄

범죄를 설명하려는 심리학, 정신의학, 정신분석학적 접근은 공통적으로 인간 내면의 갈등에서 그 원인을 찾는다. 심리학은 개인의 마음과 성격, 행동을 연구하며, 정신의학은 정신질환을 진단하고 치료하는 의학의 한 분야다. 정신분석학은 인간의 무의식 속 심리적 저항을 인식하고 이를 이해하는 데 초점을 둔다.

정신분석학은 지그문트 프로이트(Sigmund Freud)에 의해 창시된 심리학의 한 응용 분야로, 자유연상이나 꿈 분석과 같은 기법을 활용해 심리적 문제를 진단하고 치료하는 데 사용된다(Freud, 1964). 비록 프로이트가 자신의 저서에서 범죄를 직접 다루지는 않았지만, 그의 이론은 범죄 행동을 설명하는 데 폭넓게 적용되어 왔다. 그는 인간의 심리적 안정을 원초아(id), 자아(ego), 초자아(superego)라는 세 가지 정신 구조 사이의 건강한 균형에서 찾

왔다(Freud, 1960).

원초아는 본능적인 욕망의 근원이며, 자아는 현실의 요구와 타협을 꾀하는 중재자이고, 초자아는 사회적 규범과 도덕적 가치, 양심을 상징한다. 프로이트는 이 세 가지 요소가 끊임없이 상호작용하며 인간의 행동을 결정한다고 보았다(Fodor, Gaynor & Reik, 1975).

그중에서도 원초아와 초자아 사이의 갈등은 인간의 욕망과 도덕성 사이에서 발생하는 긴장으로 볼 수 있다. 원초아는 태어날 때부터 존재하는 본능적 충동으로, 충동과 욕구에 따라 움직인다. 이 충동은 건설적 충동과 파괴적 충동으로 나뉜다. 건설적 충동은 본능적 욕망을 사회적으로 수용 가능한 형태로 전환하려는 성향으로, 예술 활동, 글쓰기, 음악, 인간관계 형성 등에서 나타난다. 이는 흔히 '리비도(libido)', 즉 성적 에너지로 표현된다. 반면, 파괴적 충동은 자신이나 타인, 또는 환경에 해를 끼치는 행동으로 이어질 수 있으며, 공격성, 파괴 욕구, 죽음 본능 등으로 나타난다(Coleman, Butcher & Carson, 1984). 이러한 파괴적 충동은 범죄나 일탈 행동으로 이어질 가능성이 크다.

프로이트는 인간의 정신 구조를 빙산에 비유했다. 물 위에 드러난 빙산의 일부는 자아를 나타내며, 물속에 잠긴 대부분은 원초아와 초자아를 의미한다. 이는 인간의 의식과 무의식 사이의 관계를 상징적으로 표현한 것이다.

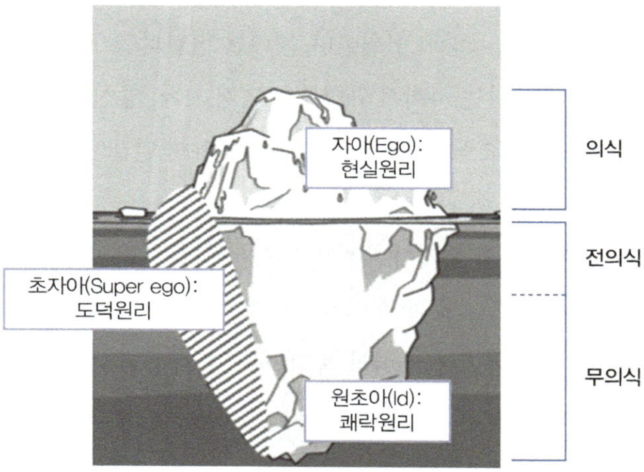

그림 3-2 **인간의 정신 구조에 대한 비유(빙산)**

심 화 연 구

프로이트 이론과 콤플렉스(Complex)

콤플렉스(Complex)란 특정 주제나 문제에 대해 무의식적으로 강한 감정 반응을 보이며, 그에 따라 일정한 생각과 행동 양식을 반복하는 심리적 현상을 말한다. 프로이트의 이론에 따르면, 이는 부적절한 충동과 그 충동을 억제하려는 무의식의 갈등으로 설명된다. '콤플렉스'라는 용어는 원래 프로이트의 스승인 요제프 브로이어(Josef Breuer)가 '개념 복합체'라는 이름으로 처음 사용했으나, 이를 심화하고 확장한 인물은 칼 구스타프 융(Carl Gustav Jung)이다.

- 오이디푸스 콤플렉스(Oedipus Complex)

  남자아이가 어머니에게 성적 욕망을 느끼는 무의식적 현상을 말한다. 이 개념은 그리스 신화 속 오이디푸스가 자신의 어머니와 결혼해 자녀를 낳는 이야기에서 유래되었다. 프로이트는 이 콤플렉스가 남성의 심리적 발달과 성격 형성, 대인관계에 깊은 영향을 미친다고 보았다(Freud, 1900).

- 엘렉트라 콤플렉스(Electra Complex)
  여자아이가 아버지에게 성적 욕망을 느끼는 무의식적 심리 현상이다. 이는 그리스 신화의 엘렉트라 이야기를 바탕으로 하며, 여성의 성적 발달과 자아 형성에 중요한 역할을 한다고 여겨졌다(Freud, 1923).
- 타나토스 콤플렉스(Thanatos Complex)
  삶을 유지하려는 본능보다 파괴나 죽음을 향한 충동이 더 강하게 작용하는 심리 상태를 의미한다. 이는 인간 내면의 병리적 욕구가 극대화된 형태로 해석된다(Freud, 1920).
- 에딥스 콤플렉스(Edipal Complex)
  오이디푸스 콤플렉스와 유사한 개념으로, 남자아이가 어머니에게 성적 감정을 느끼고, 이에 따라 아버지와 갈등을 겪는 심리 구조를 뜻한다. 일부 학자들은 이를 좀 더 포괄적인 개념으로 사용하기도 한다(Freud, 1900).
- 카스트레이션 콤플렉스(Castration Complex)
  남성 아동이 자신의 성기를 상실할 수 있다는 불안을 느끼는 심리 상태다. 프로이트는 이를 남성 자아 발달에 중요한 전환점으로 보았으며, 이는 성적 정체성과 관련된 불안으로 이어질 수 있다(Freud, 1923).
- 마더 콤플렉스(Mother Complex)
  남성이 어머니와 미성숙하고 의존적인 관계를 지속하면서 발생하는 심리 구조다. 이는 오이디푸스 콤플렉스와 연결되며, 성인이 된 후에도 여성과의 관계에서 왜곡된 기대나 성적인 혼란을 초래할 수 있다(Freud, 1900).
- 신데렐라 콤플렉스(Cinderella Complex)
  여성이 자신을 구원해 줄 이상적인 남성을 기다리며 현실을 회피하는 심리 상태다. 프로이트는 이를 여성 자아 형성의 장애 요인으로 보았으며, 자기 삶의 주도권을 외부에 의존하려는 경향으로 해석했다(Freud, 1933).

범죄자 성격은 존재하는가?

1950년대 중반부터 1980년대까지 진행된 연구들에서는 범죄심리학과 일반심리학 사이의 뚜렷한 차이를 확인하지 못했다. 많은 연구자가 성격 검사만으로는 범죄자와 비범죄자를 명확히 구별하기 어렵다는 결론을 내렸다(Metfessel & Lovell, 1942; Schuessler & Cressey, 1950; Tennenbaum, 1977).

그럼에도 불구하고 범죄자에게 특정한 성격적 특성이 존재하는지에 대한 논의는 지속되었다. 예를 들어, 범죄자는 일반인보다 공격적이고, 타인을 지배하려 하며, 책임감이 부족하다는 주장이 제기되었다. 실제로 일부 범죄자에게서 이러한 성향이 관찰되었으나, 모든 범죄자에게 공통적으로 나타나는지는 여전히 논란의 대상이다.

새뮤얼 요첼슨(Samuel Yochelson)과 스탠튼 새머나우(Stanton E. Samenow)는 기존의 전통적인 범죄 이론에 한계를 느끼고, 1976년 출간한 『범죄적 성격(The Criminal Personality)』을 통해 범죄자만의 독특한 성격이 존재한다고 주장했다. 이들은 워싱턴 D.C.에 위치한 세인트 엘리자베스 정신병원에서의 임상 경험을 바탕으로, 범죄가 내적 갈등에서 비롯된다는 정신분석적 설명에 반대 입장을 취했다.

수십 년 동안 범죄학에서 성격과 범죄 간의 관계에 대한 인식은 크게 변화해 왔다. 1930년대부터 1990년대까지는 성격의 영향이 상대적으로 무시되었으나, 최근에는 성격이 범죄 이론에서 중요한 요소로 받아들여지고 있다.

슐레슬러와 크레시는 성격과 범죄 간의 관련성을 강조했고(Schuessler & Cressey, 1950), 왈도와 디니츠는 1950년대부터 1960년대까지의 연구들을 분석해 성격 검사 도구와 연구 설계의 정교함이 향후 연구에 긍정적인 영향을 미쳤다고 평가했다(Waldo & Dinitz, 1967). 테넨바움 역시 성격 검사 방법의 다양화와 연구 방법론의 질적 향상을 강조하며 이 같은 흐름을 지지했다(Tennenbaum, 1977).

이러한 연구 결과를 바탕으로 반사회적 성격 평가가 범죄자와 비범죄자를 구분하는 데 유용한 도구로 활용되기 시작했다. 오늘날 범죄학은 성격을 하나의 핵심 이론 요소로 받아들이며, 범죄와 성격 특성 간의 복잡한 상호작용을 인정하고 있다.

도덕성 발달과 범죄 행동

로렌스 콜버그는 장 피아제의 인지 발달 이론에 영향을 받아 인간의 도덕 발달 과정을 설명하는 이론을 제시했다. 이 이론은 사람이 도덕적 문제에 대해 어떻게 생각하고 판단하며 행동하는지를 설명하며, 도덕적 판단이 발달하는 과정을 세 가지 수준과 여섯 개의 단계로 구분했다(Damon, 1980). 각 단계는 도덕적 사고의 복잡성과 성숙도를 반영한다(Kohlberg, 1969; 1976).

도덕 발달의 초기 단계에서는 어떤 행동이 옳거나 그른지를 판단하는 기준이 개인의 내면적 신념보다는 외부 권위나 상황에 따라 결정된다(Kohlberg, 1986). 다시 말해, 도덕적 판단은 개인의 도덕적 기준보다는 타인의 기대나 처벌에 대한 두려움에 따라 형성된다.

콜버그와 동료들은 대부분의 비행 청소년과 범죄자들이 도덕 발달의 관습적 수준에서 사고한다고 보았다. 하지만 낮은 도덕성이나 규범 무시만으로 범죄가 발생하는 것은 아니며, 가족, 학교, 사회와의 유대 등 다양한 사회적 요인들도 중요한 영향을 미친다. 콜버그는 도덕성과 사회 규범이 사회적 상호작용과 역할 수행을 통해 학습된다고 보았다. 특히 아이들은 도덕 발달 수준이 더 높은 사람들과의 상호작용을 통해 올바른 행동 방식을 배우게 된다(Gilligan, 1982).

심 화 연 구

하인즈의 도덕적 딜레마

유럽에 사는 하인즈의 아내는 희귀한 암에 걸려 생명이 위태로운 상황이었다. 의사들은 그녀를 살릴 수 있는 약이 단 하나 있다고 말한다. 이 약은 같은 지역의 한 약사가 최근 개발한 라듐의 일종으로, 제조 비용이 많이 들기 때문에 약사는 그 10배에 달하는 2,000달러를 요구하고 있었다. 하인즈는 아내를 구하기 위해 지인들에게 도움을 요청하며 돈을 모았지만, 간신히 1,000달러밖에 마련하지 못했다. 그는 약사를 찾아가 아내의 위급한 상황을 설명하고, 약값을 깎아주거나 후불로 약을 받을 수 있게 해달라고 간청했다. 그러나 약사는 이 약이 자신이 직접 개발한 것이며, 그만한 대가를 받는 것은 정당하다고 주장하며 요청을 거절했다. 결국 하인즈는 아내를 살리기 위해 약사의 가게에 몰래 침입해 약을 훔치기로 결심한다.

이처럼 고전적인 사례는 복잡한 '도덕적 딜레마'를 야기한다. 하인즈는 도둑질이 잘못된 행동이라는 사실을 알면서도, 단순히 법만을 따르기에는 상황이 너무 절박하다고 느꼈을 수 있다. 반면, 상황이 어떻든 간에 약을 훔치는 것은 도덕적으로 용납될 수 없는 행위라고 생각할 수도 있다. 어떤 결정을 내리든, '훔쳐야 하는가'라는 질문에 도달하는 사고 과정은 각 개인의 '도덕성 발달 수준'을 잘 보여 준다(Kohlberg, 1958).

콜버그의 도덕 발달 이론은 범죄 예방과도 밀접하게 연결된다. 도덕 발달 수준이 낮은 사람일수록 법과 규칙을 무시하고 자신의 이익을 우선시하며 범죄를 저지를 가능성이 크다. 따라서 교육과 다양한 사회적 경험을 통해 도덕 발달을 촉진하는 것이 범죄 예방에 있어 매우 중요하다. 특히 청소년들이 보다 높은 수준의 도덕 판단 능력을 기를 수 있도록 돕는 교육 프로그램과 정책이 필요하다. 콜버그의 이론은 도덕적 판단과 행동의 복잡성을 이해하는 데 유용한 틀을 제공하며, 이를 통해 범죄와 도덕 발달 간의 관계를 분석할 수 있다.

표 3-1 콜버그의 도덕성 발달 수준

<table>
<tr><td rowspan="3">전인습적 수준
(Pre-conventional Level)
선행적 도덕수준</td><td colspan="2">• 개인적 이익과 처벌을 중심으로 판단.
• 인간의 도덕적 행동은 부정적 결과(처벌)를 받지 않는 것을 목적으로 함.</td></tr>
<tr><td>1단계</td><td>처벌과 복종 지향 단계: 이 단계에서 개인은 처벌을 피하고 보상을 얻기 위해 행동한다.</td></tr>
<tr><td>2단계</td><td>자기 이익 추구 단계: 이 단계에서는 개인의 이익을 중심으로 판단한다.</td></tr>
<tr><td rowspan="3">관습적 수준
(Conventional Level)
집단주의적 도덕 수준</td><td colspan="2">• 사회질서와 규범을 따르는 것이 중요하다고 판단.
• 인간의 도덕적 행동은 집단의 이익과 복리를 목적으로 함.</td></tr>
<tr><td>3단계</td><td>다수의 찬성 단계: 이 단계에서는 사회적 기대와 관계를 유지하기 위해 행동한다.</td></tr>
<tr><td>4단계</td><td>법과 질서 유지 단계: 법과 규칙을 준수하는 것이 중요하다.</td></tr>
<tr><td rowspan="3">전통적 수준
(Post-conventional Level)
사회계약적 도덕수준</td><td colspan="2">• 도덕적 가치와 원칙에 따르는 것이 중요하다고 판단.
• 인간의 도덕적 행동은 개인의 가치와 타인의 권리를 존중하는 것을 목적으로 함.</td></tr>
<tr><td>5단계</td><td>사회계약과 개인적 권리 단계: 이 단계에서는 개인의 권리와 사회적 규칙 사이의 균형을 찾으려 한다.</td></tr>
<tr><td>6단계</td><td>보편적 윤리적 원칙 단계: 보편적 원칙에 따라 행동한다.</td></tr>
</table>

타고난 범죄성, 사이코패스

데이비드 라이켄은 '사이코패스'와 '소시오패스'라는 용어를 구분하면서, 이 둘을 모두 '반사회적 성격장애'로 정의했다(Lykken, 2013). 이는 사회화 과정이 제대로 이루어지지 않은 인격을 의미하지만, 실제로 두 개념을 명확하게 구분하기는 쉽지 않다(Horley, 2014). 일부 전문가들은 이러한 구분 자체가 정신의학적으로 큰 의미가 없다고 지적한다. 그럼에도 불구하고, 사이코패스와 소시오패스는 범죄에 대한 대중의 두려움과 맞물려 사회적으로 큰 영향을 미치고 있다.

사이코패스는 감정 조절이 어렵고 공감 능력이 결여된 사람으로, 자신의 이익을 위해 타인을 조종하거나 이용하려는 경향이 있다. 이들은 충동적이고 판단력이 부족하며, 대인관계에서도 불안정하고 때로는 폭력적인 성향을 보인다. 주요 특징으로는 거짓말, 충동성, 공감 부족, 죄책감 결여 등이 있으며, 유전적 요인이나 뇌 손상, 신경계 질환, 극심한 스트레스 등이 원인으로 지목된다. 특히 전두엽의 기능 이상은 사이코패스의 행동과 깊은 관련이 있는 것으로 알려져 있다(Hare, 1970).

사이코패스는 주로 생물학적 이상이나 내적인 결함에서 비롯되기 때문에, 양육 방식이나 사회적 환경보다는 개인의 문제로 간주된다. 한스 아이젱크(Hans Eysenck)는 사이코패스가 외향적인 사람처럼 낮은 내부 각성 수준을 지니고 있어, 지속적으로 강한 자극을 추구한다고 설명했다. 이들은 처벌을 받아도 행동을 고치지 않으며, 충동적으로 움직이고 부정적인 결과에 대해서도 크게 불안해하지 않는다(Hare, 1970).

허비 클레클리는 『정신의 가면(The Mask of Sanity)』에서 사이코패스를 지적이고 자기중심적이며 수다스러운 인물로 묘사했다. 이들은 겉보기에는 매력적이지만, 말투는 천박하고 거짓으로 가득 차 있으며, 공감이나 후회 같은 기본적인 감정을 거의 느끼지 못한다. 그는 이들이 정신적으로 건강해 보이는 이유는 단지 '가면'을 쓰고 있기 때문이라고 설명한다 (Cleckley, 1982).

반면 소시오패스는 사회 규범에 대한 존중이 부족하고 타인의 감정을 잘 이해하지 못하는 특징이 있다. 자신의 행동이 범죄임을 인식하면서도, 개인적 이익을 위해 주저 없이 범죄를 저지른다. 종종 폭력적이고 공격적인 태도를 보이며, 법과 사회 규범을 쉽게 무시한다. 또한 책임을 회피하는 경향이 있으며, 공감 능력은 부족하지만 외적으로는 카리스마 있고 사교적인 사람처럼 보이기도 한다. 소시오패스는 주로 아동기 외상, 가정불화, 사회적 소외, 방임 등 환경적 요인에 의해 형성된다.

이처럼 사이코패스와 소시오패스는 행동 양상과 발생 원인에서 차이를 보인다. 사이코패스는 도덕과 양심에 대해 이론적으로는 배울 수 있지만, 공감 능력이 거의 없고 자신의 행동이 범죄라는 사실조차 인식하지 못하는 경우가 많다. 반면 소시오패스는 제한적이지만 공감 능력을 가지고 있으며, 범죄임을 인지하면서도 자신의 이익을 위해 행동한다. 이들은 선악의 기준에 크게 구애받지 않지만, 그렇다고 해서 반드시 범죄로 이어지는 것은 아니다. 다만 법적 처벌 가능성에 대해서는 인식하고 있다.

심 화 연 구

PCL-R 사이코패스 검사법(Psychopathy Checklist)

PCL-R(Psychopathy Checklist-Revised)은 캐나다 심리학자 로버트 헤어(Robert D. Hare)가 개인의 사이코패스 특성의 존재와 정도를 평가하기 위해 개발한 진단 도구이다. PCL-R은 사이코패스와 관련된 재범, 폭력 및 기타 반사회적 행동의 위험을 평가하기 위해 형사사법 환경, 법의학 및 심리학 연구에서 널리 사용된다. PCL-R은 대인관계, 정서, 라이프 스타일 및 반사회적 특징을 포함하여 사이코패스의 다양한 측면을 측정하는 20개 항목으로 구성되어 있다. 각 항목은 평가 대상 개인에게 적용되는 정도에 따라 3점 척도(0, 1, 2)로 평가된다.

PCL-R의 20개 항목은 두 가지 요소로 그룹화할 수 있다.

요인 1: 피상적인 매력, 과대성, 병적인 거짓말, 조작, 죄책감이나 후회의 결여, 천박한 감정, 공감의 결여와 같은 대인관계 및 정서적 특징.

요인 2: 충동성, 무책임성, 잘못된 행동 통제, 현실적인 장기 목표의 결여, 기생적인 생활 방식, 범죄의 다재다능함, 초기 행동 문제를 포함한 생활방식 및 반사회적 특징.

PCL-R 평가를 수행하기 위해 숙련된 전문가는 반구조화된 인터뷰와 범죄 기록, 의료 및 정신과 보고서, 기타 관련 문서와 같은 사용 가능한 기록 검토를 조합하여 사용한다. 평가자는 얻은 정보를 기반으로 각 항목을 평가하고 총 점수 범위는 0에서 40까지이다. 점수가 높을수록 사이코패스의 정도가 높음을 나타내며 컷오프 점수는 북미(30), 한국(25)이다. 다만, PCL-R은 사이코패스를 평가하기 위한 신뢰할 수 있고 효과적인 도구로 광범위하게 연구되고 검증되었지만, 사이코패스의 특성, 측정 및 다양한 환경에서의 의미에 대한 지속적인 논쟁과 토론이 존재한다.

4

범죄자는 만들어지는가?

아노미와 범죄의 사회구조적 연관성

프랑스의 사회학자 에밀 뒤르켐(Émile Durkheim)은 현대 범죄를 사회구조적 관점에서 이해하는 데 큰 영향을 끼친 이론가였다(Zanden, 2000). 그는 오귀스트 콩트(Auguste Comte), 아돌프 케틀레(Adolphe Quetelet), 앙드레 미셸 게리(André-Michel Guerry), 가브리엘 타르드(Gabriel Tarde) 등 초기 사회구조 이론가들의 영향을 받았다. 그러나 19세기 후반 유행하던 사회적 다윈주의, 개인주의, 심리학, 생물학적 실증주의와는 뚜렷하게 구별되며, 롬브로소를 중심으로 한 생물학적 접근이 대중적 인기를 끌던 시기에는 상대적으로 주목받지 못했다. 그럼에도 불구하고 뒤르켐의 사회구조적 접근은 케틀레와 게리의 통계적·생태학적 사고방식으로 회귀하는 계기를 마련하며 범죄 연구의 방향을 전환시켰다.

뒤르켐은 범죄가 완전히 사라지려면 사회구성원 모두가 동일한 가치관을 가져야 한다는 이상이 존재하지만, 이는 현실적으로 불가능하며 오히려 바람직하지도 않다고 보았다. 그는 인간의 행위를 설명할 때 개인보다는 집단과 사회 조직에 주목해야 한다고 강조했다. 도시화와 사회구조의 복잡화로 인해 공동체적 유대가 약화되면 사회 규범이 무너지게 되고, 이로 인해 '무규범 상태(normlessness)'가 발생한다고 보았다. 그는 이 상태를, 사람들이 타인의 행동을 예측할 수 없고 기존의 사회 시스템이 작동하지 않는 상황으로 설명했다. 이러한 무규범 상태는 특히 전쟁이나 혁명처럼 급격한 사회 변동기에 두드러지며, 영국과 미국의 산업혁명, 프랑스 혁명 이후가 대표적인 사례로 지적된다.

뒤르켐은 급격한 사회 변화가 기존의 통제 메커니즘을 붕괴시키고, 개인의 이기심과 탐욕이 통제되지 않으면서 '아노미(anomie)' 상태로 이어진다고 설명했다. 아노미는 그리스어 '아노미아(anomia)'에서 유래된 개념으로, 명확한 규범이 존재하지 않는 도덕적 혼란 상태를 의미한다. 이러한 상태는 개인이 사회 규범을 내면화하지 못하거나 급변하는 규범에 적응하지 못할 때, 혹은 상충하는 규범들 간의 충돌로 인해 나타날 수 있다.

그는 1897년에 발표한 『자살론(Le Suicide)』에서 아노미 개념을 자살 문제에 적용했다(Durkheim, 1951). 그는 자살이 하층계급보다 중상류층에서 더 자주 발생한다고 보았고, 가난하지만 안정된 삶이 고소득이지만 불안정한 삶보다 더 지속 가능하다고 주장했다. 자살은 이타적 자살, 이기적 자살, 아노미적 자살로 구분되며, 이 중 아노미적 자살(anomic suicide)은 급격한 경제 변동 시기에 특히 증가한다고 설명했다. 이는 경제 불황이나 갑작스러운 호황과 같이 예기치 못한 변화가 개인에게 적응할 시간을 주지 않기 때문이다.

1920년대 경제적 번영의 정점과 1929년 대공황은 아노미 현상의 대표적인 사례였다. 1929년 10월 24일, '검은 목요일'로 불리는 뉴욕 증시 폭락은 세계적인 경제 공황을 초래했고, 수많은 사람들이 일자리를 잃으며 삶의 기반이 흔들렸다. 한국 역시 1997년 IMF 구제금융 사태와 2008년 세계 금융위기 당시 비슷한 경험을 겪었다. 이 시기 자살률이 급격히 증가한 것은 단순한 경제적 빈곤 때문이 아니라, 예상치 못한 변화로 인한 심리적 불안과 방향 상실이 주요 원인이었다.

뒤르켐은 긍정적이든 부정적이든, 급격한 사회 변화는 사회 전반에 영향을 미칠 수밖에 없다고 강조했다. 실제로 1930년대 대공황과 1960년대 미국의 경제 호황 시기 모두 사회 규범이 흔들리면서 범죄율이 급증했고, 이는 20세기 중 가장 높은 살인율을 기록하는 범죄의 물결로 이어졌다(U.S. Department of Justice, 1996).

그는 인간의 욕망이 본질적으로 무한하기 때문에 이를 통제할 사회적 규칙이 반드시 필요하다고 보았다. 자연은 인간의 욕망에 한계를 두지 않기 때문에, 사회는 규범을 통해 이를 조절해 왔다. 그러나 급격한 경제 변화로 인해 이러한 규범이 붕괴되면 사람들은 방향을 잃고, 아노미 상태에 빠지게 된다. 뒤르켐은 실증주의적 접근을 통해 사회 집단 간 차이를 정량적으로 연구했으며, 이론과 경험적 자료를 결합하려 했다. 그의 이러한 시도는 이후 '긴장 이론(Strain Theory)'의 발전에 중요한 기초가 되었다.

시카고의 번영과 범죄 문제

1800년대 초반만 해도 약 5천 명에 불과했던 시카고의 인구는 1900년에 이르러 2백만 명을 넘어섰다. 시카고는 10년마다 인구가 두 배 이상 증가하며, 미국에서 가장 빠르게 성장하는 도시로 자리 잡았다(Vold, Bernard & Snipes, 2002). 이러한 급속한 성장은 시카고의 지리적 이점 덕분이었다. 미시간호 인근에 위치한 시카고는 1825년 대규모 운하 개통과 함께 볼티모어 및 오하이오 철도라는 첫 여객 철도의 연결로 교통 중심지로 떠올랐다. 이후 1869년 대륙횡단 철도가 완공되면서 시카고는 미국 중서부의 주요 교통 허브로 부상했고, 이는 이민자 유입을 더욱 촉진시켰다(Famighetti, 2000).

이처럼 급격한 인구 증가와 도시화는 시카고에 다양한 사회 문제를 불러

왔으며, 그중 범죄 문제는 점차 심각해졌다. 당시 시카고를 포함한 대부분의 미국 대도시에는 도시화 문제를 체계적으로 다룰 정부 기관이 부재했다. 시카고는 미국 내에서 가장 다양한 이민자들이 모여 사는 도시였고, 인구조사국 자료에 따르면 주민의 약 70%가 외국 출신이었으며, 미국 출생자는 20%에 불과했다. 이러한 구성은 공통 언어와 문화의 부재로 인해 사회적 긴장과 단절을 초래했고, 주민들이 공동체 문제를 자율적으로 해결하기 어려운 환경이 조성되었다.

뒤르켐(Émile Durkheim)의 이론처럼, 급격한 도시화와 산업화는 사회적 혼란과 규범 부재를 초래했다. 시카고는 사회적 통제가 무너진 아노미(anomie) 상태에 빠졌으며, 어른들의 개입이 사라진 거리에는 갱단에 소속된 청소년들이 넘쳐났다. 범죄율은 급격히 증가했고, 거리의 지배권은 점차 갱단의 손에 넘어갔다(Schram & Tibbetts, 2021).

이러한 시카고의 범죄 문제는 도시화와 인구 증가가 사회 변화를 이끌고, 그 과정에서 범죄가 어떻게 증가하는지를 잘 보여 준다. 시카고 당국은 범죄 문제 해결이 시급함을 인식했고, 시카고대학교는 이를 해결하기 위한 다양한 연구와 이론 개발에 착수했다. 이 과정에서 도시 환경이 범죄와 비행에 어떤 영향을 미치는지를 탐구한 시카고학파(Chicago School of Criminology)가 등장했다. 시카고학파는 도시화, 이민, 사회적 불안정성이 범죄 발생에 미치는 영향을 중점적으로 분석했다.

시카고학파의 대표 학자인 클리퍼드 쇼와 헨리 맥케이는 사회해체이론(Social Disorganization Theory)을 통해 시카고 지역의 범죄 원인을 분석했다(Shaw & McKay, 1969; 1972). 이 이론은 도시화와 산업화가 빈곤, 높은 주거 이동성, 민족적 다양성 같은 부정적 특성을 심화시켜 지역사회의 구조를 해체한다고 보았다. 이러한 사회해체는 주민 간의 비공식적 통제를 약화시키고 공동체의 결속력을 무너뜨려 범죄와 비행이 쉽게 발생할 수 있는 환경을 조성한다고 설명했다(Gibbons, 1979).

쇼와 맥케이는 특정 지역에서 범죄율이 높게 나타나는 이유를 밝히기 위해 도시 내 지역별 특성을 분석했고, 특히 버제스(Ernest W. Burgess)가 제안한 2구역(Zone II), 즉 전이지대(zone of transition)에 주목했다. 이 구역은 공장 설립과 함께 주거지가 산업지역으로 바뀌는 과도기적 지역으로, 사회적 불안정성과 빈곤이 극심했다. 사회해체이론은 이러한 전이지대에서 먼저 사회 병리 현상이 발생하며, 이는 지역사회 조직의 붕괴로 이어진다고 설명했다.

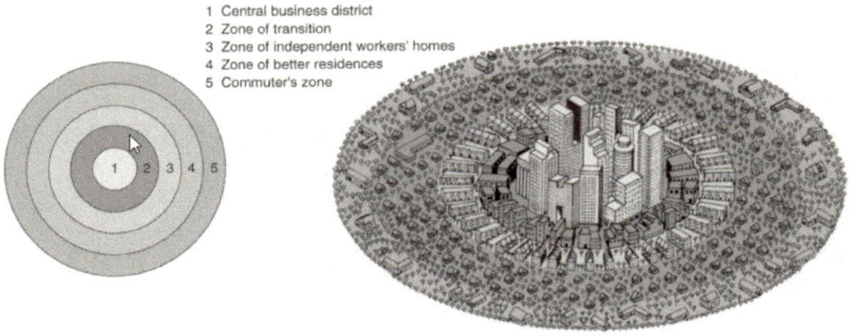

그림 4-1 동심원 이론(concentric zone theory)에 따른 시카고의 주요 구역

※ 출처: Rubenstein, J. M. (2016). Contemporary human geography (3rd ed.). NY: Pearson.

구체적으로는 공해로 인한 환경 악화, 실업으로 인한 경제적 곤궁, 그리고 유동 인구의 증가로 인한 문화적 이질성이 그 원인으로 지목되었다. 이로 인해 지역사회의 통제력이 약화되고, 주민 간의 연대감이 무너지면서 범죄와 비행이 급증하게 되었다.

실제로 빈곤, 질병, 저체중아 출생률 같은 사회 문제가 높은 지역일수록 비행률도 높게 나타났고, 이러한 현상은 대부분 전이지대에 집중되었다. 사회해체이론은 이 같은 상관관계를 설명하며, 사회적 통제의 부재가 범죄 증가에 결정적인 영향을 미친다고 결론지었다.

아메리칸 드림의 붕괴와 긴장의 시작

미국의 사회학자 로버트 머튼은 1930년대에 사회구조적 관점에서 긴장이론(strain theory)을 제시하며, 뒤르켐의 아노미(anomie) 개념을 수정·발전시켰다(Merton, 1938; 1968). 그는 범죄의 근본 원인이 뒤르켐이 주장한 급격한 사회 변화에 있다고 보지 않았다. 대신, '아메리칸 드림(American Dream)'으로 상징되는 문화적 가치와 이를 실현하기 위한 사회구조적 기회 사이의 불균형에서 비롯된다고 설명했다.

즉, 사회는 성공을 강하게 장려하지만, 실제로 이를 이루기 위한 합법적 수단은 일부 계층에만 허용되기 때문에 규범이 약화되고 무규범 상태가 나타난다는 것이다. 머튼이 말한 아노미는 문화적으로 정당화된 목표를 달성하려는 욕구는 강하지만, 이를 실현할 수 있는 정당한 수단이 부족할 때 발생하는 사회적 혼란 상태로 이해할 수 있다.

심화연구

아메리칸 드림(American Dream)과 좌절

미국이 발전해 온 과정에서 핵심적인 개념 중 하나는 누구나 노력하면 성공할 수 있고, 그 성공을 통해 자신의 삶을 더 나은 방향으로 바꿀 수 있다는 믿음이었다. 이른바 '아메리칸 드림'은 개인의 자율성, 자기계발, 자유, 평등, 경쟁, 기회라는 가치와 밀접하게 연결되어 있으며, 수많은 이민자들이 이 꿈을 이루기 위해 미국으로 건너온 역사와도 맞닿아 있다. 이 개념은 주로 경제적 성공을 중심으로 형성되었지만, 단순히 금전적 성취에 그치지 않고, 사회적 지위 상승, 존경받는 위치, 안정된 삶을 포함하는 넓은 의미를 지닌다.

아메리칸 드림은 미국 사회를 통합하고 발전시키는 데 중요한 역할을 해 왔다는 긍정적인 평가를 받아왔다. 하지만 동시에 사회 하층민에게는 좌절과 불평등을 경험하게 하고, 상류층 중심의 부의 구조를 고착화하는 수단으로 작용했다는 비판도 존재한다. 이러한 양면성은 아메리칸 드림이 내세우는 이상과 실제 현실 사이의 간극을 잘 보여 준다.

미국 건국 초기의 '아메리칸 드림'은 누구나 열심히 노력하면 원하는 목표, 특히 물질적 부를 이룰 수 있다는 신념에 기반을 두고 있었다. 이러한 꿈을 실현하는 수단으로는 교육과 노동을 통한 개인의 성취가 강조되었으며, 이는 프로테스탄트 직업윤리와도 맞닿아 있다. 어떤 경제적 배경에서 출발하든 근면과 노력만 있다면 성공할 수 있다는 이상이 아메리칸 드림의 핵심이었다.

하지만 현실은 이상과 거리가 있었다. 사회 구조상 하층계급이 물질적으로 성공할 가능성은 매우 낮았고, 많은 가난한 청소년들에게는 이러한 기회를 접할 가능성조차 제한적이었다. 그럼에도 불구하고 사회는 모든 구성원에게 아메리칸 드림을 추구하라고 요구하며, 이에 따라 사회 전반에 긴장과 좌절이 누적되었다. 이러한 긴장감은 물질적 목표를 지나치게 강조하면서도, 그것을 이루기 위한 전통적인 수단은 상대적으로 가치를 인정받지 못하는 데서 비롯되었다.

이상적인 사회라면 부와 같은 목표와 이를 실현할 수단 사이의 균형을 유지해야 하지만, 당시 미국 사회는 목표 자체에만 집중하고 정당한 수단의 가치는 소홀히 다뤘다. 머튼은 바로 이 지점에서 사회적 목표와 제도적 수단 간의 불균형이 범죄와 일탈을 유발한다고 보았다. 이러한 설명은 아노미 이론의 핵심이다(Merton, 1938).

머튼에 따르면, 모든 개인이 같은 방식으로 긴장을 해소하지는 않는다. 가난한 사람이 모두 범죄에 빠지지 않는 이유는 각자가 사회의 제한된 구조를 받아들이는 방식이 다르기 때문이다. 그는 이를 '긴장에 대한 적응(adaptations to strain)'이라 불렀다. 실제로 사회적 목표를 이루지 못했다고 해서 모두가 일탈 행동을 하는 것은 아니며, 사람들은 이에 대해 서로 다른 태도를 보인다.

머튼은 이러한 태도를 다섯 가지 유형으로 구분했다. 첫째, 순응(conformity)은 사회가 제시하는 전통적인 목표인 부와 성공을 추구하고, 이를 위해 교육이나 노동 같은 정당한 수단을 받아들이는 방식이다. 이는 대다수 사람들이 따르는 일반적인 적응 형태다.

둘째, 의례(ritualism)는 부와 성공이라는 목표에는 큰 관심이 없지만, 목표를 이루기 위한 전통적인 수단에는 계속 충실하는 태도다. 규칙과 절차를 중시하며, 사회적 역할을 수행하는 데 더 큰 의미를 둔다.

셋째, 혁신(innovation)은 전통적인 목표는 여전히 추구하지만, 이를 이루기 위한 수단으로는 기존의 방식을 따르지 않고 새로운 방식, 때로는 비합법적인 수단을 사용하는 유형이다. 예를 들어, 불법적인 방법을 통해 부를 추구하는 범죄 행위가 이에 해당한다.

넷째, 회피(retreatism)는 목표와 수단 모두를 거부하는 형태로, 사회적 규범에서 벗어나 고립되거나 단절된 삶을 사는 경우를 말한다. 알코올 중독자나 노숙인 등이 대표적인 예다.

마지막으로, 반항(rebellion)은 기존의 목표와 수단을 단순히 거부하는 데 그치지 않고, 새로운 목표와 수단을 설정하려는 적극적인 움직임을 보인다.

이는 기존 질서에 대한 반발과 함께 사회적 대안을 제시하거나 변화를 추구하는 성향으로, 혁명가나 극단주의자 등이 여기에 포함된다.

이처럼 머튼은 사회 구조적 긴장이 개인의 다양한 적응 형태로 나타나며, 그중 일부는 범죄나 일탈로 이어질 수 있다고 설명했다. 이는 범죄를 단순한 개인의 도덕적 결함이 아닌, 사회 구조와의 관계 속에서 이해해야 함을 보여 준다.

표 4-1 머튼의 긴장이론에 따른 순응 방식

	전통적 목표	제도적 수단
순응(conformity)	+	+
의례(ritual)	-	+
혁신(innovation)	+	-
회피(retreatism)	-	-
반항(rebellion)	±	±

머튼은 이러한 적응 방식을 통해 왜 어떤 사람은 마약 밀매자가 되는 반면, 어떤 사람은 공장의 조립 라인에서 성실히 일하는지를 설명하지는 않았다. 그러나 특정 집단에서 범죄율이 높고 다른 집단에서 낮은 이유를 분석할 수 있는 틀을 제공했다. 개인의 적응 방식은 그들이 처한 사회적 환경과 경험하는 긴장의 정도에 따라 달라지며, 이는 사회적 일탈 현상을 이해하는 중요한 관점을 제시한다.

중산층의 잣대에 따른 좌절

앨버트 코헨의 비행하위문화이론은 '긴장이론', '사회해체이론', 그리고 '차별적 접촉이론'을 토대로 발전된 이론이다. 그는 머튼(Merton)의 제자로서 구조적 긴장 개념을 익혔고, 인디애나대학에서는 서덜랜드(Sutherland)의 대학원 조교로 일하며 범죄 규범이 차별적 접촉을 통해 문화적으로 전파된다는 사실을 이해하게 되었다. 이러한 배경 속에서 코헨은 비행하위문화가 어떻게 형성되며, 사회구조의 어느 지점에서 나타나고, 왜 일정한 특징을 보이는지를 설명했다(Cohen, 1955).

비행하위문화이론(Delinquent Subculture Theory)은 비행 행동이 단순히 개인의 병리적 문제나 이상 성격에서 비롯된 것이 아니라고 본다. 오히려 특정 하위문화 내에서 이러한 행동이 장려되고 보상받기 때문에 나타난다고 주장한다. 비행 청소년들은 주로 교육이나 합법적인 취업 같은 전통적인 방식으로는 주류 사회에서 성공하거나 지위를 얻기 어려운 상황에 처해 있다. 이러한 구조적 좌절은 이들이 기존의 가치관을 거부하고 자신들만의 규범을 만들어 내는 배경이 된다. 이 하위문화에서는 주류 사회에서 실패로 간주되는 행동들이 오히려 성취의 상징으로 여겨진다.

코헨은 자신의 저서 『비행청소년(Delinquent Boys)』에서 '중산층의 잣대(Middle-Class Measuring Rod)'라는 개념을 통해 비행 청소년의 행동을 설명했다. 그는 중산층 가정에서 자연스럽게 익히는 사회화 과정을 충분히 경험하지 못한 하위계층 청소년들이 학교에서 불리한 위치에 놓인다고 보았다. 이들은 중산층 가치에 맞는 준비가 부족해 학업에서 실패를 경험하기 쉽고, 그 결과로 동기부여, 책임감, 감정 조절, 장기 계획 수립, 권위와 재산에 대한 존중 등 중산층의 기준을 충족하지 못하게 된다(Cohen, 1955).

이러한 하위계층 청소년들은 자신들이 속하지 못한 중산층 가치에 대한 반발심으로 비행 행동을 하게 된다. 이들은 전통적인 목표를 내면화하긴 하지만, 그것을 달성하지 못할 때 강한 좌절감을 느끼며, 이는 주로 학교에서의 실패나 또래 집단에서 인정받지 못하는 경험에서 비롯된다. 코헨은 이러한 상태를 '지위좌절(Status Frustration)'이라고 명명했다. 이러한 좌절은 결국 중산층 가치에 반하는 새로운 가치 체계를 창출하게 만든다.

하위계층 청소년들은 주류 사회의 가치에 부응하기보다는 그것을 거부함으로써 자신들의 자존감을 유지하려 한다. 이 과정에서 자신들만의 하위문화를 형성하며, 그 안에서는 주류 사회와 반대되는 행동들이 긍정적으로 평가된다. 예를 들어, 무단결석, 기물 파손, 권위에 대한 반항 같은 행동들이 오히려 그들 사이에서 지위와 존경의 표시가 된다(Cohen & Short Jr., 1958).

코헨은 이러한 비행하위문화가 특정한 사회 구조 속에서 반복적으로 나타난다고 보았다. 주류 사회에서 성공할 가능성이 낮은 청소년들은 자연스럽게 서로 어울리게 되고, 그들 사이에 새로운 규범이 공유되면서 비행이 확산된다. 이는 단순한 개인의 일탈이 아니라 구조적인 문제에서 비롯된 현상임을 강조했다. 따라서 청소년 비행 문제를 해결하기 위해서는 단순한 처벌이나 교정만으로는 부족하며, 청소년들이 정당한 방법으로 성취감을 얻을 수 있도록 사회 구조를 개선해야 한다고 주장했다.

심 화 연 구

길모퉁이 소년(corner boy)

비행하위문화 이론에 따르면 청소년들은 세 가지 유형의 반응을 보인다. 이는 길모퉁이 소년(corner boy), 대학생 소년(college boy), 그리고 비행소년(delinquent boy)으로 구분된다. 이 가운데 길모퉁이 소년은 사회 구조의 최하층에서 주어진 현실을 수용하며, 소극적인 방식으로 삶에 적응하는 유형이다. 이들은 자신이 처한 불리한 환경 속에서도 나름의 생존 방식을 찾아가며, 주로 동네 친구들과 어울려 시간을 보내고 유대감을 형성한다. 도박이나 스포츠 경기와 같은 단체 활동에 참여하면서 또래로부터 지지를 받고 소속감을 느낀다.

길모퉁이 소년들은 대체로 전통적인 사회 규범에 순응하며 살아가지만, 사회적으로 높은 지위를 추구하려는 야망은 크지 않다. 이들은 현재의 생활에 적응하려 노력하며, 블루칼라 직업이나 경우에 따라 마약 판매와 같은 비공식적인 생계 수단에 의존하기도 한다. 대부분 학업에 대한 성취 동기가 낮고, 가정과 지역사회의 제한된 자원 때문에 대학 진학은 거의 이루어지지 않는다. 결과적으로 이들은 중산층 기준에 도달하기보다는, 현실에 타협하며 안정적인 일상을 추구하는 경향을 보인다.

이처럼 길모퉁이 소년들은 가난하고 열악한 환경 속에서 살아가며, 사회의 중심에서 벗어난 위치에서 자신만의 방식으로 적응해 나간다. 그들의 삶은 표면적으로는 전통적인 규범을 따르는 듯 보이지만, 실질적으로는 생존을 위한 현실적 대응의 결과이며, 이들 나름의 방식으로 사회 속에서 자리를 잡아 간다고 할 수 있다(Adler, Mueller & Laufer, 2017).

코헨의 비행하위문화이론은 비행 행동을 단순히 개인의 일탈로 보지 않고, 사회구조적 맥락에서 이해할 필요가 있음을 강조한다. 또한, 비행하위문화는 단순한 반사회적 행동이 아닌, 주류 사회에서 배제된 청소년들이 자신들만의 방식으로 지위와 성취를 얻기 위한 문화적 적응으로 해석된다.

긴장 경험과 범죄 촉발 메커니즘

1980년대, 범죄학자 로버트 애그뉴는 기존 긴장이론의 한계를 보완하고 보다 포괄적인 틀을 제시하기 위해 일반긴장이론(General Strain Theory: GST)을 발표했다(Agnew, 1992). 그는 전통적인 긴장이론이 주로 경제적 실패나 사회적 목표의 좌절에만 초점을 맞춘 데 비해, 개인이 일상에서 겪는 다양한 긴장과 그로 인한 감정적 반응까지 고려해야 범죄와 비행을 더 정확히 이해할 수 있다고 보았다.

일반긴장이론은 부정적인 삶의 사건이나 경험을 통해 분노, 좌절, 우울과 같은 부정적인 감정을 느끼게 된 개인이 범죄를 저지를 가능성이 높아진다고 설명한다. 애그뉴는 이러한 감정이 사회적 규범을 위반하는 행동으로 이어질 수 있다고 주장했으며, 이는 머튼(Merton), 코헨(Cohen), 클로워드(Cloward), 올린(Ohlin) 등이 제시한 전통적 긴장이론과의 차별점이다. 기존 이론들이 사회적 성공 기준을 달성하지 못한 데 따른 스트레스에 집중했다면, 일반긴장이론은 모든 사회계층의 사람들이 겪는 일상적인 스트레스와 그에 따른 감정적 반응에 주목한다.

애그뉴는 기존 긴장이론을 확장하면서 '유해한 자극의 제시'와 '긍정적인 자극의 제거'라는 두 가지 새로운 긴장 유형을 제시했다. 유해한 자극의 제시는 학대, 괴롭힘, 차별 대우처럼 부정적인 상황에 노출되거나 타인에 의해 고통을 겪는 경우를 말한다. 반면, 긍정적인 자극의 제거는 가족의 사망, 연인과의 이별, 부모의 이혼, 전학 등 개인에게 중요한 것을 잃었을 때 발생하는 긴장을 의미한다. 이와 같은 경험은 큰 상실감을 초래하며, 때로는 범죄를 통해 이를 보상받으려는 행동으로 이어질 수 있다(Hoffman & Miller, 1998).

애그뉴는 이러한 다양한 긴장이 개인의 감정에 미치는 영향을 강조하며, 감정이 범죄로 이어지는 과정을 구체적으로 설명했다. 다시 말해, 범죄는 단지 물질적 욕구나 성공을 이루지 못해서가 아니라, 실망과 분노 같은 감정에서 비롯된 도피, 보복, 혹은 대체 수단일 수 있다(Agnew & White, 1992). 이러한 시각은 기존 긴장이론보다 개인의 심리적·감정적 반응을 보다 정교하게 분석한다는 점에서 큰 의의가 있다.

또한, 일반긴장이론은 스트레스를 유발하는 다양한 환경적 요인들도 범죄의 원인으로 제시한다. 예컨대, 아동 학대, 범죄 피해 경험, 또래 간 갈등, 학교생활의 문제, 언어적 위협 등은 모두 긴장을 유발할 수 있는 요인이다. 이처럼 불리한 상황에 처한 개인은 문제로부터 도망치거나, 해결하려 하거나, 복수하려는 감정에서 범죄에 이를 수 있다(Lilly, Cullen & Ball, 2015). 따라서 일반긴장이론은 개인의 감정과 심리 상태가 범죄 행동에 어떤 영향을 미치는지를 보다 구체적이고 실질적으로 설명하고 있다.

범죄자 접촉과 범죄 학습

에드윈 서덜랜드(Edwin H. Sutherland)는 20세기 가장 영향력 있는 범죄학자 중 한 명으로, 그의 차별적 접촉이론(Differential Association Theory)은 범죄를 사회적 학습의 결과로 설명했다. 그는 범죄 행위가 이미 범죄를 저지른 사람들과의 친밀한 관계와 상호작용을 통해 학습된다고 보았다(Akers, 1997).

서덜랜드는 범죄가 유전되거나 개인의 성격적 특성에서 비롯되는 것이 아니라, 사회적 환경 속 상호작용에서 형성된다고 주장했다. 즉, 사람들은 범죄와 관련된 기술, 동기, 합리화 등을 주변 사람들과의 관계를 통해 배우며, 이러한 학습의 양과 질에 따라 범죄 가능성과 그 심각성이 결정된다고 보았다. 그의 이론은 범죄와 관련된 가치와 태도가 어떻게 세대 간에 전달되는지를 설명하며, 범죄를 개인의 일탈로만 보기보다 사회적 맥락 속에서 이해할 필요성을 강조했다.

서덜랜드의 이론은 클리퍼드 쇼와 헨리 맥케이의 사회적 해체 이론(Shaw & McKay, 1931; 1942)과 가브리엘 타르드의 모방이론(Tarde, 1972)에도 영향을 받았다. 당시에는 범죄자가 낮은 지능지수(IQ)를 가졌거나 특정 체형을 지녔다는 식의 생물학적 설명이 주를 이루었고, 범죄자를 일반인과 다른 비정상적인 존재로 보는 인식이 지배적이었다. 이런 상황에서 범죄를 사회적 학습의 결과로 설명한 서덜랜드의 주장은 당시로서는 매우 획기적이었다.

그는 정상적인 개인이라도 범죄에 우호적인 정서와 태도에 반복적으로 노출되면, 범죄에 필요한 동기와 기술을 학습하게 된다고 주장했다. 이는 마치 독서, 축구, 자전거 타기 같은 일반적인 활동을 배우는 과정과 같다고 설명했다. 예를 들어, 수영이나 자전거 타기를 책이 아닌 부모나 친구, 선생님과 같은 가까운 사람에게서 배우듯, 범죄 역시 이러한 친밀한 관계를 통해 습득된다는 것이다(Sutherland, 1939).

심 화 연 구

차별적 접촉이론의 아홉 가지 명제

오늘날 대부분의 연구자는 범죄가 학습된다는 개념을 당연하게 받아들이지만, 서덜랜드가 이를 주장했을 당시에는 매우 급진적인 생각이었다. 그는 차별적 접촉이론을 다음의 아홉 가지 명제로 정리했다(Sutherland, 1939).

범죄는 학습된다. 유전되는 것이 아니며, 훈련이나 교육을 통해 전달된다.

- 범죄는 타인과의 상호작용을 통해 학습된다. 언어적·비언어적 의사소통을 포함한다.
- 범죄 학습의 핵심은 친밀한 개인 집단 내에서 이루어진다.
- 범죄 학습 내용에는 범행 기술뿐 아니라, 범죄를 저지르려는 동기, 추진력, 합리화 및 태도 등이 포함된다.
- 범죄 동기의 구체적 방향은 법규범에 대해 우호적이거나 비우호적인 태도를 학습함으로써 결정된다.
- 법 위반에 우호적인 정서가 우세할 때 범죄가 발생한다. 즉, 범죄와 비범죄 행동 모두를 선호하지만, 법 위반을 선호하는 정서가 높을 경우 범죄 가능성이 높다.

- 차별적 접촉은 빈도, 지속시간, 우선순위 및 강도에 따라 달라진다. 여기서 우선순위는 개인이 유아기 동안 합법적 행동에 대한 감각을 어느 정도 발달시켰는지에 따라 결정된다.
- 범죄를 학습하는 과정은 다른 학습 메커니즘과 유사하다.
- 범죄는 인간의 보편적인 필요와 가치의 표현이다.

서덜랜드는 범죄가 학습을 통해 전파되며, 이는 다른 사회적 활동의 학습 방식과 동일하다고 보았다(Sutherland & Cressey, 2006). 그의 차별적 접촉 이론은 당시 범죄학의 주류였던 생물학적 또는 심리학적 결정론과 달리, 범죄의 주요 원인을 개인 내부가 아닌 사회적 상호작용과 학습에서 찾았다. 이로써 그는 범죄를 이해하는 새로운 시각을 제시했다.

범죄에 대한 모방과 강화

대부분의 사회심리학 연구는 인간이 생존과 성공에 필요한 행동을 배우기 위해 타인, 특히 어른들의 행동을 관찰하고 모방한다고 설명한다. 이러한 모방은 본능적으로 나타나며, 특히 어린 시절에 더욱 두드러진다. 반두라의 보보인형 실험에서 가장 중요한 발견은 아이들이 어른들의 행동을 단순히 관찰하는 것만으로도 유사한 행동을 따라 하게 된다는 점이었다. 이는 반두라의 '모방 및 모델링 이론'이 범죄 행위뿐 아니라 유튜브, 텔레비전, 영화, 비디오 게임 등 다양한 미디어가 인간 행동에 미치는 영향을 이해하는 데에도 큰 시사점을 준다(Bandura, 1965).

이러한 학습은 단지 행동에 그치지 않고, 헐렁한 바지를 입거나 야구 모자를 특정한 방식으로 쓰는 것처럼 유행 패션의 확산에도 영향을 미친다. 부모들은 어린 자녀들이 자신의 언행을 그대로 따라 할 수 있다는 사실을 인식하고, 일상적인 말투나 표현 방식에 더욱 신중을 기울여야 한다.

심화연구

반두라의 보보인형 실험과 범죄 모방

보보인형 실험(Bobo Doll Experiment)은 인지심리학자 알버트 반두라(Albert Bandura)가 실시한 대표적인 연구이다. 이 실험은 스탠퍼드대학교 부설 보육원에 다니는 37개월부터 69개월 사이의 어린이 72명을 대상으로 진행되었다. 참가 아동은 세 집단으로 나뉘어, 첫 번째 집단은 공격적인 행동을 보이는 성인 모델을 관찰했고, 두 번째 집단은 비공격적인 성인을 관찰했으며, 나머지 집단은 아무런 모델도 보지 않은 통제집단으로 구성되었다.

실험에서 어린이들은 어른이 보보인형을 공격하거나 공격하지 않는 모습을 담은 영상을 시청한 뒤, 직접 보보인형이 있는 방으로 보내졌다. 그 결과, 공격적인 모델을 본 어린이들은 비공격적인 모델을 본 아이들이나 아무 모델도 보지 않은 아이들보다 훨씬 더 공격적인 행동을 보였다.

이 실험은 어린이가 단순히 어른의 행동을 관찰하고 모방함으로써 공격성을 학습할 수 있다는 사실을 입증했다. 반두라는 이처럼 사람은 타인의 행동을 관찰하는 것만으로도, 즉 모방을 통해 태도와 행동을 학습한다고 주장했다. 이러한 현상은 "원숭이도 보고 배운다(Monkey see, monkey do)"라는 속담으로도 잘 알려져 있다.

반두라의 모방 및 모델링에 기반한 학습 이론은 사람들이 보상이나 처벌을 명확히 인식하지 않더라도 친구나 주변 인물의 행동을 자연스럽게 따라 한다는 점에서 차별적 강화 이론에 영향을 주었다. 알버트 반두라와 로널드 에이커스는 사회학습이론(Social Learning Theory)의 발전에 중요한 기여를

한 심리학자이자 범죄학자로, 이들의 연구는 인간 행동을 이해하고 설명하는 데 핵심적인 역할을 했다. 두 사람 모두 행동이 관찰과 사회적 상호작용을 통해 학습된다고 보았지만, 접근 방식에는 차이가 있었다. 반두라는 인간이 타인의 행동을 관찰하고 모방함으로써 행동을 학습한다고 보았고, 이에 기반한 사회학습이론을 제시했다(Bandura, 1965). 반면, 에이커스는 반두라의 이론을 범죄학에 접목하여 차별적 강화 이론(Differential Reinforcement Theory)으로 발전시켰다(Akers, 1973).

차별적 강화는 특정 행동이 특정한 상황에서 보상을 받거나 처벌을 받음으로써 그 행동의 반복 여부가 달라지는 것을 의미한다. 이는 인간의 행동을 강화하거나 약화시키는 핵심적인 메커니즘으로, 학습과 행동 수정 과정에서 중요한 역할을 한다. 차별적 강화는 여러 형태로 나타나며, 대표적으로 긍정적 강화, 부정적 강화, 긍정적 처벌, 부정적 처벌, 그리고 차별적 소거가 있다.

긍정적 강화는 바람직한 행동 뒤에 긍정적인 결과나 보상을 제공함으로써 그 행동이 강화되는 방식이다. 예를 들어, 학생이 시험에서 좋은 성적을 받았을 때 부모가 칭찬하거나 선물을 주면, 학생은 앞으로도 더 열심히 공부하려는 동기를 갖게 된다.

부정적 강화는 불쾌한 자극이나 상황을 제거함으로써 특정 행동이 강화되는 것이다. 예컨대, 두통이 있을 때 진통제를 복용하여 통증이 사라지면, 다음에도 두통이 생기면 약을 복용하는 행동이 반복된다.

긍정적 처벌은 바람직하지 않은 행동 후에 불쾌한 자극을 더해 그 행동의 발생 가능성을 줄이는 방식이다. 예를 들어, 아이가 문제 행동을 했을 때 부모가 벌로 장난감을 치우면, 아이는 그 행동을 줄이게 된다.

부정적 처벌은 바람직하지 않은 행동 뒤에 긍정적인 요소를 제거하여 해당 행동을 약화시키는 방법이다. 예를 들어, 직원이 규정을 위반했을 때 보너스를 삭감하면, 그 직원은 이후 규정 준수를 더 의식하게 된다.

차별적 소거는 이전에 보상을 받았던 행동에 대해 더 이상 보상을 제공하지 않음으로써, 그 행동이 점차 사라지게 만드는 방법이다. 예컨대, 아이가 울 때마다 장난감을 주던 부모가 더 이상 주지 않으면, 아이는 울어서 원하는 것을 얻으려는 행동을 멈추게 된다.

이처럼 차별적 강화는 인간 행동의 학습과 수정 과정을 설명하는 데 핵심적인 개념이며, 사회적 환경과 상호작용 속에서 특정 행동이 고착되거나 사라지는 과정을 이해하는 데 중요한 이론적 틀을 제공한다.

범죄 행동에 대한 봉쇄

월터 레클리스는 범죄나 일탈 행동을 막기 위해 개인 내부의 통제와 사회적 통제 간의 관계를 분석하며 '봉쇄이론(Containment Theory)'을 제안했다(Reckless, 1967). 이 이론은 사람들이 범죄나 일탈을 피하도록 돕는 내부와 외부의 보호 장치에 주목한다. 그는 자존감, 자기 통제, 도덕성 같은 '내적 봉쇄 요인'과 가족, 또래, 사회 제도 등 '외적 봉쇄 요인'을 강조했다. 레클리스에 따르면 이러한 내적·외적 통제 요인이 강한 사람일수록 외부의 유혹이나 압력에 저항할 가능성이 높아 범죄나 일탈에 빠질 가능성이 낮다고 보았다.

그는 또한 사회 환경이나 개인적 특성이 비행으로 이어질 수 있다고 보았다. 예를 들어, 교육이나 취업 기회의 부족, 충동적인 성격, 비행 청소년과의 교류, 폭력적인 미디어 노출 등은 비행의 주요 원인이 될 수 있다. 이는 인간의 선천적 성향에 초점을 맞춘 기존의 통제이론과 달리, 사회적 요인과의 상호작용을 중시한 해석이다. 레클리스는 비행 행동이 개인의 기질적 특성뿐 아니라, 사회적 환경 속에서 어떻게 억제 또는 유발되는지를 설명하며 기존 통제이론의 틀을 확장했다. 하지만 그의 이론은 '봉쇄(containment)'라는 개념에서 알 수 있듯이 여전히 통제 중심의 관점에 기반하고 있다.

레클리스는 범죄를 유발하는 요인을 네 가지로 구분했다. 첫째, '외부 압력(external pressures)'은 열악한 주거환경, 경제적 불이익, 소수자라는 사회적 지위, 정당한 기회의 결핍 등 개인을 범죄로 내모는 구조적 조건을 의미한다. 둘째, '외부 끌림(external pulls)'은 비행 친구들, 일탈적 하위문화, 미디어의 영향처럼 사회적 규범으로부터 개인을 이탈하게 만드는 자극이다. 이 두 요인은 사회적 힘에 의해 개인이 밀리고 끌리는 이중 작용을 한다.

셋째, '외적 봉쇄(outer containment)'는 외부 압력이나 유혹으로부터 개인을 지켜주는 사회적 방어 장치다. 이는 가족이나 학교, 지역 공동체 같은 사회적 관계망을 통해 기능하며, 개인이 규범에서 벗어나지 않도록 붙잡아주는 완충 역할을 한다. 구체적으로는 일상생활의 지침, 합리적인 한계 설정, 성취 기회 제공, 공동 활동과 결속감 형성, 대체 수단 마련 등이 이에 해당한다(Reckless, 1962).

넷째, '내적 봉쇄(inner containment)'는 사회적으로 바람직한 가치와 규범을 개인이 내면화하여 외부의 압력에 저항할 수 있는 성격 특성을 말한다. 자아 정체성의 확립, 좌절에 대한 인내력, 긍정적인 자아 개념, 자기 통제력, 양심의 발달, 책임감 등이 여기에 속한다. 반면, '내부 압력(internal pressures)'은 열등감, 긴장, 심리적 갈등, 충동적 성격, 신체적 결함 등으로 인해 개인이 내면적으로 겪는 불안정성을 의미하며, 범죄로 이어질 가능성을 높인다.

레클리스는 이러한 내부와 외부의 압력이나 유혹이 효과적으로 통제되지 못하면 개인이 범죄에 빠질 수 있다고 보았다. 다시 말해, 범죄나 비행은 즉흥적인 욕구 충족, 불안, 적대감 같은 내적 압력과 실업, 빈곤, 기회의 차단 같은 외적 압력 또는 유혹이 결합될 때 나타날 수 있으며, 이는 개인이 가진 내적·외적 봉쇄 능력에 따라 달라진다고 설명했다. 핵심적인 억제 요인은 자아 개념에서 비롯되며, 강한 양심과 책임감이 결합될 때 비행 가능성을 크게 줄일 수 있다고 강조했다.

사회적 유대와 범죄억제

트래비스 허쉬는 인간이 가족, 학교, 지역사회와 같은 전통적인 사회적 실체와의 유대관계를 통해 사회화된다고 보았다. 사회유대이론(Social Bonding Theory)은 이러한 유대의 강도가 일탈이나 범죄에 가담할 가능성에 직접적인 영향을 미친다고 주장한다. 그는 가족, 친구, 지역사회와의 유대가 강할수록 사회 규범과 법을 지키려는 경향이 높아져 범죄를 저지를 가능성이 줄어든다고 설명했다(Hirschi, 1969).

허쉬는 이 가설을 검증하기 위해 캘리포니아에 거주하는 중·고등학생 4,077명을 대상으로 자기보고식 설문조사를 실시하여, 청소년의 비행과 관련된 네 가지 사회적 유대 요인의 강도를 측정했다. 그 결과, 비행 행위는 사회적 유대가 약화될수록 증가하는 경향이 있다는 사실을 밝혀냈다. 허쉬가 제시한 네 가지 사회적 유대는 애착(attachment), 헌신(commitment), 참여(involvement), 신념(beliefs)으로 구성된다.

첫 번째 요소인 애착은 부모, 교사, 또래 집단에 대한 정서적 유대를 의미한다. 특히 부모에 대한 강한 애착을 형성한 청소년은 부모와의 관계가 틀어질 것을 두려워해 비행을 자제하려는 경향이 강하다. 부모와 자녀 간의 애정 어린 유대는 청소년 범죄를 억제하는 가장 기초적인 장치로 작용한다(Bowlby, 1979). 이 유대의 강도는 부모와 자녀 사이의 상호작용의 깊이와 질, 함께 보내는 시간, 의사소통의 빈도와 친밀함 등에 의해 결정된다. 특히 부모가 자녀의 일상에 관심을 보이고 시간을 함께 보내면, 자녀가 비행에 빠질 가능성은 눈에 띄게 낮아진다. 학교에 대한 애착 역시 중요하다. 학업 실패는 성적 저하로 이어지고, 이는 학교나 교사에 대한 부정적 태도를 강화시켜 결국 비행으로 연결될 수 있다(Hirschi, 1969).

두 번째 요소인 헌신은 사회가 기대하는 목표에 대해 개인이 얼마나 노력을 기울이고 있는지를 뜻한다. 허쉬는 '순응에 따른 이해관계(stakes in conformity)' 개념을 통해, 범죄를 저질렀을 때 잃을 것이 많을수록 범죄 억제 효과가 크다고 설명했다. 그는 헌신의 정도를 직업에 대한 열망이나 교육에 대한 기대감 등을 통해 측정했으며, 방과 후 프로그램에 참여하는 청소년일수록 출석률이 높고 성적이 우수하며 비행 행동이 적게 나타난다는 연구 결과를 제시했다(The National Youth Violence Prevention Resource Center, 2007). 이처럼 사회적 목표에 대한 헌신이 강할수록 비행 가능성은 줄어든다. 반대로 잃을 것이 없는 사람은 처벌의 위험이 있어도 범죄를 저지르기 쉽다는 분석도 제시된다. 이 때문에 일부 학자들은 상습범의 통제가 어렵다고 주장한다.

세 번째 요소인 참여는 학업, 스포츠, 예술, 지역사회 활동 등 전통적인 사회 활동에 적극적으로 시간을 보내는 것을 의미한다. 시간이 의미 있는 활동에 소비될수록 범죄를 저지를 여유가 줄어든다는 논리다. 이는 '빈둥거리면 나쁜 짓을 하게 된다'는 속담과도 통한다(Hirschi, 1969). 허쉬는 이러한 활동 참여가 청소년의 비행을 억제하는 데 효과적이라고 주장했다. 실제로 미국과 한국에서는 방과 후 프로그램을 통해 학생들이 운동, 미술, 음악

등 다양한 활동에 참여할 수 있도록 돕고 있으며, 이러한 프로그램이 청소년 비행 예방에 긍정적인 역할을 하고 있다.

마지막 요소인 신념은 법과 사회 규범에 대한 내적 동의와 존중을 뜻한다. 법과 그것을 집행하는 사람들을 정당하다고 여기는 태도는 개인이 도덕적 기준을 벗어난 행동을 하지 않으려는 성향을 형성한다. 예를 들어, 음주운전이 초래할 수 있는 위험을 심각하게 받아들이는 사람은 이를 범죄로 인식하고 자제하려 하지만, 이를 대수롭지 않게 여기는 사람은 행동으로 옮길 가능성이 높다. 과속, 신호 위반, 절도, 마약 사용 등에 대한 인식 또한 개인의 신념에 따라 달라진다. 허쉬는 청소년이 법을 공정하지 않다고 느낄수록 사회에 대한 유대감이 약해지고 비행을 저지를 가능성이 높아진다고 결론지었다(Hirschi, 1969).

악이 극화(劇化)와 범죄자 낙인

프랭크 타넨바움이 1938년 발간한 저서 『범죄와 공동체(Crime and the Community)』는 낙인이론의 출발점으로 널리 인정받고 있다. 그는 상징적 상호작용주의(symbolic interactionism)에 기반하여, 개인이 법을 위반한 이후 사회가 그를 어떻게 바라보는지가 변화하는 과정을 설명했다. 타넨바움은 사람들이 특정 행위를 문제 삼기 시작하면서, 점차 그 행위자 자체를 잘못된 사람으로 규정하게 된다고 보았다(Tannenbaum, 1938).

그는 범죄자가 만들어지는 과정을 이렇게 설명했다. "창문을 깨거나 지붕에 오르고, 무단결석을 하는 것은 대부분 청소년이 경험하는 일상의 모험이나 장난이다. 그러나 이러한 행동이 상인이나 지역 주민들에게 피해를 주기 시작하면, 사람들은 더 이상 그들을 단순한 장난꾸러기로 보지 않고, 악의적인 행동을 하는 문제아로 인식하게 된다." 이처럼 평범한 일탈이 사회적 비난을 받기 시작하면서, 개인은 점차 '문제 있는 사람'으로 규정되고 고립된다. 그리고 그 순간부터 사회는 그를 '범죄자'로 바라보기 시작하며, 당사자 역시 점차 그 기대에 부응하는 방향으로 변화하게 된다. 이는 마치 배우가 악역을 맡아 연기를 반복하다가 그 역할에 자신을 동화시키는 것과 유사하다.

타넨바움은 이처럼 평범한 청소년이 일탈자로 낙인찍히는 과정을 '꼬리표 붙이기(labeling)'라고 정의했고, 이를 사회가 불법 행위에 반응하는 방식으로서 '악의 극화(dramatization of evil)'라고 설명했다. 이는 사소한 일탈이나 규칙 위반이 사회로부터 '문제아'나 '범죄자'로 간주되는 과정을 뜻한다. 이러한 낙인은 개인이 범죄적 정체성을 수용하게 만들고, 결국 더 심각한 범죄로 이어지는 악순환을 불러온다. 타넨바움은 특히 체포, 재판, 처벌과 같은 제도적 반응이 개인을 더욱 고립시키고, 범죄의 길로 더 깊이 빠지게 만든다고 주장했다. 그는 이 중에서도 처음 낙인이 찍히는 '초기 극화'가 개인의 범죄 경로에 결정적인 영향을 미친다고 보았다.

이러한 낙인은 개인에게 일탈을 하나의 정체성으로 받아들이게 만들고, 반복적인 범죄 행위로 연결될 수 있다. 악의 극화는 단순한 규칙 위반을 넘어서, 개인에게 부정적인 이미지를 씌우고 차별과 배제를 낳는 일련의 과정이다. 그 결과, 개인은 결국 사회가 묘사한 대로 생각하고 행동하게 된다. 이 개념은 사회적 맥락 속에서 낙인이 개인의 행동에 어떤 영향을 미치는지를 이해하는 데 핵심적인 역할을 한다. 사회가 개인을 어떻게 분류하고 대우하느냐에 따라 그들의 자아 인식과 행동은 달라질 수 있으며, 이는 '자기실현적 예언(self-fulfilling prophecy)'으로 이어질 수 있다.

타넨바움은 일탈적 행동이 본래부터 선하거나 악한 것이 아니라고 보았다. 그는 선악의 구분이 사회적 반응에 따라 결정된다고 주장했다. 예를 들어, 거리에서 와인 한 병을 마시는 노숙자와 고급 레스토랑에서 와인을 마시는 변호사에 대해 사회는 전혀 다른 시선을 보인다. 이는 사회적 지위, 환경, 맥락 등이 어떤 행위가 낙인으로 이어질지를 결정짓는 중요한 요소임을 보여 준다.

1950년대 말부터 기존의 사회적 권위와 가치에 대한 의문이 제기되면서 낙인이론은 본격적으로 발전하기 시작했다. 특히 1960년대의 미국 사회는 청년, 흑인, 여성, 소외된 계층이 자신의 권리를 요구하면서 기존 질서에 도전하던 시기였다. 이 시기에는 인권 보장을 요구하는 시위와 집회가 활발히 벌어졌고, 베트남 전쟁 반대 운동과 정부에 대한 불신이 사회 전반에 퍼지면서 갈등이 심화되었다.

이러한 사회적 배경 속에서 범죄학자들은 기존의 이론이 범죄자의 개인적 특성에만 지나치게 초점을 맞춘다고 비판했다. 반면, 낙인이론은 범죄의 원인을 개인 내부가 아닌 사회 구조와 권력 관계에서 찾고자 했다. "누가 누구의 행위에 낙인을 찍는가?", "사회의 규칙은 누가 만들고, 누가 그것을 집행하는가?"와 같은 질문은 낙인이론의 핵심 주제였다(Akers, 1973).

낙인이론은 범죄자를 본질적으로 악한 존재로 보지 않았다. 오히려 사회와 형사사법제도가 부여한 '범죄자'라는 지위에 주목했다. 이 이론의 중심은 행위 자체가 아닌, 그 행위에 대한 사회의 반응이다. 일탈과 통제는 사회적 정의와 낙인 부여 과정의 결과이며, 일탈은 행위의 본질이 아니라 사회적 판단과 제재의 산물이라고 보았다. 즉, 일탈자는 사회가 낙인을 성공적으로 부여한 사람이며, 그의 행동은 그 낙인에 의해 정의된다고 본 것이다(Becker, 1963).

어떤 사람이 일탈 행위를 했다는 사실이 알려지면, 그는 곧 '도둑', '창녀', '마약쟁이' 등의 낙인을 얻게 된다. 이러한 낙인은 그를 전통적인 사회에서 밀어내고 '아웃사이더(outsider)'로 만든다. 낙인찍힌 이들은 비슷한 경험을 공유하는 사람들과 어울리게 되고, 사회는 그들을 더욱 일탈적인 존재로 인식하며 대하게 된다(Kittrie, 1972). 이에 따라 낙인받은 개인은 그 기대에 맞는 행동을 반복하게 되고, 그 과정에서 자신의 자아상도 변화하게 된다. 결국 핵심은 개인에게 낙인이 어떻게 부여되며, 그것이 어떻게 정체성과 행동을 형성하는가이다(Thomas, 1967).

생애주기와 범죄성

현재까지 가장 널리 알려지고 활발하게 연구된 발달 이론 중 하나는 로버트 샘슨과 존 라웁의 이론이다(Sampson & Laub, 1990; 1993a; 1993b). 두 학자는 1940년대에 글룩 부부가 수집한 데이터를 재분석하여 발달 이론의 체계를 제시했다. 초기 발달 이론은 개인의 안정성과 변화에 주목했으며, 특히 범죄를 저지를지 여부를 결정짓는 특정 사건이나 삶의 전환점의 중요성을 강조했다. 이 이론은 사회적 통제 이론을 기반으로 하면서도 다른 여러 이론적 요소들을 통합하고 있다.

첫째, 이 모델은 사회적 환경과 무관하게 초기의 반사회적 성향이 성인이 되어서도 범죄로 이어질 수 있다는 전제를 둔다. 둘째, 가족 해체나 빈곤 같은 사회 구조적 요인이 사회적·교육적 발달에 부정적인 영향을 미쳐 범죄로 연결될 수 있음을 지적한다. 셋째, 비행을 저지른 또래나 형제자매의 영향 역시 개인의 비행 가능성을 높이는 요인으로 본다.

이러한 생애과정 이론(Life-Course Theory)은 개인의 삶을 시간의 흐름 속에서 분석하며, 범죄 성향이 어떻게 변화하는지를 설명한다. 이 이론은 비공식적 사회 통제가 장기적으로 미치는 영향과, 삶의 사건들이 개인의 행동과 결과에 어떤 역할을 하는지를 중시한다. 예를 들어, 가족이나 지역사회와 강한 유대감을 가진 사람은 사회 규범을 따르며 비행에 빠질 가능성이 낮다. 또한 결혼, 취업, 군 복무와 같은 생활 사건은 범죄에서 벗어나는 중요한 전환점이 될 수 있다. 이는 개인의 삶의 궤적을 이해하고, 행동 방향을 바꾸는 계기의 중요성을 강조하는 것이다.

샘슨과 라웁은 개인의 행동 경향이 바뀌는 중요한 시기인 '전환(transition)'의 중요성을 강조했다. 결혼이나 안정적인 취업 같은 특정 사건이 삶의 궤적을 바꾸는 계기가 되며, 이는 범죄에서 벗어나는 데 중요한 역할을 한다. 여기서 '궤적(trajectory)'은 범죄를 저지르거나 저지르지 않는 일반적인 시간적 행동 패턴을 의미하며, 자녀 출산이나 군 입대 같은 전환의 누적된 효과가 개인의 범죄 경력에 큰 영향을 줄 수 있다고 본다. 이들은 과거에 심각한 폭력 범죄를 반복하던 이들이 이러한 전환을 통해 급격히 또는 점진적으로 범죄를 중단한 사례를 근거로 제시했다. 이는 데이비드 마짜(David Matza)의 표류 이론(drift theory)에서 말하는 결혼이나 취업을 통한 사회적 통제가 범죄와 일탈에서 벗어나게 한다는 주장을 보다 구체적이고 실증적으로 확장한 모델이라 할 수 있다.

샘슨과 라웁의 이론은 결혼 같은 중요한 전환점을 통해 개인이 범죄 궤적을 바꿀 수 있다는 가능성을 실증적 자료를 바탕으로 제시하며, 범죄 연구에 새로운 통찰을 제공했다. 실제로 결혼이나 정규직 취업이 가석방자의 재범률을 크게 낮춘다는 연구들이 꾸준히 발표되고 있다(Piquero et al., 2002; Uggen, 2000). 단순히 안정적인 직업을 갖는 것뿐 아니라, 결혼과 자녀 양육을 통해 책임감 있는 삶을 살아가는 과정 자체가 범죄 예방에 효과적인 전환의 사례가 될 수 있다는 점에서, 이 모델은 현실적이면서도 설득력 있는 설명을 제시하고 있다.

CHAPTER

2

우리 주변에서 어떠한 범죄가 발생하고 있는가?

현대사회와 범죄

5

폭력의 그림자

인류 역사와 폭력 본능

인간이 인간에게 가하는 폭력은 인류 역사 초기부터 이어져 온 심각한 문제이며, 인류의 역사는 이처럼 반복된 폭력의 상처로 얼룩져 왔다. 수많은 갈등과 충돌 속에서 20세기는 특히 끔찍한 폭력의 시대였다. 나치 정권의 유대인 집단 학살(Holocaus), 스탈린이 주도한 대규모 숙청, 그리고 수백만 명의 희생자를 낳은 두 차례의 세계대전은 이를 대표하는 비극적 사건들이다. 그러나 이러한 폭력은 과거에만 머무르지 않았다. 오늘날에도 세계 곳곳에서는 정치적 반대자에 대한 고문이 자행되고 있으며, 9·11 테러, 다르푸르 대학살, 우크라이나 전쟁, 중동 지역의 지속적인 분쟁 등 대규모 폭력이 계속되고 있다. 여기에 더해 화학무기와 방사능, 핵무기의 사용 위협이 끊이지 않으면서, 폭력은 여전히 우리 사회의 일상적인 현실로 자리하고 있다.

로렌츠는 1963년 저서 『침략에 대하여(On Aggression)』에서 공격성을 인간뿐 아니라 동물의 생존과 번식에 필수적인 본능적 행동으로 규정했다(Lorenz, 1966). 그는 이러한 공격성이 사회 내 위계를 조정하고, 영토를 유지하며, 자손을 보호하는 역할을 한다고 설명했다. 나아가 이 본능은 의식, 스포츠, 사회적으로 허용된 다양한 방식으로 표현될 수 있다고 보았다. 그러나 이 공격성이 적절히 통제되지 않거나 과도하게 분출될 경우, 전쟁이나 범죄와 같은 파괴적인 결과로 이어질 수 있다고 경고했다.

로버트 아드리도 1966년 발간한 저서 『영유권(The Territorial Imperative)』에서 로렌츠의 이론을 지지하며 확장시켰다(Ardrey, 1966). 그는 인간의 공격성을 자극하는 주요 동기로 '영토성'을 강조했다. 아드리는 인간이 자신이 속한 공간, 자원, 사회 집단을 방어하려는 욕구가 본능적인 특성이라고 주장하며, 이러한 욕구가 전쟁, 식민지화, 국가 형성 등 인류 역사 전반의 현상을 설명하는 중요한 개념이라고 보았다.

로렌츠와 아드리는 인간이 진화적 생물학에 뿌리를 둔 공격성과 폭력의 본능, 즉 '살인자 본능(killer instinct)'을 가지고 있다고 주장했다. 이 본능은 생존과 번식, 사회 질서 유지를 위해 필요하지만, 방향을 잃거나 과도하게 강화될 경우 심각한 파괴와 해악을 초래할 수 있다고 설명했다.

이러한 설명은 한때 학계와 대중 사이에서 널리 받아들여졌으나, 현대 심리학과 사회학에서는 인간의 폭력성과 공격성에 대해 다른 시각을 제시하고 있다. 오늘날에는 인간의 공격성을 단순한 본능이 아니라 학습된 행동으로 보거나, 사회적·경제적 스트레스 상황에서 비롯된 반응으로 해석하는 경향이 강해지고 있다. 즉, 개인이 처한 환경과 사회 구조가 인간의 폭력성을 형성하는 데 더 중요한 역할을 한다는 관점이 점차 주류를 이루고 있다.

폭력의 문화와 역사

모든 문화는 누적된 불만을 해결하기 위한 수단으로 때때로 폭력을 사용해 왔다. 마빈 볼프강과 프랑코 페라쿠티는 1967년 저서 『폭력 하위문화』에서, 폭력이 특정 민족이나 하층 계층 사이에서 두드러지게 나타난다고 주장했다. 이들은 특히 대인관계에서 불만을 해결하는 방식으로 폭력을 허용하는 '문화 속의 문화', 즉 하위문화를 개념화하며, 이를 통해 처음으로 폭력의 문화적 양상을 이론화했다(Wolfgang & Ferracuti, 1967).

이러한 하위문화에서는 폭력이 남성성을 유지하는 데 필수적인 수단으로 여겨지며, 배짱이나 용기, 주먹다짐 같은 행위가 사회경제적 지위가 낮은 남성들 사이에서 문화적으로 기대되거나 선망의 대상이 될 수 있다고 설명했다. 실제로 미국 남부 지역에서 살인율이 전통적으로 높았던 이유 중 하나는, 이 지역 일부 집단이 '폭력의 하위문화'의 영향을 받았기 때문이라는 분석이 있다. 흥미로운 점은 이 지역이 미국 내에서도 총기 소지 비율이 가장 높은 지역이라는 사실이다.

폭력 하위문화 이론의 핵심은, 하위문화 내에서 폭력이 정당한 행위로 인식되며, 폭력이 발생하더라도 죄책감이나 거부감이 거의 없다는 데 있다. 이러한 전통은 공격적 행동이 합법화된 문화적 맥락과 결합해, 폭력에 대한 민감하고 강한 반응을 만들어 낸다.

오늘날 다수의 범죄학자는 개인의 폭력적 성향도 사회화를 통해 학습된다고 본다. 폭력은 문화의 일부로서 특정한 사회적 환경 속에서 일반화될 수 있으며, 반대로 그러한 환경이 주어지지 않으면 폭력성은 습득되지 않을 수 있다는 시각도 존재한다. 이는 폭력을 사회적 경험을 통해 내면화된 결과로 보는 하위문화 이론과 학습 이론의 입장을 반영한다. 이와 같은 관점에 따르면, 각 나라의 폭력 수준은 그 나라가 겪어 온 역사적 경험을 반영한다고 볼 수 있다.

휴 데이비스와 테드 구르는 미국의 폭력 범죄를 분석하면서, 현재 미국 사회에 만연한 폭력을 단순히 비정상적인 현상으로 보는 것은 미국 역사를 올바르게 이해하지 못한 결과라고 지적했다. 그들은 미국의 폭력이 역사적 경험을 통해 사회에 깊이 뿌리내린 문화라고 보았다. 미국 독립선언서에 담긴 혁명 정신과 개척자들의 경험은 폭력을 자기 보호의 정당한 수단으로 여기는 문화를 형성했고, 다양한 이민자 집단 간의 경쟁 또한 폭력 문화를 강화하는 데 중요한 역할을 했다고 설명했다(Davis & Gurr, 1969). 이러한 분석은 오늘날 미국의 폭력 문제가 단순한 우연이나 최근의 사회 변화 때문이 아니라, 오랜 역사적 배경에서 비롯된 구조적 현상임을 보여 준다.

이와 같은 논의는 한국 사회에도 적용될 수 있다. 최근 국내에서 증가하고 있는 폭력적 성향과 폭력 범죄의 확산이 우리의 근현대사와 어떤 관련이 있는지 면밀히 살펴볼 필요가 있다. 일제강점기 동안 우리는 강압적인 식민지 지배와 이에 대한 무력 저항을 통해 집단적 폭력과 충돌을 경험했으며, 이러한 폭력적 결단은 민족주의적 맥락에서 영웅화되기도 했다. 이어 6 · 25 전쟁은 동족 간의 무차별적인 폭력, 그로 인한 실망과 좌절, 무력감을 남겼다. 군사정권 시기에는 국가 권력이 사유화되면서 정치적 반대자들에 대한 고문과 탄압, 시민을 상대로 한 물리적 폭력이 정당화되었다.

이러한 역사적 경험을 통해 우리 사회는 '자유'나 '민족'이라는 대의 아래에서 폭력이 정당화될 수 있다는 메시지를 내면화했을 가능성이 있다. 폭력에 대한 피해 경험과 두려움, 동시에 폭력을 통한 성취와 혼란이 결합되면서, 폭력이 사회적으로 학습되고 정당화되는 새로운 문제로 이어질 수 있다.

그러나 역설적으로 폭력은 여러 나라의 역사 속에서 고귀하고 건설적인 수단으로 작용한 경우도 있다. 애국자, 인도주의자, 민족주의자, 개척자, 지주, 농민, 노동자 등은 더 높은 목적을 이루기 위해 폭력을 사용했다. 한국의 역사에서도 고려 시대 무신의 난, 조선의 임진왜란, 일제강점기의 무장독립운동, 6 · 25 전쟁, 민주화운동 등은 각기 다른 시대적 갈등과 목표를 반영하며, 폭력이 역사적 변화를 이끄는 중요한 동력이 되었음을 보여 준다.

결국 폭력은 단순한 개인의 일탈이 아니라, 한 사회의 역사와 그 안에 담긴 가치, 그리고 특정 시기의 사회적 갈등과 목표를 드러내는 문화적 현상으로 이해해야 한다. 이러한 시각은 폭력의 본질과 그 사회적 의미를 보다 깊이 성찰하는 데 도움을 준다.

가정폭력의 역사와 문화적 뿌리

전통적으로 서구 사회에서는 '집은 남자의 성(城)'이라는 인식 아래, 남편이 아내를 때리는 행위를 아이들에 대한 체벌처럼 정당한 권리로 여겼다. 18세기에 이러한 관습이 법으로 정리되면서, 영국 법학자 윌리엄 블랙스톤(William Blackstone)은 '엄지의 법칙(Rule of thumb)'을 소개했다. 이 규칙에 따르면, 남편은 사용한 막대기가 엄지손가락보다 두껍지 않다면 아내를 신체적으로 훈육할 권리가 있다고 여겨졌다(Straus & Gelles, 1986).

오늘날에는 상상하기 힘든 일이지만, 여전히 일부 전통적인 사회에서는 남편이 아내의 간통을 이유로 살해하는 행위를 어느 정도 용인하면서도, 아내가 남편에게 같은 행위를 할 경우에는 받아들이지 않는 이중 잣대가 존재한다. 특정 문화권을 대상으로 한 연구에 따르면, 아내에 대한 폭력과 학대가 문화적으로 정당화되거나 심지어 지지받는 경우도 있다. 예를 들어, 모로코의 모하메드 아야트의 조사에 따르면, 폭력 피해를 경험한 160명의 아내 중 약 25%는 "아내를 때리지 않는 남성은 현실에 존재하지 않는 이상적인 사람"이라 생각했고, 8%는 "그런 남성은 아내를 두려워하는 약한 사람"이라 믿었으며, 2%는 그런 남성이 비정상적이라 여겼다. 또 다른 2%는 "그런 남성은 아내를 사랑하지 않거나 관심이 없다"라고 답했다(Ayat et al., 1989: 169-179).

이러한 결과는 조사 대상 여성의 3분의 1 이상이 폭력을 너무나도 당연하게 받아들이고 있음을 보여 준다(Levinson, 1989). 이처럼 가정폭력을 정당화하는 문화적 관습은 문제 해결의 큰 장애물이 되며, 많은 국가에서는 여성의 권리 신장과 가정 내 폭력 방지를 위한 법적 · 사회적 인식의 변화가 시급한 과제로 떠오르고 있다.

가정폭력은 주로 배우자를 대상으로 하는 신체적 · 정신적 폭력의 형태로 나타난다. 이 현상을 올바르게 이해하려면 폭력 가해자에 대한 깊이 있는 분석이 필요하다. 마빈 볼프강과 프랑코 페라쿠티는 폭력적 행동이 세대를 거치며 학습되고 전승된다는 사실을 밝혀냈다(Wolfgang & Ferracuti, 1967). 실제로 공격적인 부모 아래에서 자란 아이들은 성인이 되었을 때 공격적인 성향을 보일 가능성이 높다는 연구 결과도 있다(McCord, 1982).

또한, 스트레스나 좌절, 정신적 문제 등이 가족 관계에 부정적인 영향을 미친다는 연구도 존재한다(Cassidy, 1995). 일부 연구자는 신체의 화학적 반응이 폭력성과 연관된다고 보며, 남성이 성적으로 위협을 느낄 때 아드레날린이 분비된다는 점에 주목하기도 했다(Dutton, 1988).

가정폭력과 음주, 마약 복용 간의 관계를 다룬 연구에서는, 약물 남용이나 알코올 중독이 심각한 남성일수록 술에 취했을 때 아내나 여자친구를 학대할 확률이 높고, 이로 인해 더 큰 신체적 피해가 발생할 가능성이 크다고 나타났다(Walker, 1984).

특히 배우자에 대한 폭력은 남성과 여성 간의 권력 불균형에서 비롯되는 경우가 많다. 일부 연구에 따르면, 아내를 남편의 소유물로 여기는 역사적 시각이 오늘날까지 일부 사회에서 지속되고 있다고 지적한다(Carolyn & Swift, 1988). 이러한 시각은 남성이 여성을 통제하고 지배할 수 있다는 왜곡된 권력관계를 정당화하는 데 기여한다.

최근까지도 배우자 폭력에 대한 처벌은 법적 제재보다는 사회봉사 같은 반성적 조치에 그치는 경우가 많았다(Rasche, 1990). 실제로 가정폭력 사건이 신고되더라도, 가해자가 술에 취했거나 심각한 상해를 입히지 않았으며 경찰관에게 위협을 가하지 않는 경우에는 체포하지 않는 일이 비일비재했다. 이러한 소극적인 대응은 가정폭력을 단지 개인적 문제로 치부하게 만들고, 사회적 문제로 인식되지 않도록 만드는 데 일조했다.

결국 가정폭력은 단순한 개인 간의 갈등이 아니라, 역사적 배경과 문화적 인식, 사회적 구조가 복합적으로 얽힌 문제다. 이 문제를 해결하기 위해서는 단순한 법적 처벌을 넘어, 폭력에 대한 사회적 인식의 변화와 함께 피해자 보호를 위한 체계적 지원 시스템이 마련되어야 한다.

심 화 연 구

O. J. 심슨 사건

O. J. 심슨 사건은 단순한 살인 사건을 넘어, 미국 사회 전반에 걸친 법적 · 사회적 문제를 드러낸 대표적인 사례로 평가된다. 심슨은 전직 미식축구 스타이자 방송인이었으며, 1989년 아내 니콜 브라운 심슨을 폭행한 혐의로 유죄 판결을 받았지만, 실형이나 상담 치료 없이 풀려났다. 이는 당시에도 가정폭력에 대한 사법적 대응이 얼마나 미온적이었는지를 단적으로 보여 준다.

1994년 6월 13일, 니콜 브라운 심슨과 그녀의 친구 로널드 골드먼이 로스앤젤레스 자택 인근에서 피를 흘린 채 살해된 채 발견되었고, 이후 O. J. 심슨은 이중 살인 혐의로 기소되었다. 그는 체포 직전까지 도주를 시도했고, 이를 생중계한 '브론코 추격전'은 미국 전역에서 실시간으로 중계되며 국민적 관심을 끌었다. 이 사건은 단순한 살인사건을 넘어 '미디어 쇼'로 변질되었고, 이 과정에서 법과 정의의 의미가 희화화되었다는 비판도 일었다.

재판 과정에서는 여러 법적 쟁점이 부각되었다. 사건 당시 심슨의 피 묻은 장갑, DNA 감식 결과, 증인 진술 등 다수의 물증과 정황 증거가 제시되었지만, 심슨 측은 수사과정에서의 인종차별적 요소와 LAPD의 부실 수사를 집중적으로 부각시켰다. 특히, 경찰관 마크 퍼먼(Mark Fuhrman)의 인종차별적 발언이 폭로되면서, 배심원단의 판단에 큰 영향을 미쳤다. 이 사건은 '유죄를 입증하는 증거'보다 '수사과정의 신뢰성'이 더 큰 쟁점이 될 수 있음을 보여 준 대표적 사례로 기록되었다.

1995년, 배심원단은 심슨에게 무죄를 선고했고, 이 판결은 미국 사회를 둘로 갈라놓았다. 백인 대중은 대체로 유죄를 확신했지만, 많은 흑인 커뮤니티는 무죄 판결을 '인종차별적 형사사법제도에 대한 승리'로 해석했다. 이는 법의 판결이 단순한 법리 해석을 넘어 사회적, 역사적 맥락 속에서 어떻게 다르게 수용될 수 있는지를 극명하게 보여 주는 사례였다.

또한, 심슨의 전력이 가정폭력 유죄 판결이 있었음에도 형사 재판에서 그 사실이 배심원에게 충분히 전달되지 않았다는 점은, 가정폭력에 대한 법적 인식의 한계와 사법제도의 구조적 문제를 지적하는 계기가 되었다. 실제로 많은 여성 단체와 인권단체들은 이 사건이 가정폭력의 심각성과 그 결과의 치명성을 보여주는 사례임에도 불구하고, 오히려 그 위험성이 간과되었다고 비판했다.

심슨은 이후 2007년, 라스베이거스에서 스포츠 기념품 딜러를 강탈한 혐의로 다시 기소되었고, 이듬해 유죄 판결을 받아 최소 9년의 징역형을 선고받았다. 그는 2017년에 가석방되었지만, 그의 첫 번째 사건은 여전히 미국 사회에서 '정의란 무엇인가', '유명인의 영향력과 법적 특혜', '인종과 계층에 따른 사법적 불균형', 그리고 '가정폭력의 사회적 무관심'이라는 문제를 떠올리게 하는 상징적 사건으로 남아 있다.

결국 O. J. 심슨 사건은 단순한 살인 재판을 넘어, 법의 정의와 사법 절차의 신뢰, 그리고 사회적 편견과 구조적 폭력 문제를 모두 아우르는 복합적 사건이었다. 이 사건은 지금도 가정폭력 피해자 보호의 중요성과, 법적 판단이 사회적 책임과 어떻게 연결되어야 하는지를 되새기게 한다.

폭력의 대물림: 아동학대

아동학대는 다양한 요인에 의해 발생하며, 특히 저소득층 가정에서 높은 비율로 나타나는 것이 잘 알려져 있다(U.S. Department of Justice, 1999). 이는 저소득층 부모들이 주거 불안정이나 경제적 스트레스를 해결할 수 있는 수단이 부족하기 때문일 수 있다. 또한, 한부모 가정에서 자라는 아동은 양부모 가정의 아동보다 학대 위험이 두 배 이상 높다는 연구 결과도 보고된 바 있다(Brewer, 1997).

아동학대 발생은 종종 '폭력하위문화'라고 불리는 문화적 태도와 관련이 있다. 이는 갈등 상황에서 신체적 폭력을 정당화하는 경향으로, 특히 빈곤층 가정에서 이러한 태도가 학대의 원인이 될 수 있다. 또한 빈곤층 가정은 공공기관의 개입 가능성이 높아, 이로 인해 학대 사례가 공식 통계에 더 자주 기록되기도 한다. 아동학대가 신고되면 일반적인 형사사법 절차에 따라 처리되지만, 기소 여부나 그 강도는 여러 변수에 따라 달라진다. 예를 들어, 여러 명의 피해자를 대상으로 한 성학대 범죄자는 단일 피해자를 학대한 경우보다 기소될 가능성이 높으며, 피해자와 가해자가 가까운 관계일수록 기소 가능성은 오히려 낮아지는 경향이 있다. 이는 중대한 학대에 대한 의학적 증거가 존재하더라도 마찬가지다.

배우자 학대와 달리, 아동학대에 대한 형사사법 제도의 개입이 항상 아동의 장기적인 성장이나 보호에 긍정적인 영향을 준다고 보기 어렵다. 일부 전문가들은 형사 처벌보다는 부모와 자녀 간의 안정적인 애착 형성이 아동의 건강한 성장에 더 중요하다고 주장한다. 이들은 부모에 대한 처벌이나 격리가 오히려 가정환경을 불안정하게 만들어 아동에게 부정적인 영향을 미칠 수 있다고 우려한다. 따라서 극단적인 경우를 제외하고는 아동을 부모로부터 분리하기보다는 가족 내에서의 회복과 지지를 중심으로 한 접근이 필요하다고 제안한다.

배우자 및 아동학대와 관련된 연구들은 아동기에 학대를 경험한 이들이 성인이 된 후 다시 학대를 반복할 가능성에 대해 우려를 제기한다. 아동기 폭력이나 방임을 경험한 사람은 성인기에 비행이나 범죄를 저지를 가능성이 약 40% 높아진다는 연구도 있다(Widom, 1992). 물론, 모든 학대 경험자가 장기적인 정신적 상처를 입거나 미래의 학대자가 되는 것은 아니다. 하지만 많은 아동이 이러한 위험에 노출될 수 있다는 점에서 사회적 경각심이 필요하다.

1962년, 미국 의학협회지는 '구타 아동 증후군(Battered Child Syndrome)'의 심각성을 처음으로 공식화했다(Kempe et al., 1962). 연구진은 전국 71개 병원의 응급실에서 촬영된 X-ray를 분석해 약 300건의 학대 사례를 확인했고, 이 중 11%는 사망했으며 28% 이상은 영구적인 뇌 손상을 입은 것으로 나타났다. 2014년 미국 보건복지부의 보고서에 따르면, 아동학대나 방임이 의심돼 아동보호서비스센터(CPS)에 접수된 사례는 약 320만 건에 달했다. 이는 아동학대가 여전히 심각한 사회문제임을 보여 준다.

아동학대는 단순한 체벌이 아니라, 아동의 신체적 또는 정서적 상태를 심각하게 해치는 행위를 의미한다. 일부 사회에서는 체벌이 훈육의 한 방식으로 용인되기도 하지만, 합리적인 범위를 넘어서는 체벌은 명백한 범죄로 간주된다(Kempe & Kempe, 1978). 아동학대는 배우자 학대와도 밀접한 연관이 있다. 여성에게 폭력을 행사하는 남성의 75%가 자녀에게도 폭력을 가하고, 일부는 성적 학대까지 저지르는 것으로 보고된다. 실제로 많은 아동이 아버지가 어머니를 폭행하는 상황에서 신체적 상해를 입고, 특히 14세 이상의 아동은 어머니를 보호하려다 다치는 경우가 많다(Zorza, 1992).

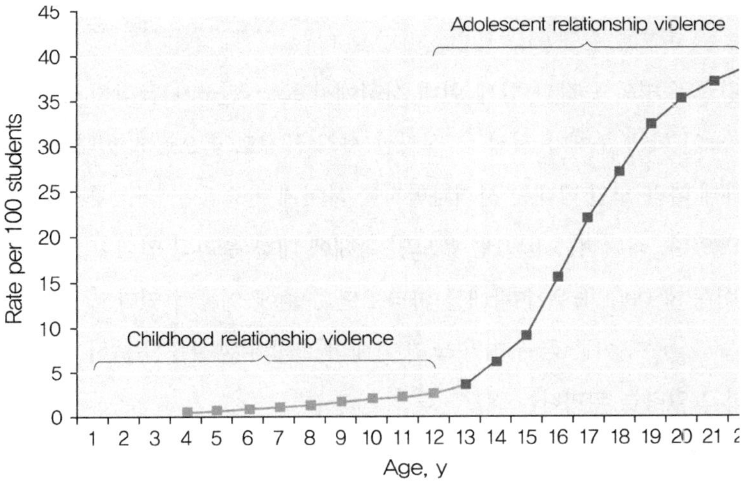

그림 5-1 **연령별 폭력 피해의 유병률**

※ 출처: Adapted from "Relationship Violence Among Female and Male College Undergraduate Students," Christine M. Forke, MSN, CRNP; Rachel K. Myers, BA; Marina Catallozzi, MD; Donald F. Schwarz, MD, MPH. Archives of Pediatric & Adolescent Medicine, 2008: 162(7): 634-641, Figure 1.

1960년대 초 아동학대에 대한 연구가 시작됐을 당시에는 주로 의료계가 조사에 참여했으며, 학대자의 정신 건강 문제가 주요 관심사였다. 그 결과, 많은 학대자가 알코올 중독, 약물 남용, 지적 장애, 낮은 애착 수준, 자존감 저하, 혹은 가학적인 성향 등 정신적인 문제를 겪고 있음이 밝혀졌다. 이들은 자녀 훈육이나 기본적인 생계 유지조차 어려운 경우가 많았다. 또한, 학대 가해자가 아동기에 자신도 학대를 경험했을 가능성이 있다는 주장도 있었지만, 이에 대한 인과관계는 아직 명확히 입증되지 않았다(Widom & Ames, 1994). 다만, 아동기 성적 학대를 경험한 경우 성인이 되었을 때 범죄를 저지를 가능성이 높아진다는 연구 결과는 존재한다.

황혼의 그늘, 노인학대

평균 수명의 연장과 함께 현대 사회에서 노인 인구가 급격히 증가하면서, 노인 학대 문제가 점점 더 심각한 사회 문제로 떠오르고 있다. 이러한 변화에 따라 노인 학대는 사회과학자들 사이에서 중요한 연구 주제로 부상하고 있다. 쾨니히는 1991년에 노인 학대에 대한 우리의 인식이 20~30년 전 아동 학대나 배우자 학대를 바라보던 수준에 머물러 있다고 지적했다(Koenig, 1991). 이는 곧 우리가 노인 학대의 실태와 본질을 충분히 이해하지 못하고 있다는 의미다.

노인을 정의하는 기준은 다양하지만, 대부분의 연구에서는 65세 이상을 노인으로 분류한다. 우리나라를 포함한 많은 선진국에서는 의료 기술의 발달로 인해 노인 인구가 빠르게 증가하고 있다. 예를 들어, 미국에서는 매일 1,000명 이상이 새롭게 노인층에 진입하고 있다. 이처럼 노인 인구가 증가함에 따라, 자녀나 보호자의 보호를 받는 노인들이 학대를 당할 위험도 함께 커지고 있다. 그러나 여전히 노인에 대한 정의나 노인 학대 문제에 대한 사회적 인식은 부족한 상황이다.

노인 학대를 경험한 사람들은 사회적 시선에 대한 수치심이나 가해자의 보복에 대한 두려움 때문에 피해 사실을 쉽게 드러내지 못한다. 가정폭력 피해자 보호단체가 의회 청문회에 제출한 보고서에 따르면, 매년 수백만 명의 노인이 학대를 겪고 있는 것으로 추정된다(Pagelow, 1989).

노인 학대는 주로 노인과 가까운 관계에 있는 사람들, 즉 배우자, 형제자매, 자녀, 친구 등에 의해 발생할 수 있다. 또한 요양원 등 주거시설에서도 학대가 발생하며, 이 경우 요양보호사나 시설 종사자가 가해자가 되기도 한다. 학대 유형으로는 신체적, 성적, 정서적 학대뿐 아니라 방치, 유기, 재산

착취 등이 있으며, 최근에는 '자기 방임'이나 '자기 학대'도 문제로 제기되고 있다. 자기 방임은 노인 스스로가 적절한 음식, 의복, 주거, 약물 등을 제공하지 않아 자신의 건강이나 안전을 해치는 경우를 말한다(U.S. National Library of Medicine, 2008).

노인 학대의 원인으로는 폭력이 일상인 가정환경에서 자란 간병인의 행동 양식, 간병 과정에서 오는 심리적 스트레스, 세대 간 갈등, 그리고 간병인이 느끼는 노년 문제에 대한 좌절 등이 있다(Kosberg & Garcia, 1995). 이러한 요인들은 학대를 유발하는 주요 원인으로 작용할 수 있다.

범죄학자들은 가족 내 폭력의 증가에 대해 심각한 우려를 나타내고 있다. 아동 학대는 30년 넘게, 배우자 학대는 20년 넘게 연구되어 왔으며, 최근에는 노인 학대 문제도 점차 학문적 · 사회적 관심을 받고 있다. 가족 폭력은 새로운 현상은 아니지만, 그 심각성에 대한 사회적 인식은 시간이 갈수록 높아지고 있다.

성적 대칭과 교제 폭력의 이면

머레이 스트라우스, 리처드 겔레스, 스테파니 스타인메츠는 남성과 여성 모두가 친밀한 관계에서 비슷한 비율로 폭력을 행사할 수 있다는 '성적 대칭(sexual symmetry)' 개념을 제시했다(Straus, Gelles & Steinmetz, 1980). 이들은 1975년과 1985년에 실시한 전국 규모의 조사 결과를 바탕으로, 남성과 여성 모두 가해자가 될 가능성이 거의 동일하다는 결론을 내렸다. 이는 폭력의 주요 가해자를 남성으로만 인식해 온 기존의 통념을 반박하는 주장이다(Straus & Gelles, 1986).

한편, 에드워드 티보는 사회 전반에 자리 잡은 반(反)남성적 고정관념으로 인해 여성의 폭력이 가볍게 취급되거나 무시되는 경향이 있다고 지적했다(Thibault, 1992). 그러나 실제로는 남성에 의한 교제폭력이 여성보다 피해자에게 더 심각한 신체적 · 정신적 상처를 남기는 경우가 많다. '구타 면허로서의 결혼 면허(The Marriage License as a Hitting License)'와 '폭력의 요람으로서의 가족(The Family as a Cradle of Violence)' 같은 연구는 가족 내 폭력의 본질을 설명하며, 특히 친밀한 파트너 간 폭력의 심각성을 부각시켰다(Steinmetz & Straus, 1978).

연구에 따르면, 남성과 여성의 폭력 발생률 자체는 유사할 수 있으나, 남성이 가해자인 경우 피해자의 상해 정도와 피해의 심각성은 훨씬 더 높은 경향을 보인다(Johnson, 1995). 또한 일부 연구는 여성이 행사하는 폭력이 자기방어일 가능성이 높다는 점도 함께 밝혀내고 있다(DeKeseredy, Saunders, Schwartz & Alvi, 1997).

교제폭력은 단순히 신체적 학대에 그치지 않고, 피해자가 정신적 · 정서적으로도 심각한 고통을 겪을 수 있는 복합적인 문제다. 이는 피해자의 전반적인 건강과 삶의 질에 부정적인 영향을 끼치며, 예방을 위해서는 폭력의 원인과 위험 요인을 정확히 이해하고 구분하는 노력이 필요하다.

친밀한 파트너 폭력은 배우자나 연인 사이에서 발생하는 폭력을 말하며, 교제폭력은 이 중에서도 결혼 여부나 동거 여부와 무관하게 낭만적이거나 친밀한 관계에 있는 개인 간에 발생하는 폭력 유형을 뜻한다. 교제폭력에는 신체적 폭력뿐 아니라 성적, 정서적 · 심리적, 디지털 폭력까지 다양한 형태가 포함된다(CDC, 2021).

미국 질병통제예방센터(CDC)는 교제폭력을 수백만 명의 삶에 영향을 미치는 심각한 공중보건 문제로 보고 있다. 미국 청소년 3명 중 1명이 어떤 형태로든 교제폭력을 경험한 적이 있으며(Eaton, Davis, Barrios, Brener &

Noonan, 2008), 세계보건기구(WHO)는 전 세계 여성 3명 중 1명이 일생 동안 신체적 또는 성적 폭력을 경험한다고 보고하고 있다(WHO, 2013).

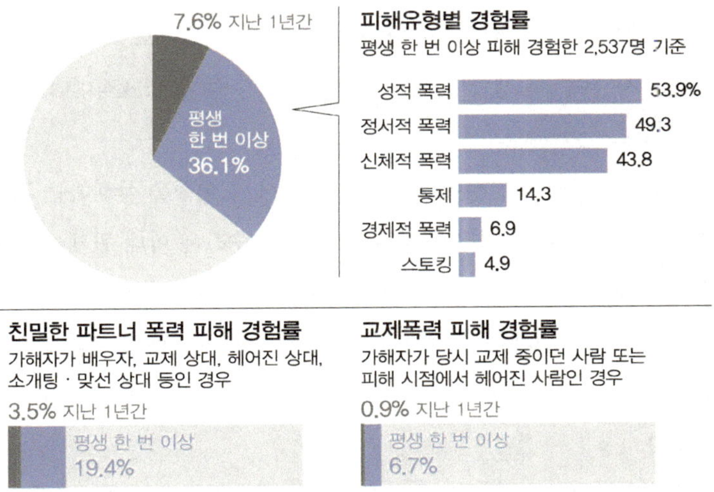

그림 5-1 한국 여성의 교제폭력 피해 경험

※ 출처: 연합뉴스. (2025.4.24.). 2024년 9월 30일~11월 18일 전국 거주 19세 이상 성인 여성 7,027명 조사(여성가족부).

교제폭력은 다음과 같은 다양한 형태로 나타난다. 첫째, 신체적 폭력은 상대방에게 상해를 입히는 행위로, 때리기, 밀치기, 주먹질, 발길질, 질식 시도, 무기 사용 등이 포함된다. 심각한 경우에는 생명에 위협을 줄 수도 있다. 둘째, 성폭력은 동의 없는 성적 접촉이나 성행위 강요, 성희롱, 강간 등을 포함하며, 이는 연인이나 배우자 사이에서도 발생할 수 있다(CDC, 2021). 셋째, 정서적 또는 심리적 폭력은 언어폭력, 위협, 모욕, 지나친 질투, 사회적 고립 등으로 피해자의 자존감과 정신 건강을 훼손하는 행동을 말한다

(National Domestic Violence Hotline, n.d.). 넷째, 스토킹은 반복적이고 원치 않는 관심이나 괴롭힘을 통해 상대에게 공포나 고통을 유발하는 행위로, 추적, 감시, 무단 접촉 등이 이에 해당한다(Stalking Prevention, Awareness, and Resource Center, n.d.). 다섯째, 디지털 학대는 문자, 이메일, 소셜 미디어 등 기술을 이용해 상대를 감시하거나 통제, 협박하는 형태로 나타나며, 위협적인 메시지 전송, 사생활 침해, 온라인 스토킹 등이 대표적이다(National Network to End Domestic Violence, n.d.).

교제폭력 상황에서 남성이 자기방어 차원에서 여성을 살해하는 경우도 있지만, 여성 피해자가 가장 큰 위험에 처하는 순간은 학대 관계에서 벗어나려 할 때다. 이때 가해자는 집요하게 피해자를 뒤쫓거나 보복할 가능성이 높아진다. 따라서 교제폭력 대응에서는 피해자의 안전과 복지를 최우선으로 고려해야 하며, 위험에 놓인 여성에게는 실질적인 지원과 자원이 제공되어야 한다.

교제폭력을 예방하기 위해서는 관계 초기부터 상호 존중과 신뢰를 바탕으로 한 건강한 관계를 형성할 수 있도록 교육하는 것이 중요하다. 아울러, 폭력의 징후를 조기에 인식하고 대응할 수 있는 역량을 키우는 프로그램도 필요하다. 이러한 노력을 통해 교제폭력 발생을 줄이고, 피해자가 안전하게 회복할 수 있는 사회적 환경을 조성해야 한다.

혐오가 부른 범죄, 증오범죄

최근 몇 년 사이 언론과 인터넷, 그리고 범죄학 교과서에서도 주목하지 않았던 특정 유형의 범죄에 대한 관심이 점점 높아지고 있다. 일반 대중과 언론은 이를 '혐오범죄'라고 부르며, 학술적으로는 '증오범죄(hate crime)'라

한다. 증오범죄란 인종, 민족, 종교, 성적 지향, 성 정체성, 장애 등 특정한 사회적 속성을 이유로 특정 집단이나 개인에게 폭력을 행사하는 범죄를 의미한다. 이 범죄는 단순히 개인 간의 충돌을 넘어서, 피해자가 속한 집단 전체에 대한 적대감이 드러나는 것이 특징이다. 신체적 폭행이나 괴롭힘, 폭언, 기물 파손, 온라인 공격 등 다양한 형태로 나타나며, 일반 범죄와의 가장 큰 차이점은 바로 가해자의 동기와 의도에 있다.

증오범죄를 이해하려면 이 개념이 국가의 경계를 넘어 확장되고 있다는 점을 인식할 필요가 있다. 이를 테러와 유사한 행위로 봐야 하는지에 대해서는 논란이 존재한다. 일부 학자들은 법적 정의는 다르더라도 동기와 목적, 가해자의 특성 면에서 유사성이 있다고 주장한다(Deloughery, King & Asal, 2012; Green, McFalls & Smith, 2001; Herek, Cogan & Gillis, 2002). 반면, 증오범죄와 테러는 명확히 구분되어야 한다는 견해도 있다. 테러는 소수가 다수를 향해 저지르는 상향식 범죄로 보는 반면, 증오범죄는 다수나 다수화된 개인이 소수 집단을 대상으로 자행하는 하향식 범죄라는 점에서 차이가 있다는 것이다(Black, 2004; Messner, McHugh & Felson, 2004).

미국 의회는 증오범죄를 인종, 종교, 장애, 성적 지향, 민족적 출신 등에 대한 편견에서 비롯된 형사 범죄로 정의하고 있다. 하지만 미연방수사국은 단지 피해자의 배경이나 정체성만으로는 증오범죄로 규정할 수 없다고 강조한다. 범죄 행위가 실제로 편견에 의해 동기화되었는지를 입증할 수 있어야 하며, 가해자가 특정 집단에 대한 편견을 행동으로 옮겼다는 명확한 증거가 필요하다(FBI, 2015).

증오범죄는 특히 '편향된 동기'라는 측면에서 다른 범죄와 뚜렷하게 구분된다. 흔히 인종이나 종교에 대한 편견이 주요 동기로 작용하지만, 경제적 지위, 외모, 성별, 흡연 또는 음주 여부, 에이즈(AIDS)와 같은 특정 질병에 대한 편견도 증오범죄의 원인이 될 수 있다(FBI, 2015). 이와 같은 편견은 사회에 만연한 고정관념과 차별적인 시선에서 비롯되며, 범죄의 동기를 더욱 명확히 드러낸다.

법 집행 기관은 증오범죄 여부를 판단할 때, 가해자가 특정 집단에 대해 편견이나 적대감을 가지고 있었는지, 그러한 감정이 실제로 범죄를 일으키는 동기가 되었는지, 그리고 범행 당시의 구체적인 정황과 피해자의 속성 등을 종합적으로 고려한다. 이 같은 평가 과정을 통해 증오범죄를 정확히 구분할 수 있으며, 피해자를 보호하고 유사 범죄를 예방하는 데 기여할 수 있다.

6

살인 범죄의 이해

살인의 법적 판단 기준

영어에서 살인은 'homicide'와 'murder'로 주로 표현된다. 그러나 법적으로 구분해 보면 'homicide'는 모든 유형의 살인 행위를 포괄하며, 정당화될 수 있는 살인(예: 정당방위)과 범죄로 간주되는 살인(예: murder) 모두를 포함한다. 즉, 'homicide'는 살인 행위 자체에 중립적으로 초점을 맞춘 용어다. 반면에 'murder'는 불법적이고 고의적인 살인 행위를 의미하며, 보다 구체적이고 법적인 정의를 담고 있다.

대륙법계의 성문법과 영미법계의 보통법(Common Law) 모두 살인을 "살해의 고의를 가지고 다른 사람을 의도적으로 죽이는 행위"로 정의한다. 두 법체계는 역사적 기원과 법의 근거에서 차이를 보이지만, 살인의 정의에 있어 몇 가지 공통점을 가지고 있다. 그중 첫 번째는 '위법성(unlawful killing)'이다. 살인 행위는 법적으로 정당하지 않아야 하며, 정당방위와 같은 자기방어는 살인 결과가 발생하더라도 법적으로 위법하지 않기 때문에 살인죄로 성립하지 않는다. 두 번째는 '고의(malice aforethought or intent)' 또는 '악의(惡意)'의 존재다. 이는 가해자가 살인할 의도를 가지고 있었음을 의미하며, 정신적으로 살인을 저지를 만한 상태를 포함한다. 영미법에서는 이를 '악의를 미리 생각한 것(malice aforethought)'으로, 대륙법계에서는 '악한 의도(mens rea)'로 설명한다. 이러한 표현은 가해자가 의도적으로 또는 무모하게 타인을 죽였거나, 최소한 '사악한 마음(depraved heart)'으로 행동했음을 나타낸다.

결과적으로, 대륙법과 영미법 모두 살인을 악의적 의도나 계획적인 생각을 바탕으로 다른 사람을 불법적으로 죽이는 행위로 정의한다. 그러나 이 요건을 해석하고 적용하는 방식에는 차이가 있다. 예를 들어, 영미법계는 살인을 1급 살인(계획적이고 고의적인 살인)과 2급 살인(계획적이지 않지만 고의적인 살인 또는 '사악한 마음'으로 인한 살인)으로 나누어 구분한다. 반면에 대륙법계는 살인의 상황적 요인, 즉 악화 또는 완화되는 사유에 따라 구체적으로 분류한다.

이러한 공통점과 차이점에도 불구하고, 각 나라는 '살해의 의도'라는 추상적인 개념인 '고의(故意)'를 더 구체화하기 위해 노력해 왔다. 이를 설명하기 위해 때로는 '악한 마음(malice)'이나 '불량하고 악의적인 마음(depraved mind)' 같은 표현이 사용되었다. 그러나 본질적으로 '고의'란 "살해할 권리가 없음에도 불구하고 살해할 의도가 있었다는 행위자의 인식"을 의미한다(Daly & Wilson, 1988).

고의는 원래 '사전에 계획된 생각'을 포함해야 하므로, 단순한 충동이 아닌 어느 정도의 숙고가 있어야 성립된다. 그러나 일부 법원은 몇 초 만에 사전에 고의가 형성될 수 있다고 판단하면서, '계획된 살인'과 '순간적 살인'의 구분이 모호해졌다. 즉, 고의의 숙고 시간이 살인의 구분 기준으로서 의미가 퇴색된 것이다. 그럼에도 불구하고, 미국에서는 여전히 이러한 숙고의 개념이 다양한 살인 유형을 구분하는 기준으로 남아 있다. 미국 법원은 '사전 계획된 고의(premeditation)'와 '빠르게 이루어진 고의(deliberation)'로 나누어 살인을 판단하며, 이에 따라 계획적이고 악의적인 살인은 1급 살인으로, 깊이 고민하지 않은 고의적인 살인은 2급 살인으로 구분한다.

또한, 과실치사(manslaughter)는 악의 없이 타인을 불법적으로 죽이는 행위를 의미한다. 미국 형법에서는 자발적 과실치사(voluntary manslaughter)와 비자발적 과실치사(involuntary manslaughter)로 나누어 구분한다. 자발적 과실치사는 고의적이지만, 극심한 도발로 인해 합리적인 판단을 할 수 없는 상태에서 살인을 저지른 경우에 해당한다. 이때 살인의 고의는 있으나 악의는 없는 상태로 범행이 이루어진다(LaFave & Scott, 1972). 예를 들어, 격렬한 다툼 중에 발생한 살인이 그 예가 될 수 있으며, 가해자가 극도로 흥분한 상태였음을 입증해야 한다.

반면, 비자발적 과실치사는 타인의 생명을 위협할 수 있는 위험을 고의적으로 무시하거나 부주의한 행동으로 인해 의도치 않게 타인을 죽인 경우를 말한다. 가해자가 사망을 초래할 의도가 없었지만, 무책임한 행동으로 인해 사망이 발생한 경우가 이에 해당한다. 예를 들어, 교통법규를 어긴 운전으로 인한 교통사고로 사람이 사망한 경우가 여기에 속한다.

자발적 과실치사와 비자발적 과실치사의 구분은 사건의 맥락, 가해자의 심리 상태, 그리고 당시의 상황 등 여러 요소를 종합적으로 고려하여 결정된다. 법적 판단 과정에서는 이러한 요소들을 면밀히 검토하여 적절한 법적 분류와 처벌이 이루어진다. 미국 법원에서는 일반적으로 자발적 과실치사가 비자발적 과실치사보다 더 높은 형벌을 받는다. 이는 자발적 과실치사의 경우 고의성이 포함되었기 때문이며, 감정적 격발이 인정되더라도 일정한 형벌이 부과된다. 반면, 비자발적 과실치사는 고의성이 없으므로 형벌이 상대적으로 가볍게 적용된다. 법적 판단에서 피고인의 행위 의도, 고의성, 그리고 그로 인한 결과는 형벌을 결정하는 중요한 기준이 된다.

살인의 사회학적 특성

범죄학자들은 살인 행위를 정의하는 입법자들과는 다른 시각에서 이를 바라본다. 특히 범죄학자들은 범죄 행위의 비율과 패턴에 깊은 관심을 두며, 인구 구성의 변화가 시간의 흐름에 따라 살인 사건 발생률에 어떤 영향을 미치는지 연구해 왔다. 일부 학자들은 나이와 인종 구성의 변화가 지난 수십 년간의 범죄 경향을 설명하는 데 중요한 역할을 한다고 주장한다.

제임스 폭스는 1990년대 미국의 살인율 감소 중 약 10%가 연령, 인종, 성별 구조의 변화와 관련이 있다고 설명했다(Fox & Piquero, 2003). 스티븐 레빗은 1960년부터 1980년, 그리고 1980년부터 1995년 사이의 연령 분포 변화가 범죄율의 15~20%를 설명한다고 밝혔다(Levitt, 2004). 롤랜드 칠튼은 1960년부터 1980년 사이 시카고에서 발생한 범죄 데이터와 인구 조사 데이터를 분석한 결과, 살인 사건 발생률 증가의 약 20%가 남성 유색 인종 인구의 증가로 설명될 수 있음을 발견했다(Chilton, 1987). 그는 이러한 인구 집단이 처한 빈곤과 그로 인한 좌절감이 범죄에 영향을 미친다고 설명했다. 이와 같은 상관관계는 미국 대부분의 주요 도시에서도 동일하게 나타났다.

연구에 따르면, 높은 실업률을 보이는 지역은 높은 빈곤율보다 범죄 발생에 더 큰 영향을 미친다. 즉, 가난하지만 직업이 있는 사람들이 많은 지역은 실직자가 많은 지역보다 범죄 발생률이 낮다. 이러한 경향은 오늘날에도 도심 지역의 범죄, 가족 해체, 복지 문제 등과 밀접하게 연결되어 있으며, 그 근본적인 원인은 일자리 부족에서 비롯된다고 할 수 있다(Wilson, 1996). 이러한 현상은 '분노의 하위문화(subculture of exasperation)'로 불리며, 도심에 거주하는 유색 인종 남성들의 높은 살인율의 원인 중 하나로 지목된다(Harvey, 1986).

그러나 살인 발생률이 단순히 사회경제적 요인만으로 설명되지 않는다는 주장도 있다. 마빈 볼프강은 1950년대 필라델피아 지역에서의 살인 사건을 연구한 결과, 가해자와 피해자가 주로 사회경제적 지위가 낮은 젊은 흑인이었으며, 이들 사이의 살인은 주로 도심 지역에서 발생한다고 밝혔다(Wolfgang, 1958). 그는 한스 폰 헨티그(Hentig)의 연구를 바탕으로 살인이 사회적 상호작용에 의해 촉진될 수 있다는 '피해 촉진(victim precipitation)' 개념을 제시했다. 이는 피해자의 행동이나 반응이 범죄 발생에 영향을 미칠 수 있다는 이론으로, 피해자가 단순히 범죄의 수동적인 대상이 아니라 사건 발생에 일정한 역할을 한다는 것을 의미한다.

다른 연구에서도 살인의 패턴은 성별, 나이, 범행 수단, 장소에 따라 다양하게 나타난다. 예를 들어, 피해자와 가해자의 관계에 따라 살인의 특성이 달라지는데, 마거릿 잔과 필립 사기는 피해자의 특성, 범죄자, 장소, 공격 방법, 목격자의 존재 등을 기준으로 살인을 면식범과 비면식범에 의한 살인으로 구분하는 모델을 개발했다(Zahn & Sagi, 1987).

면식범에 의한 살인(relatives and acquaintances homicides)은 전체 살인 중 상당 부분이 친척이나 지인에 의해 발생하는 것으로 나타났다(Mann, 1996). 한 연구에 따르면, 살인 피해자의 44%가 범인과 친밀한 관계에 있었고, 26%는 친구나 지인이었으며, 11%는 범인의 자녀였고, 단 7.5%만이 낯선 사람이었다. 또한 아이들은 가족 구성원에 의해 살해될 위험이 상대적으로 크며, 연령이 증가할수록 폭력의 강도도 높아지는 경향이 있다(Smithey, 1998).

15세 미만의 아동을 살해한 사건은 대부분 가족에 의해 발생하지만, 15세에서 17세 사이의 청소년 피해자는 지인이나 낯선 사람에 의해 살해될 가능성이 높아진다(Greenfeld, 1996). 남자아이는 여자아이보다 폭력적인 죽음을 당할 위험이 더 크다는 연구 결과도 있다(Krug et al., 1998).

비면식범에 의한 살인(stranger homicides)은 2010년 미국에서 전체 살인의 14%를 차지했으나, 실제 비율은 30%에 가까울 것이라는 주장도 있다(Riedel, 1987). 이러한 유형의 살인은 범죄에 대한 공포를 증폭시키며, 도시 생활의 삶의 질을 악화시키는 주요 원인 중 하나로 지적된다(Polk, 1993).

살인에 대한 오해와 진실

국내외에서 범죄 통계에 대한 한계로 자주 언급되는 점 중 하나는 경찰의 범죄 통계나 분석 자료가 실제 범죄 규모를 과소평가하는 경향이 있다는 것이다. 이러한 통계의 부정확성에 대한 지적은 일리가 있으나, 모든 범죄 유형에 동일하게 적용되지는 않는다. 특히 살인죄에 관한 통계는 상대적으로 정확한 데이터로 평가된다. 살인 사건의 경우 시신이 발견되고 목격자가 있을 가능성이 높아 신고될 확률이 크기 때문이다. 또한, 살인은 사회적으로나 언론, 경찰 모두에게 중요한 사건으로 인식되기 때문에 해결에 높은 우선순위가 부여되며, 국내외를 막론하고 검거율이 다른 강력 범죄에 비해 높게 나타난다. 최근 살인범죄 비율이 감소하는 추세는 법집행기관의 노력과 범죄 예방 기법의 성과로 평가받고 있다. 이러한 평가는 어느 정도 사실이지만, 살인 사건의 감소에는 더 나은 응급의료 서비스, 향상된 통신 및 교통 시스템의 발전도 중요한 역할을 했음을 간과할 수 없다. 즉, 과거에는 살인으로 기록되었을 사건들이 생존 사례로 전환된 경우가 많아졌다는 의미다.

대부분의 다른 범죄와 달리, 살인은 주로 면식범에 의해 발생하며, 그중에서도 가족 간의 살인이 두드러진다. 물질적 동기가 강한 강도 살인이나 성적 욕구를 충족시키기 위한 강간 살인을 제외하면, 살인 사건의 상당수는 가까운 가족이나 지인에 의해 이루어진다. 이는 가족 간에 많은 시간을 함께 보내기 때문이며, 가족이 기쁨의 원천이 되기도 하지만, 때로는 갈등과 상처의 원인이 되기도 하기 때문이다. 감정적 격정이 요구되는 살인 행위는 오히려 낯선 사람보다는 감정적 교류가 활발한 가족 사이에서 발생할 확률이 높다는 통계적 근거가 이를 뒷받침한다.

국내 살인 사건이 발생하는 장소를 살펴보면, 집(45%)이 가장 많고, 그다음으로는 노상(19%), 숙박업소나 유흥업소(10%) 순으로 나타난다. 이는 살인 사건의 대부분이 피해자를 잘 아는 사람에 의해 주거지에서 발생한다는 사실을 시사한다. 피해자의 관계를 보면, 가해자가 친족인 경우가 27%로 가장 많고, 지인(15%)과 애인(10%)이 그 뒤를 잇는다. 반면, 모르는 사람에 의해 살해된 경우는 21%에 불과하다. 이는 살인 사건의 대부분이 면식범에 의해 발생한다는 사실을 다시 한번 확인시켜 준다(강은영·박형민, 2008).

가해자의 성별에 따른 범행 특성에도 차이가 있다. 남성은 주로 격정적 상황이나 말다툼, 싸움 등에서 우발적으로 살인을 저지르는 경우가 많은 반면, 여성은 즉흥적 폭발보다는 일정한 계획성과 가족 간의 불화, 원한, 분노로 인해 범행을 저지르는 경우가 많다. 특히 여성 가해자는 남편, 자녀, 애인 등 가까운 관계에 있는 사람을 대상으로 범죄를 저지르는 경향이 두드러진다. 통계적으로 살인 사건의 가해자 중 남성은 81%에서 85%를 차지하고, 여성 가해자는 약 14%에 불과하다. 반면 피해자는 남성이 56%, 여성이 49%로 나타나 남성이 가해자나 피해자가 될 확률이 더 높음을 보여 준다. 이는 남성이 폭력적 상황에 더 자주 노출되기 때문으로 해석된다. 살인 사건은 주로 토요일 밤이나 연말, 여름철에 많이 발생하며, 음주가 살인, 폭행, 강간 사건에 큰 영향을 미친다. 알코올은 사람의 판단력을 저하시켜 자신의 행동이 초래할 결과를 인지하지 못하게 만든다(Fagan, 1990).

국내 살인 범죄의 계절별 발생률을 보면, 여름(29%)이 가장 높고, 그다음으로 가을(28%), 봄(25%), 겨울(23%) 순으로 나타난다. 또한, 살인 사건은 주로 밤 시간(43%)에 많이 발생하며, 낮 시간(29%)과 새벽 시간(10%)에도 발생한다. 특히 최근에는 낮과 새벽 시간대의 사건 발생 비율이 증가하고 있다. 살인 범죄의 동기를 분석해 보면, 우발적인 경우가 37%로 가장 많고, 가정불화(12%)와 보복(13%)이 그 뒤를 따른다. 또한, 사건의 53.4%는 피해자에 의해 시작된 폭력이 원인이 되며, 특히 '모욕'이나 '비난' 같은 정서적 자극이 살인 사건을 촉발하는 주요 원인으로 작용한다. 이 중에서도 '모욕 비하 및 학대'가 폭력 발생의 주요 원인 중 가장 높은 비율(31.7%)을 차지한다(박형민, 2003).

여러 연구에 따르면, 소득 불평등과 살인율 사이에는 뚜렷한 상관관계가 존재하며, 젊은 인구의 비율과 살인율 간에도 유의미한 관계가 나타난다. 경제적 빈곤이 심한 국가, 문화적 다양성이 큰 국가, 국방비 지출이 적은 국가, 민주주의가 미성숙한 국가, 그리고 청소년 취학률이 낮은 국가에서 살인율이 더 높은 경향이 있다(U.S. Department of Justice, 1999).

5년간 전 세계 110개국의 사회경제적 데이터를 분석한 연구에 따르면, 전쟁을 겪은 국가들은 적대 행위가 끝난 뒤 오히려 살인율이 증가하는 경향이 있다. 이는 분쟁 중 폭력이 문제 해결의 합법적 수단으로 여겨졌기 때문이다. 또한, 대도시일수록 살인율이 높게 나타나는 반면, 도시가 성장할수록 1인당 살인율은 감소하는 역설적인 결과도 확인되었다. 마지막으로, 사형제도의 존재가 살인 사건을 줄이지 못하며, 오히려 사형제도가 있는 국가에서 살인율이 더 높다는 연구 결과도 있다. 반면 사형제도의 폐지는 살인율 감소에 긍정적인 영향을 미친다(Deane, 1987).

연쇄살인자

연쇄살인(Serial Murder)이란 살인 사건들 사이에 일정한 냉각 기간을 두고 여러 명을 살해하는 범죄를 의미한다. 1970년부터 1993년까지 미국 경찰은 약 125건의 연쇄살인 사건을 조사했고, 이를 통해 방대한 자료가 축적되었다(Newton, 1988). FBI 행동과학팀(FBI Behavioral Science Unit)이 수행한 연쇄살인자에 대한 범죄 프로파일링에 따르면, 연쇄살인 피해자는 살인자의 유년 시절에 겪었던 고통을 떠올리게 하는 특정한 특징을 지닌 경우가 많았다(Douglas & Olshaker, 1995).

FBI의 데이터 분석을 통해 밝혀진 연쇄살인범의 일반적인 특징은 다음과 같다. 연쇄살인범의 90% 이상은 남성이며, 대체로 정상 범위의 지능을 가지고 있다. 그러나 학업 성취도는 낮은 편이고, 가정환경 역시 불안정한 경우가 많다. 이들의 가족 중에는 범죄 경력자나 정신과 치료 이력자, 알코올 중독자가 흔히 발견된다. 특히 어린 시절 학대를 당하거나, 아버지에게 버림받고 폭력적인 어머니 밑에서 성장한 사례가 자주 보고된다. 이러한 환경에서 자란 이들은 성장 과정에서 심리적 불안정을 겪으며, 성인이 되어서도 안정적인 직업을 유지하는 데 어려움을 겪는다.

연쇄살인범의 약 60%는 어린 시절 야뇨증을 경험했고, 자살 시도율도 높다. 또한 유년기부터 관음증, 페티시즘, 사도마조히즘적 포르노그래피에 관심을 보이는 경우가 많으며, 불장난이나 작은 동물 학대와 같은 폭력적 성향을 드러내기도 한다. 일부는 어린 시절 구금시설이나 정신병원에 수용된 경험이 있기도 하다.

심 화 연 구

연쇄살인범의 징후 '맥도날드 3요소(MacDonald Triad)'

맥도날드 3요소(MacDonald Triad)는 1963년 미국의 정신과 의사 존 M. 맥도날드(John M. Macdonald)가 '살해위협(The Threat to Kill)'이라는 논문에서 제안한 개념으로, 어린 시절 특정한 세 가지 행동이 성인기의 폭력적 성향, 특히 연쇄살인과 같은 강력 범죄와 연관될 수 있다는 가설에 기반한다. 맥도날드는 이 세 가지 행동이 반복적으로 나타나는 아동이 이후 폭력적 성향을 보일 가능성이 높다고 주장하였다.

동물 학대는 어린 시절 고의적으로 동물에게 신체적 피해를 가하는 행위를 의미한다. 이는 공격성의 표현이자 통제력 부족을 드러내는 행동으로 해석되며, 자신의 힘을 시험하거나 타인에 대한 통제를 경험하려는 욕구로 설명된다. 범죄심리학 연구에 따르면, 연쇄살인범 중 상당수가 어린 시절 동물 학대를 경험한 사례가 많다는 보고가 있다.

방화는 불을 지르는 행위로, 억눌린 분노나 좌절감을 표출하는 수단으로 해석된다. 어린 시절 방화에 집착하는 경우, 자신이 통제할 수 없는 환경에 대한 극단적 반응으로 나타날 수 있다. 이는 주로 스트레스 해소나 주목을 끌기 위한 행위로 분석되며, 문제 해결 능력의 부족이나 충동 조절의 어려움을 반영하는 행동으로 간주된다.

야뇨증은 5세 이후에도 수면 중 무의식적으로 배뇨를 하는 현상을 말한다. 이는 스트레스나 불안의 징후로 해석되며, 가정 내 폭력이나 학대 경험과 관련이 있을 수 있다. 반복적인 야뇨증은 수치심을 유발하고, 억눌린 감정이 폭력적 행동으로 발현될 수 있다는 가설이 제시되었다.

맥도날드 3요소 이론은 시간이 지나면서 과학적 근거가 부족하다는 비판을 받아왔다. 심리학자들은 이 세 가지 요소만으로 성인기의 폭력적 행동을 예측하기에는 지나치게 단순화된 접근이라고 지적하였다. 특히, 이 행동들이 나타나는 배경에는 아동 학대, 가정 폭력, 사회적 방임 등 복합적인 환경적 요인이 존재함에도 불구하고, 단순히 특정 행동의 결과만을 예측 지표로 삼는 것은 문제점이 있다는 것이다.

현대 범죄심리학에서는 맥도날드 3요소보다는 아동기의 전반적인 환경, 정신건강 상태, 사회적 상호작용 등을 종합적으로 고려하여 폭력적 성향의 발달을 이해하려고 한다. 동물 학대는 여전히 주요한 위험 신호로 평가되지만, 이제는 단독적인 예측 지표가 아닌 복합적인 환경적 맥락 속에서 이해되고 있다. 또한 방화와 야뇨증 역시 사회적 스트레스, 심리적 압박, 가정 내 갈등 등 다양한 요인과 상호작용하면서 나타나는 현상으로 분석되고 있다.

연쇄살인범은 그 특성에 따라 조직적 범죄와 무질서한 범죄로 구분된다. 조직적인 연쇄살인범은 범행을 치밀하게 계획하며, 피해자의 시신을 은폐하거나 소지품을 전리품처럼 보관하는 특징이 있다. 이들은 사회적으로 능숙해 보이고 외모도 준수한 경우가 많다. 반면, 무질서한 연쇄살인범은 주로 성적 무능력을 겪으며, 성적 환상을 충족하기 위해 비정상적인 장소에서 자위 행위를 하기도 한다.

대체로 연쇄살인범은 유년 시절에 '야뇨증, 불장난, 동물 학대'라는 세 가지 전형적인 행동을 보이며, 이는 기능장애가 있는 가정환경에서 자란 결과로 나타나는 경우가 많다. 이러한 배경 속에서 심리적, 환경적 요인이 복합적으로 작용하며 범죄로 이어진다.

연쇄살인범을 분류하는 여러 방법이 존재하지만, 로널드 홈즈와 제임스 드버거가 1988년에 발표한 저서 『연쇄살인범(Serial Murder)』에서 제안한 분류 방식이 가장 널리 받아들여지고 있다(Holmes & DeBurger, 1988).

먼저, 선지자형(Visionaries)이 있다. 이 유형의 살인범은 정신병적 에피소드나 환각에 의해 행동한다. 이들은 신이나 악마와 같은 초월적 존재로부터 살인을 지시받았다고 주장하며, 특정한 목소리나 메시지를 듣는다고 말한다. 이러한 행동은 비이성적이며, 자신이 왜 살인을 저지르는지 명확하게 이해하지 못하는 경우가 많다. 대체로 정신질환을 앓고 있는 것으로 추정되며, 환각에 반응해 범행을 저지른다.

다음으로, 임무 지향형(Mission Oriented)이 있다. 이 유형의 살인범은 성

노동자, 마약 사용자, 특정 인종이나 민족 집단처럼 자신이 사회에 해롭다고 판단하는 사람들을 제거하려는 목표를 가지고 있다. 이들은 자신이 세상을 정화하는 임무를 수행하고 있다고 믿으며, 심지어 스스로를 영웅이라 여기는 경우도 있다. 이러한 살인은 일반적으로 신중하게 계획되며, 발각되지 않기 위해 치밀한 준비가 따른다.

쾌락주의자형(Hedonists) 연쇄살인범은 살인 행위를 통해 성적이거나 심리적인 쾌락을 얻는 특징이 있다. 이들은 피해자를 스토킹하며 추적하고, 감금하여 통제하며, 고문을 가하면서도 그 과정에서 쾌락을 느낀다. 최종적으로 살해에 이르기까지의 일련의 과정 자체를 즐기는 것이 이들의 주요한 특징이다. 이러한 쾌락주의자형 살인범은 세 가지 하위 유형으로 나눌 수 있다.

첫 번째 유형은 정욕 살인자형(Lust Killers)으로, 성적 만족을 추구하기 위해 살인을 저지른다. 이들은 살인 후에도 시신에 집착하는 경우가 많으며, 절단이나 시체 성애, 심지어 식인 행위에 가담하기도 한다. 이들의 행동은 단순한 살인에 그치지 않고, 시신을 대상으로 한 추가적인 행위를 통해 성적인 만족감을 얻으려는 성향을 보인다. 두 번째로는 스릴 살인자형(Thrill Killers)이 있다. 이들은 살인 그 자체에서 오는 강렬한 흥분과 스릴을 즐긴다. 단순히 생명을 앗아가는 행위만으로도 커다란 쾌감을 느끼며, 이러한 감정을 반복적으로 경험하기 위해 연쇄적으로 살인을 저지른다. 살해 행위가 자신에게 주는 극도의 스릴감이 이들을 계속해서 범죄로 이끌게 한다. 세 번째로 위안 살인자형(Comfort Killers)은 물질적 이익이나 생활의 안정을 위해 살인을 저지르는 유형이다. 이들은 금전적 이득이나 개인적인 이익을 목적으로 범행을 계획하며, 그 대상은 종종 가족이나 가까운 지인으로 한정된다. 즉, 살해 행위를 통해 경제적 이익을 확보하거나 자신이 원하는 안락한 생활을 유지하려는 목적이 강하다.

이처럼 쾌락주의자형 연쇄살인범은 각기 다른 동기와 쾌락을 추구하면서도, 살인 과정 자체에서 강렬한 만족감을 느낀다는 공통점을 가지고 있다.

마지막으로, 권력통제형(Power/Control)의 살인범이 있다. 이들은 피해자를 지배하고 통제하려는 욕망에서 범행을 저지른다. 살인 행위를 통해 권력과 통제감을 느끼며, 피해자를 고문하고 굴욕감을 주는 과정에서 자신의 우월감을 확인한다. 이 유형의 살인범에게 주요 목표는 피해자에 대한 완전한 지배이며, 살인은 이를 실현하기 위한 수단으로 활용된다.

7

재산을 노리는 손길

강도의 사회적 맥락

강도는 폭력 범죄이자 재산 범죄로 분류된다. 다른 사람의 재산을 동의 없이 빼앗기 위해 무력을 사용하거나 위협하는 행위가 포함되기 때문이다. 원칙적으로 재물을 취하는 행위는 절도와 같은 재산 범죄로 간주되지만, 재물을 빼앗기 위해 폭력을 사용하거나 위협할 경우 폭력 범죄로 격상된다. 영미법에서는 강도를 폭행죄로 보지 않는데, 이는 강도의 주된 목적이 재산을 빼앗는 데 있기 때문이다. 비록 폭력이나 위협이 수반될 수 있지만, 재산 범죄로서 독립적인 범주로 취급된다. 대륙법 체계에서도 강도는 타인의 재산을 강제로 취득하는 행위로 오랫동안 재산 범죄로 분류되어 왔다. 그러나 강도는 재산을 취득하려는 목적을 가지면서도 그 과정에서 발생하는 폭력의 정도에 따라 범죄의 성격이 달라질 수 있다. 이는 강도가 폭력과 재산 범죄의 경계에 놓인 복합적인 범죄임을 의미한다. 강도가 다른 재산 범죄에 비해 더 심각한 범죄로 여겨지는 이유는 경제적 이득을 추구하면서도 폭력을 동반하기 때문이다(Baumer & Carrington, 1986).

필립 쿡은 강도를 전형적인 도시 범죄로 묘사했다. 미국의 주요 6대 도시에서 발생하는 강도 사건이 미국 전체 강도 사건의 3분의 1을 차지할 만큼, 강도는 대도시에 집중되는 경향이 뚜렷하다. 또한, 강도는 다른 범죄와 달리 인종 간에 더 자주 발생하는 특성이 있다. 대부분의 범죄가 인종 내에서 발생하는 반면, 강도 피해자는 인종에 관계없이 경제적 상황, 즉 돈이 있는지 여부에 따라 선택된다(Cook, 1983).

예를 들어, 통계적으로 백인의 소득이 흑인보다 높은 경향이 있기 때문에, 흑인이 백인을 대상으로 한 강도 피해 비율이 상대적으로 높게 나타나는 경향이 있다. 그러나 한국이나 일본 같은 도시국가의 강도 발생률을 보면, 강도죄를 단순히 선진 자본주의 사회의 도시화가 초래한 필연적인 산물로 보기는 어렵다. 1970년대 후반, 뉴욕에서는 인구 백만 명당 약 11,000건의 강도 사건이 발생한 반면, 같은 시기 도쿄에서는 백만 명당 약 40건에 불과했다. 이러한 통계는 도시화가 곧 강도 사건의 증가를 의미하지 않음을 보여 준다(Nettler, 1982).

또한, 강도 혐의로 체포된 사람들의 약 90%가 남성이며, 그중 약 60%는 25세 미만의 청년층이었다. 이는 강도 범죄가 주로 젊은 남성들에 의해 발생한다는 사실을 의미하며, 연령과 성별에 따른 뚜렷한 범죄 패턴을 보여 준다.

간헐적 절도와 전문적 절도

절도범은 크게 아마추어 범죄자와 전문 범죄자로 구분할 수 있다. 아마추어 범죄자는 전문 범죄자와 달리 주로 비정기적으로 절도나 반달리즘, 자동차 절도 같은 비교적 단순한 범죄를 저지른다. 이들은 별다른 계획이나 기술 없이 범행에 나서며, 그 과정이 불규칙적이고 조잡한 경우가 많기 때문에 간헐적 범죄자라고 부른다. 반면, 전문 범죄자는 직업적으로 절도나 강도를 저지르며, 보다 정기적이고 체계적인 방식으로 범죄를 계획하고 실행한다. 절도는 아마추어부터 조직적이고 전문적인 범죄자에 이르기까지 다양한 유형의 범죄자가 저지를 수 있는 대표적인 범죄 유형이다. 비록 정확한 통계는 어렵지만, 범죄학자들은 아마추어와 전문 범죄자의 범죄 양상이 현저하게 다르다는 점을 강조한다(Blumberg, 1981).

절도와 관련된 가장 영향력 있는 학문적 연구는 1937년 에드윈 서덜랜드에 의해 이루어졌다. 서덜랜드는 전문 절도범들이 다섯 가지 특징을 가지고 있다고 설명했다(Sutherland, 1937). 첫째, 전문 절도범은 특정 절도 방식에 대한 고도로 발달된 기술을 보유하고 있다. 둘째, 그들은 절도범들만의 하위문화에서 높은 지위를 차지하며, 법 집행에 대응하는 전략을 가지고 있다. 셋째, 공감대를 형성하고 동료들과 가치를 공유하며, 상호 의존과 지지를 바탕으로 관계를 유지한다. 넷째, 서로 배우고 보호하는 관계를 맺으며, 마지막으로 다섯째, 느슨한 조직을 유지하면서도 협력적으로 범죄를 저지르는 경우가 많다.

반면 아마추어 절도범은 기회주의적인 성향이 강하다. 이들은 주로 발각될 위험이 적은 상황에서 즉흥적으로 범죄를 저지른다. 아마추어 절도범의 범행은 특별한 기술이나 계획이 필요하지 않으며, 주로 임대료 연체나 도박 채무 같은 개인적인 긴급 상황에서 비롯된다(Hepburn, 1984). 대부분의 아마추어 절도범은 일시적으로 범죄를 저지르며, 평소에는 범죄와 거리를 두는 경우가 많다. 어떤 이들은 평생 단 한 번의 범행만을 저지르기도 한다. 특히 청소년기에 절도를 저지른 아마추어 범죄자들은 성인이 되면서 범죄에서 멀어지는 경향이 크다. 이들은 자신을 직업 범죄자로 인식하지 않으며, 전문 절도범들 역시 아마추어 절도범을 동료로 여기지 않는다.

전문 절도범들은 절도를 생업으로 삼고 있으며, 그들의 범행은 매우 체계적이고 복잡한 기술을 필요로 한다. 이들에게 범죄는 단순한 일탈이 아닌 주된 생계 수단이 되는 경우가 많다(Clinard & Quinney, 1973). 이들은 범죄 행위에 자부심을 가지고, 범죄 과정에서 창의적인 방법을 고안하며, 위험을 감수하는 데에도 능숙하다. 전문 절도범이 주로 저지르는 범죄에는 소매치기, 상점 절도, 예술품 절도, 자동차 절도, 신용카드 절도 및 위조 등이 포함된다.

이처럼 절도범은 아마추어와 전문 범죄자로 크게 나뉘며, 양자 간에는 범죄의 동기, 계획, 기술, 사회적 지위에서 뚜렷한 차이가 존재한다.

주거침입절도

앵글로색슨 문화에서 '성곽(burg)'은 사람들과 그들의 가족, 재산을 보호할 수 있는 안전한 장소를 의미했다. 이후 도시에서는 주거지에서 발생할 수 있는 절도와 폭행을 예방하기 위해 절도 방지법이 제정되었다. 이에 따라 주거침입절도(burglary)는 타인의 주거에 불법으로 침입하여 재물을 탈취하려는 의도를 가진 행위로 정의된다. 과거에는 주거침입절도가 야간에만 해당되었으나, 현재는 시간에 관계없이 성립되며, 야간에 발생할 경우 더 중한 처벌을 받는다. 여기서 '야간'은 해 질 녘부터 해 뜰 무렵 사이의 시간을 의미한다.

침입은 지붕을 타거나 굴뚝을 통해 들어가는 등 물리적인 접근을 포함하며, 범인의 신체 일부가 주거지 내부에 진입하는 순간 침입이 완료된 것으로 간주된다. '주거'에는 일반적인 주택뿐만 아니라 축사, 하인 숙소, 헛간 등도 포함될 수 있다. 주거침입절도에서 가장 입증하기 어려운 요소는 건물에 들어갔을 때 중대한 범죄나 절도를 저지르려는 의도이다. 이를 입증하는 가장 확실한 방법은 실제로 절도가 발생한 경우다. 예를 들어, 건물 내에서 보석 절도, 강간, 방화와 같은 범죄가 발생했다면 이는 침입 당시의 범죄 의도를 증명하는 강력한 증거가 된다(Sears & Weihofen, 1948).

절도범들과의 광범위한 인터뷰와 경찰 기록 분석을 통해 주거침입절도범의 패턴과 동향을 연구한 닐 쇼버는 이러한 절도 행위가 단순한 일회성 범죄가 아니라 직업적 선택으로 이어지는 경우가 많다고 밝혔다. 그의 연구에 따르면, 주거침입절도는 작은 범죄로 시작해 점차 더 복잡하고 금전적 이익이 큰 범죄로 발전하는 경향이 있다. 주거침입절도범들은 종종 그룹이나 팀으로 활동하며, 각 구성원이 특정 역할을 맡아 조직적으로 움직인다. 이러한 범죄는 불우한 가정환경에서 자란 이들이 경제적 부를 축적하고 사회적 지위를 높이기 위한 수단으로 선택되는 경우가 많다. 또한, 많은 절도범이 약물 남용 문제를 겪고 있으며, 이는 그들이 범죄를 저지르는 주요 원인 중 하나로 지목된다(Shover, 1972).

쇼버는 또한 절도범들이 표적을 선정하고 발각을 피하기 위해 사용하는 다양한 전략을 설명했다. 예를 들어, 주거침입절도범들은 보안이 취약하거나 값비싼 자동차와 고급 조경 등 부유함을 드러내는 집을 주로 표적으로 삼는다. 그들은 '케이싱(casing)'이라는 방법을 통해 이웃을 관찰하면서 경보 시스템이나 보안 장치가 설치된 주택을 피한다.

한편, 또 다른 연구에 따르면 여성 절도범들은 남성에 비해 범죄를 늦게 시작하는 경향이 있으며, 주로 타인과 공모하여 범죄를 저지르고, 전과가 적은 특징이 있다(Decker, Wright, Redfern & Smith, 1993).

케이싱이란 절도범들이 범행 전에 목표 대상을 철저히 조사하고, 절취 대상물의 보안 수준을 평가하기 위해 사용하는 과정이다. 특히 주거침입절도범들은 가장 취약한 대상을 찾기 위해 다양한 기술을 활용해 이웃이나 개별 자산을 정밀하게 분석하고 분류한다. 이를 통해 절도범들은 최대한 발각될 가능성을 줄이고, 목표물을 안전하게 절취할 수 있는 방법을 찾는다.

사기죄의 등장

중세 영국에서 시장경제가 발달하면서, 생산자나 수입자로부터 소비지까지 마차를 통해 물품을 운반하는 시스템이 자리 잡았다. 이후 왕실은 해외 식민지 개척을 촉진하고 사업 자금을 마련하기 위해 주식회사를 설립했다. 투자자들은 이익을 기대하며 주식회사의 일부 소유권을 매입했다. 그러나 일부 부정한 운송업자들은 자신에게 맡겨진 재산의 일부를 운송 중에 보류한 것처럼 꾸몄고, 일부 부정한 투자 사무원들은 위탁받은 자금을 개인적인 용도로 유용했다. 이러한 부정행위로 상인들은 큰 피해를 입었지만, 왕실은 기존의 절도죄를 확대 적용해 처벌하는 데 소극적이었다. 이에 상인들은 새로운 형태의 재산 침해로부터 법적인 보호를 요구했고, 결국 의회는 이를 범죄로 규정하고 처벌할 수 있는 법을 제정했다.

사기(fraud)는 부정행위나 속임수를 통해 타인의 재산을 취득하는 범죄로 정의된다. 잉글랜드에서 사기 범죄의 등장은 무역과 상업의 발전, 이를 악용하는 사기꾼들의 교묘한 수법, 상인들의 보호 요구, 왕실의 절도 개념 확장에 대한 주저함, 그리고 상업적 이익 보호를 위한 의회의 새로운 법 제정이 상호작용한 결과였다(Adler, Mueller & Laufer, 2017).

사기 범죄의 본질은 가해자가 피해자의 신뢰를 악용해 금전적 또는 재산적 손해를 입히는 데 있다. 예를 들어, 한 여성이 길에서 반짝이는 물체를 발견하려고 할 때, 다른 남성이 그것을 먼저 줍는다. 이후 두 사람은 다이아몬드 반지의 주인이 누구인지 논쟁을 벌인다. 이때 제3자가 나타나 자신이 보석상이라고 소개하며 중재를 제안한다. 그는 반지의 가치를 500달러로 감정했고, 첫 번째 남성은 100달러만 받고 자신의 지분을 넘기겠다고 한다. 여성은 그 금액을 지불하고 다이아몬드 반지를 얻지만, 이후 반지가 가짜임을 알게 된다. 그때는 이미 사기꾼들은 자취를 감춘 뒤였다(Legal Information Institute, 2023). 이러한 유형의 사기는 오래전부터 존재했지만, 현대 상업이 발전하면서 그 수법도 함께 진화했다. 오늘날 벌어지는 많은 사기 수법은 과거에는 상상조차 하지 못했던 것들이다.

사기는 다른 사람이나 단체에 해를 끼칠 의도로 고의적으로 속이는 행위의 일종이다. 사기의 개념은 대륙법과 영미법 체계에서 비슷하지만, 그 배경과 요건에서는 다소 차이가 있다. 대륙법 체계는 유럽의 많은 국가에서 사용되며, 특정 법적 개념과 요구 사항을 명시한 포괄적인 성문법 조항을 기반으로 한다. 대륙법에 따르면, 사기는 고의적인 허위 진술을 통해 타인에게 손해를 끼치는 행위로 정의된다. 사기의 피해자는 손해배상이나 보상을 청구할 수 있으며, 일부 대륙법 국가에서는 사기를 형사범죄로 간주하여 징역형에 처하기도 한다(Investopedia, 2023).

반면, 미국과 영국에서 사용되는 관습법 체계는 법적 선례와 사법적 결정을 바탕으로 법적 개념과 요건이 정립된다. 관습법에서 사기는 타인에게 피해를 줄 의도로 사실을 왜곡하거나 중요한 사실을 의도적으로 누락하는 행위로 정의된다. 사기 사건에서 피해자는 피고가 고의적으로 허위 진술을 했거나 중요한 사실을 숨겼다는 것을 입증해야 하며, 특히 피고의 의도가 처음부터 피해자에게 해를 끼치려는 목적이었다는 점이 중요하다(Cornell Law School, 2023).

사기 범죄는 물리적인 강탈 없이도 타인의 재산을 취득할 수 있다. 이는 가해자가 사실을 거짓으로 진술해 피해자가 자발적으로 재산을 넘기거나 맡기게 만드는 방식으로 이루어진다. 예를 들어, 한 남자가 자신을 자선단체의 대표라고 소개하며 재난 피해자를 위한 모금을 하고 있다고 주장한다. 그는 주변 이웃들이 기부한 내역을 보여주며, 평균 20달러씩 기부했다고 강조한다. 이를 본 당신은 기부하지 않으면 무시당할까 두려워 20달러를 기부한다. 하지만 그 남자는 실제로 자선단체를 대표하지 않으며, 심지어 그런 단체는 존재하지 않을 수도 있다. 그는 거짓말을 통해 당신의 돈을 취득한 것이다.

이러한 방식의 사기는 가해자가 물리적으로 재산을 강탈하지 않았기 때문에 전통적인 절도죄로 처벌하기 어려웠다. 이는 '불법점유(trespassory taking)'가 이루어지지 않았기 때문이다. 이러한 유형의 부정행위가 영국에서 처음으로 범죄로 인정된 것은 1757년이었다. 그 이전에는 개인이 스스로 자신의 재산을 지켜야 한다는 인식이 강했다. 그러나 현대 사회에서는 거짓말을 통한 재산 취득이 거의 모든 국가에서 절도에 준하는 중대한 범죄로 다뤄지고 있다.

반달리즘(vandalism)

반달리즘(vandalism)은 소유자나 대리인의 동의 없이 고의로 재산을 파괴하는 행위를 의미한다. 이 용어는 5세기에 로마를 약탈한 동게르만족의 일파였던 반달족(Vandals)이 귀중한 예술 작품들을 무차별적으로 파괴한 데서 유래했다. 이러한 반달리즘, 즉 고의적인 재산 파괴 행위는 미국을 비롯한 서구 사회에서 광범위하게 퍼져 있다. 주로 청소년 범죄로 많이 발생하지만, 실제로는 모든 연령대에서 일어난다. 반달리즘은 상품 공급이 제한된 저개발 국가에서는 사실상 발생하지 않으며, 이는 풍요와 관련된 범죄로 볼 수 있다. 폭동의 일부를 제외하고는 물건을 파괴하는 행위를 상상하기 어려운 상황이기 때문이다.

미국에서는 학교, 공원, 도서관, 대중교통시설, 전화 및 전기회사 시설,

교통부서 장비, 주택 등 다양한 공공 및 민간 시설에서 반달리즘이 만연해 있다. 예를 들어, 워싱턴 D.C.의 국공립학교에서는 매년 약 28,500개의 창문이 파손된다고 보고되었다(Clinard & Quinney, 1973).

대부분의 불법 파괴 행위는 청소년들에 의해 이루어지며, 이들은 이러한 행위를 놀이의 연장선 또는 화풀이의 수단으로 생각한다. 미국의 일부 지역에서는 핼러윈 전날 저녁을 '악마의 밤(Devil's Night)'이라고 부르며, 이때 청소년들이 집에 달걀을 던지거나 창문에 비누칠을 하며 심각한 장난을 일삼는다.

앰버 웨이드(Amber L. Wade)는 무법적인 반달리즘의 전형적인 패턴을 다음과 같이 설명했다. 범죄자들은 처음에 주변을 배회하며 무언가 일이 일어나기를 기다린다. 그러다가 한 사람이 기물 파손을 시도하는 제스처를 보이면, 다른 사람들도 자극을 받아 파괴 행위에 동참하게 된다. 이러한 과정에서 피해 규모는 단순한 손상에서 점점 더 심각한 재산 피해로 확대된다. 이후 이들은 죄책감이나 후회보다는 오히려 무언가를 저질렀다는 일종의 쾌감을 느끼며, 자신의 행동을 정당화하거나 가볍게 여기는 경향을 보인다. 이들은 자신의 파괴 행위가 계획된 것이 아니었고, 금전적 이익도 전혀 얻지 못했기 때문에 진정한 범죄가 아니라고 합리화하기도 한다.

도시의 공공시설, 특히 대도시의 지하철 시설은 종종 프리랜서 예술가들이나 스프레이 페인트를 구입할 수 있는 사람들에 의해 그라피티(Graffiti)로 뒤덮이곤 한다. 이들은 이를 마치 공공 예술이나 일종의 '은혜(beneficence)'를 베푸는 행위로 포장하기도 한다. 뉴욕시는 1984년부터 열차 낙서를 억제하기 위한 프로그램을 시행하여 큰 성과를 거두었다. 이를 위해 열차에 대한 순찰 강화, 범죄 용의자 표적화, 로고 정보 파일 개발, 차고지 열차 특별 보호 작전 등을 통해 지하철의 낙서를 효과적으로 줄일 수 있었다(Kelling, 1988a).

2023년 경복궁 담장 낙서 사건

2016년 대구 지하철 그라피티

그림 7-1 공공질서 파괴와 반달리즘

공공안전의 위협, 방화

영미법계의 관습법에서 방화(arson)는 타인의 주거지에 고의적으로 불을 지르는 행위로 정의한다. 그러나 현대 법령에서는 그 범위가 확장되어 공공시설뿐만 아니라 자동차나 선박과 같은 개인 소유의 구조물도 포함된다. 특히 주거지에 대한 방화는 건물 안에 있는 사람이 다치거나 사망할 가능성이 크기 때문에 가장 중한 처벌이 내려진다. 방화는 일반적으로 재산범죄로 분류되지만, 강도죄보다 더 중대한 범죄로 간주되며 공공안전을 보호하는 데 중점을 둔다. 다만, 강도에 비해 방화의 발생 빈도는 상대적으로 낮다.

소방청을 대상으로 한 전국 조사에 따르면 실제 방화 사건의 수가 신고된 건수보다 훨씬 많을 가능성이 있다고 나타났다. 방화의 주요 대상물로는 건물이 45%로 가장 많았고, 이동식 부동산(차량, 트레일러 등)이 23%, 농작물과 목재가 31%를 차지했다. 미국 전역에서 방화로 인한 연간 추정 재산 손실액은 약 20억 달러(2.5조 원)를 훨씬 웃돈다(Uniform Crime Reports, 2014).

방화의 동기에 관한 일부 연구에서는 그 원인이 심리적 고통, 분노, 복수심, 관심을 끌기 위한 욕구, 악의적인 장난, 또는 흥분에서 비롯될 수 있다고 설명한다(Kaufman & Heims, 1961). 영국의 흥미로운 한 연구에 따르면, 방화범들은 여러 측면에서 폭력범죄자들과 비교될 수 있지만, 대인 공격 발생률이 낮고 스스로를 폭력적이지 않다고 평가하는 경향이 있다(Jackson, Hope & Glass, 1987).

방화는 여전히 심각한 사회적 문제로 남아 있어 정책 입안자들은 이를 해결하기 위한 두 가지 주요 접근법을 개발해왔다. 첫 번째는 범죄자 중심의 접근법으로, 상담 및 지원을 통해 문제를 가진 아동을 조기에 식별하고 교육적 지원을 제공하는 데 중점을 둔다. 두 번째는 지리적 접근법으로, 방화가 발생할 가능성이 높은 지역을 선별하여 방화 전문 요원을 배치하고, 위험에 처한 건물과 지역사회를 보호하는 것이다(Karchmer, 1981).

성인 방화범의 동기는 크게 두 가지로 나뉜다. 첫째는 강한 열정에서 비롯된 경우이며, 둘째는 복수심이나 악의를 품고 저지르는 경우다. 최근에는 보험사기를 목적으로 한 방화도 증가하는 추세다(Bennett & Hess, 1984).

찰스 매카기는 방화범들의 동기에 기반하여 방화를 몇 가지 유형으로 구분했다(McCaghy, 1980). 이익추구형 방화는 주로 보험사기를 목적으로 건물에 불을 지르는 경우로, 보험금을 청구하기 위한 수단으로 사용된다. 과거에는 보험사들이 의심스러운 재산도 대량으로 보장하면서 충분한 조사 없이 청구를 처리하는 경우가 많아 이러한 사기를 부추겼다. 이는 도시 부패의 한 단면으로, 특히 낡고 방치된 부동산의 소유주들이 보험금을 목적으로 방화를 저지르는 일이 빈번했다.

보복형 방화는 원한이나 질투에서 비롯된 방화로, 해고된 직원이 고용주에게 복수하기 위해 혹은 연인에게 질투심을 느낀 사람이 불을 지르는 경우다. 이는 특정 집단이나 개인에 대한 증오를 표현하는 방식으로, 보복적 기물 파손의 일환으로 나타나기도 한다.

기물파손형 방화는 주로 도시 지역에서 발생하며, 특히 버려진 건물이 표적이 된다. 놀이 활동의 연장선으로 구조물에 불을 지르며, 단순한 파괴 욕구가 동기가 된다.

범죄은폐형 방화는 살인 피해자나 물적 증거를 없애기 위해 불을 지르거나, 다른 범죄에서 관심을 돌리기 위한 수단으로 활용된다. 이는 주로 재물범이나 조직 범죄자들에 의해 이루어진다.

사보타주형 방화는 노동 투쟁, 인종 갈등, 교도소 폭동, 시민 소요 중에 발생하는 화재가 이에 해당한다. 이 유형은 정치적 동기로 발생하며, 때때로 사보타주와 연관된 재산범죄의 한 형태로 나타난다.

흥분형 방화는 불을 지르고 관찰하는 데 병적인 매력을 느끼는 방화광에 의해 발생한다. 프로이트 이론에 따르면, 방화광은 방화를 통해 성적 만족을 얻는다고 해석하며, 이는 정신병적 범죄의 일종으로 이해된다. 2007년 캘리포니아에서 발생한 일부 화재도 이러한 연쇄 방화범에 의한 것으로 추정된 바 있다.

경계를 허무는 사이버 재산범죄

범죄는 우리가 살아가는 환경의 변화에 따라 진화한다. 컴퓨터와 첨단 기술 장비의 발달은 새로운 유형의 범죄가 나타나는 길을 열었으며, 이는 피해자, 법 집행 기관, 범죄학자, 형사사법 전문가들에게 새로운 도전과제를 안겨 주었다. 그렇다면 첨단기술 범죄란 무엇일까? 그 정의에 대한 의견이 다를 수 있지만, 일반적으로 첨단기술 범죄는 첨단 전자 매체를 활용하여 불법 행위를 시도하는 범죄를 의미한다고 널리 받아들여진다. 여기서 말하는 첨단기술은 컴퓨터, 휴대전화, 디지털 통신 기기 등 오늘날 널리 사용되는 정교한 전자 장치를 포함한다(Coutorie, 1995).

첨단기술 범죄는 몇 가지 두드러진 특징을 통해 전통적인 재산범죄의 본질을 변화시켰다. 이러한 범죄에 연루된 범죄자들은 피해자와 직접 대면할 필요 없이 범행을 저지를 수 있다. 모뎀이 장착된 컴퓨터만 있으면 수천 킬로미터 떨어진 곳의 피해자를 공격할 수 있어, 범죄자의 활동 범위가 물리적 제약 없이 확장된다. 과거에는 범죄자가 목표를 향해 물리적으로 이동해야 했지만, 이제는 가상의 공간에서 그 역할이 대체되었고, 피해를 입는 재산의 유형 역시 이전과는 크게 달라졌다.

전통적인 재산범죄인 강도, 절도, 반달리즘 등이 물리적 자산을 대상으로 한다면, 첨단기술 범죄는 정보, 데이터, 컴퓨터 네트워크와 같은 비가시적이고 비물리적인 자산을 주요 목표로 삼는다. 더욱이, 이러한 범죄의 피해자들은 범행이 발생한 지 상당한 시간이 흐른 후에야 자신이 피해를 입었다는 사실을 인지하는 경우가 많다.

첨단기술 범죄의 수익성은 매우 높다. 예를 들어, 컴퓨터 범죄의 발생률 증가는 그 효과와 수익성을 뒷받침한다. 영국은행협회에 따르면, 전 세계적으로 벌어지는 컴퓨터 사기로 인한 피해액이 연간 약 80억 달러에 이른다고 한다(The News and Observer, 1995).

기술이 정교해질수록 해커들은 더 손쉽게 대규모의 금전적 이득을 취할 수 있으며, 동시에 여러 장소나 다수의 피해자를 대상으로 범행을 저지를 수 있다. 반면, 이러한 범죄는 탐지와 적발이 어려워 일부 개인에게는 매력적인 범죄 형태로 비춰지기도 한다. 법 집행기관이 첨단기술 범죄를 탐지하거나 기소하는 것은 전통적인 범죄에 비해 훨씬 어렵다. 특히, 범죄자는 지리적 제약 없이 활동할 수 있기 때문에 추적이 어려우며, 물리적인 범죄 현장이 아닌 사이버 공간이나 전자 매체를 통해 이루어지기 때문에 구체적인 범행 장소를 식별하는 것 또한 복잡하다. 심지어 불법 행위를 발견하더라도, 범죄자는 이미 다른 목표를 향해 이동한 경우가 많아 검거가 쉽지 않다.

더욱이 첨단기술 범죄는 그 자체로 매우 복잡하고 전문적인 특성을 지니고 있다. 시간이 지날수록 새로운 범죄 수법이 고도로 숙련된 컴퓨터 사용자들에 의해 개발되며, 전통적인 법 집행 기술로 이러한 첨단 범죄를 다루기에는 한계가 있음이 드러나고 있다. 해커들은 인터넷을 통해 신용카드 번호를 탈취하거나 시스템에 침입하는 기술을 습득하여 경제적 이득을 챙기는 데 능숙하다.

전화 회사와 컴퓨터 네트워크는 전 세계 사람들과 손쉽게 의사소통할 수 있는 환경을 제공한다고 홍보한다. 그러나 이러한 전자 통신의 용이성은 첨단기술 범죄자들에게도 유리하게 작용한다. 이들은 컴퓨터를 통해 불법적인 국제 송금을 하거나, 해외 컴퓨터에서 정보를 탈취하며, 아동 포르노나 테러 선전물 같은 불법 콘텐츠를 유포하기도 한다. 이러한 초국가적 범죄는 국경을 넘어 발생하기 때문에 관련 국가들에게 심각한 사회적 문제를 야기한다. 이러한 범죄를 탐지하고 성공적으로 해결하는 것은 전 세계 법 집행 기관의 중요한 과제로 남아 있다.

기술의 발전이 모든 범죄와 일탈 행위에 영향을 미치고 있지만, 그 배후에는 여전히 인간 범죄자가 존재한다. 그렇다면 이들은 전통적인 재산범죄자들과 유사한 특성을 지니고 있을까, 아니면 첨단기술 범죄자만의 독특한 특징을 가지고 있을까? 현대 기술이 널리 보급되면서 누구나 첨단기술 범죄를 저지를 가능성이 존재하지만, 실제로 범죄를 저지르는 주요 집단, 특히 해커들은 특정한 프로파일에 부합하는 경우가 많다. 이들은 대개 중산층 가정 출신의 14세에서 19세 사이의 백인 남성들로, IQ가 120 이상인 경우가 많으며, 사회적으로는 내성적이고 전자기기 및 컴퓨터 활동에 큰 흥미를 보인다. 또한 이들은 비슷한 관심사를 가진 또래들과 어울리며, 일부 해커들은 자신들이 정보의 자유를 지키고 대기업과 주요 기관에 맞서는 저항 문화의 일원이라고 믿기도 한다(Taylor, 1991).

이들은 자신들을 현대판 로빈 후드로 인식하기도 한다. 기술이 빠르게 발전하고 있지만, 전통적인 법 집행 기술은 그 속도를 따라잡지 못하고 있다. 이러한 상황에서 미래의 경찰력을 첨단기술 범죄를 탐지하고 대응할 수 있는 기술적 도구로 무장할 필요성이 더욱 커지고 있다.

8 성범죄와 포르노그라피

성도덕과 성범죄

성도덕은 사회의 성 관련 규범과 가치를 반영하는 규제 체계로, 고대부터 현대에 이르기까지 다양한 방식으로 발전해 왔다. 중세 유럽에서는 성행위 규제가 주로 교회에 의해 이루어졌는데, 이는 종교적 가치와 교리가 법과 문화에 큰 영향을 미쳤기 때문이다. 당시 성도덕은 결혼과 생식 중심의 행위를 규정했고, 종교 법원이 이를 감시하고 처벌하는 역할을 맡았다. 시간이 흐르며 사회적 가치관과 기술의 발전에 따라 성도덕 규범도 크게 변화했다.

특히 20세기에 들어 서구 사회에서는 성도덕에 대한 인식이 급격히 변화했다. 1962년 미국의 모범형법전(Model Penal Code: MPC)은 성매매와 외설적인 동거를 범죄 목록에서 제외했고, 합의에 의한 성인 간 동성애도 합법화했다. 이러한 변화의 배경에는 성인 간의 합의된 성관계는 법적 통제의 대상이 되어서는 안 된다는 인식이 확산된 것이 있었다. 역사적으로 성에 대한 규제는 사회에 큰 해악을 미치지 않았다는 점이 입증되었으며, 이로 인해 법적 규제가 사회적으로 큰 효과를 발휘하지 못했다. 특히 금주법 시행을 통해 경험한 바와 같이 특정 성적 행동이나 공공의 성적 표현을 금지하려 할 때마다 사회적 논란이 일어났다.

전통적으로 생물학적 번식을 목적으로 하는 배우자 간의 합법적인 성관계 외의 성행위는 우리나라를 포함한 많은 국가에서 처벌의 대상이 되어왔다. 예를 들어, 결혼을 약속한 미혼자 간의 성관계나 혼인을 빙자한 유혹(혼인빙자간음죄), 그리고 자연스럽지 않은 성행위(한국의 과거 간통죄)는 19세기 후반까지 심각한 범죄로 여겨졌다.

현재 대부분의 법체계에서는 성인 간의 합의에 기반한 성행위에 대해서는 거의 규제하지 않으며, 주로 아동과 관련된 성적 범죄에 초점을 맞추고 있다. 이는 성인의 자율성을 존중하면서도 취약한 인구를 보호하려는 사회적 의도를 반영한 것이다. 오늘날 사회적 · 문화적 다양성이 더욱 인정되면서 다양한 성적 지향과 행위에 대한 수용도가 증가하고 있다. 그러나 성적 소수자에 대한 차별과 법적 보호의 부재는 여전히 주요한 사회적 논란의 주제가 되고 있다. 성 연구자인 알프레드 킨제이(Alfred C. Kinsey)는 그의 연구 보고서에서 "국가의 성행위 규제는 침실 문이나 헛간 문에서 멈춰야 한다."라고 주장했다(Chesser, 1971).

심 화 연 구

성에 관한 킨제이(Alfred C. Kinsey) 보고서

알프레드 킨제이(Alfred C. Kinsey)는 미국의 생물학자이자 성 연구자로, 그의 연구는 현대 성 과학(Sexology)의 기초를 다진 중요한 업적으로 평가된다. 그의 대표적인 성 보고서는 1948년에 출간된 남성의 성 행동(Sexual Behavior in the Human Male)과 1953년에 발표된 여성의 성 행동(Sexual Behavior in the Human Female)이다.

1948년에 발표된 남성의 성 행동은 5,300명 이상의 미국 남성을 대상으로 심층 인터뷰를 통해 성적 경험과 행동에 대한 방대한 데이터를 수집하였다. 이 연구는 자위(Masturbation), 동성애적 경험(Homosexuality), 간통(Adultery) 등 당시 사회에서 금기시되던 주제를 공개적으로 탐구하며, 남성의 성적 취향과 행동이 예상보다 훨씬 폭넓고 다양한 스펙트럼을 지니고 있음을 밝혔다. 또한, 킨제이는 성적 지향을 0(독점적 이성애)에서 6(독점적 동성애)까지 연속적인 스펙트럼으로 설명한 킨제이 척도(Kinsey Scale)를 개발하여 성적 지향에 대한 새로운 이해를 제시했다.

1953년에 발표된 여성의 성 행동에서는 5,940명 이상의 미국 여성을 대상으로 남성과 동일한 방식으로 심층 인터뷰를 진행하였다. 이 연구는 여성의 성적 행동과 반응에 대한 분석을 통해, 여성 역시 남성과 유사한 수준의 성적 욕구와 행동을 지니고 있음을 밝혀냈다. 특히 사회적 규범과 억압이 여성의 성적 표현에 큰 영향을 미친다는 점을 강조하며, 여성의 자위, 혼전 성교, 간통, 동성애 경험 등이 기존의 사회적 통념보다 훨씬 빈번하게 나타난다는 사실을 확인하였다.

이 두 보고서를 통해 킨제이는 성적 행동이 단순히 이성애와 동성애로 이분화된 것이 아니라, 연속적인 스펙트럼 위에 존재한다는 사실을 과학적으로 증명했다. 또한, 당시 사회에서 금기시되던 성적 행동에 대해 통계적 데이터를 제시하며 논란을 일으켰지만, 성 담론을 공론화하는 중요한 계기를 마련했다. 특히 여성의 성적 행동에 대한 사회적 억압이 성적 표현에 큰 영향을 미친다는 점을 부각시키며, 성 행동에 대한 학문적 연구의 기초를 확립하는 데 기여하였다.

그러나 그의 연구는 여러 논란과 비판에 직면하기도 했다. 당시 보수적인 사회 분위기 속에서 그의 연구 결과는 충격적으로 받아들여졌으며, 종교적·정치적 비난이 뒤따랐다. 또한, 연구 표본이 주로 미국 중서부 지역에 한정되어 대표성에 대한 의문이 제기되었고, 면대면 인터뷰 방식이 응답의 신뢰성에 영향을 미칠 수 있다는 비판도 있었다. 그럼에도 불구하고, 킨제이의 연구는 성에 대한 사회적 금기를 깨고, 성 담론이 과학적 연구의 대상으로 자리 잡는 중요한 전환점이 되었다.

비록 성인들 간의 성행위에 대한 법적 제재가 줄어들었지만, 아동과 관련된 성적 행위에 대한 강력한 금지와 처벌은 여전히 유지되고 있다. 미성년자 강간, 아동과의 성교, 아동에 대한 부적절한 성추행 등 아동의 복지를 위협하는 성적 행위들은 대부분의 국가에서 매우 엄격하게 처벌된다. 성도덕에 대한 규제는 각국의 문화, 종교, 역사적 배경에 따라 크게 다르며, 이러한 차이는 각 사회의 법과 정책에 명확하게 반영된다.

중동 지역과 이슬람교를 국교로 하는 국가들에서는 샤리아 법(이슬람 법)

에 따라 성행위에 대한 엄격한 규제가 적용된다. 예를 들어, 사우디아라비아와 이란에서는 결혼 외 성행위와 동성애가 불법으로 간주되며, 이를 어길 경우 매우 강력한 처벌을 받는다. 이는 이슬람 교리에서 성도덕을 중요한 가치로 여기며, 공공질서와 개인의 도덕성을 유지하기 위해 강력한 규제를 시행하고 있음을 반영한다.

반면, 유럽과 북미 등 서구 국가들은 개인의 자유와 권리를 중시하는 경향이 있으며, 성인 간의 동의에 기반한 성행위에 대한 법적 규제가 비교적 약하다. 네덜란드와 캐나다는 성소수자의 권리를 적극적으로 보호하며, 동성 결혼과 동성 간 성행위를 합법화했다. 이러한 국가들에서는 성도덕보다는 성폭력과 아동 대상 성범죄를 중점적으로 다루며, 성적 자유와 동의의 중요성을 강조한다.

아시아는 문화적 · 종교적 다양성이 큰 지역으로, 성도덕에 대한 규제도 국가마다 차이가 크다. 예를 들어, 일본에서는 성인물의 제작과 판매가 비교적 자유롭지만, 공공장소에서의 성적 표현에 대해서는 엄격한 규제가 있다. 반면, 인도는 전통적 가치와 현대적 가치가 혼합된 사회로, 동성애가 합법화되었으나 여전히 사회적 편견과 차별이 존재한다.

아프리카의 많은 국가들은 전통적이고 보수적인 가치가 강하게 남아 있으며, 이는 성도덕에 대한 법적 규제에도 반영된다. 예를 들어, 우간다와 나이지리아에서는 동성애가 불법이며, 이에 대한 사회적 · 법적 처벌이 매우 엄격하다. 이러한 법적 규제는 국제적으로 비판을 받기도 한다.

이처럼 성도덕에 대한 규제는 각 사회의 법체계, 종교적 신념, 사회적 가치관 등에 깊이 뿌리내리고 있으며, 세계화와 국제적 교류가 활발해지면서 이러한 규제에 대한 재평가도 지속적으로 이루어지고 있다.

여성의 지위와 강간죄

일부 국가에서는 강간죄를 여성 개인에 대한 범죄로 보기보다는 남성의 권리 침해나 여성의 가족 또는 남편의 명예를 훼손하는 범죄로 간주하기도 한다. '강간(rape)'이라는 단어가 라틴어로 '도둑질(theft)'을 의미하는 단어인 repaere(잡아채다, 빼앗다)에서 유래했다는 사실은 오늘날 우리가 이해하는 '성적 자기 결정권의 보호'와는 상당한 차이가 있음을 보여 준다. 이러한 역사적 배경은 강간이 단순히 개인의 성적 자기 결정권 침해가 아닌 남성 중심적 사회 구조 속에서 여성의 소유권 문제로 인식되었음을 의미한다.

전 세계적으로 많은 강간 사건이 어린이를 대상으로 발생하고 있으며, 실제로 강간 피해자의 절반 이상이 18세 미만이라는 통계가 있다. 특히 피해자가 어릴수록 가해자가 친인척이나 지인일 가능성이 높고, 강간 피해를 신고할 확률은 더욱 낮아진다. 피해자들이 신고를 꺼리는 이유는 사회적 비난이나 오히려 처벌받을 수 있다는 두려움 때문이다. 일부 국가에서는 강간 피해자에게 책임을 전가하거나 심지어 법적으로 처벌하는 사례도 존재한다. 이는 강간에 대한 사회적 인식과 법적 보호의 한계를 보여 준다.

강간죄의 기소가 어려운 이유는 영국의 관습법에 그 뿌리를 두고 있다. 17세기 법학자 매튜 헤일 경은 그의 저서 『제왕의 호소(Pleas of the Crown)』에서 배심원들이 강간에 대한 증거를 매우 보수적으로 해석하는 경향을 설명하며, 강간죄에 대한 고소가 빈번하게 이루어지지만 이를 입증하기는 어렵고 피고인의 방어가 매우 힘들다고 강조했다(Hale, 1736). 이러한 해석 지침은 오랜 시간 동안 미국 배심원들이 강간 사건에서 증거를 판단할 때 기준이 되어 왔으며, 강간 사건에서 요구되는 엄격한 증거 요건은 범죄의 심각성, 무거운 형량, 유죄 판결 시 피고인의 명예 훼손 등을 이유로 정당화되었다.

형사 사법 제도는 강간 피해자의 진술을 온전히 신뢰하지 않는 경향이 있으며, 피해자의 증언이 아무리 정확하고 일관되더라도 그것만으로 강간죄를 입증하기에 충분하지 않다고 판단한다. 따라서 정액, 찢어진 옷, 멍, 목격자의 증언과 같은 명확한 물적 증거가 존재해야만 유죄 판결이 가능했다. 또한 강간 사건에서는 피해자가 동의했는지 여부가 중요한 쟁점이 되며, 피해자가 행위를 유도했는지, 동의했는지, 저항했는지에 대한 논란이 끊이지 않았다. 이러한 논란은 강간 사건의 입증을 더욱 어렵게 만들었다.

강간의 사회적 의미는 인류학 문헌에서도 자주 언급되며, 95개 부족 사회를 대상으로 한 교차문화 연구에 따르면, 47%의 부족 사회에서는 강간이 엄격히 제한되었고, 35%는 중간 정도로 발생했으며, 18%는 강간이 상습적으로 이루어졌다. 강간이 빈번한 사회일수록 여성의 지위가 낮고 의사 결정권이 거의 없었으며, 남성과 분리된 생활을 하는 경향이 두드러졌다. 이러한 연구 결과는 성적 폭력이 생물학적으로 고정된 행동이 아니라 사회적으로 형성된 현상이라는 주장을 뒷받침한다(Alder, 1985; Sanday, 1981).

성관계에 대한 인류학적 관심이 오래전부터 존재했지만, 페미니스트 운동과 급진적 범죄학의 발전을 통해 강간과 성적 불평등, 사회경제적 지위 간의 관계가 더욱 명확해졌다. 연구들은 강간이 남성의 공격성을 인정하는 사회적 규범과 문화적 배경에 깊이 뿌리내리고 있음을 보여 주었다. 이는 남성이 여성에 대한 권력을 유지하기 위한 수단으로 강간이 사용될 수 있음을 시사한다. 또한 마르크스주의적 관점에서는 노동자 계층의 빈곤과 빈부격차가 성폭력의 발생을 촉진하는 사회적 조건을 조성한다고 주장한다(Schwendinger & Schwendinger, 1983).

그러나 성폭력의 발생 요인에 대한 실험 결과에 따르면 성폭력은 민족적 불평등과는 큰 관련이 없지만, 사회 전반의 소득 불평등과는 밀접한 관계가 있음이 밝혀졌다(Smith & Bennett, 1985). 최근 연구는 경제적 불평등이 성폭력 발생의 유일한 원인은 아니며, 사회적 혼란과 같은 다양한 부수적 요인들도 강간과 같은 성폭력에 영향을 미친다고 분석했다(Peterson & Bailey, 1988).

강간 범죄는 심리적 문제, 사회적 요인, 사회정치적 요인 등 다양한 원인이 복합적으로 얽혀 발생하는 현상이다. 일부 전문가들은 남성의 성욕이 본질적으로 강간으로 이어질 수 있으며, 포르노가 여성을 성적 대상으로 만들고 비하하며 폭력을 미화함으로써 강간을 조장할 수 있다고 주장한다. 이는 미디어와 사회적 규범이 강간 문화 형성에 중요한 역할을 할 수 있음을 시사한다.

니콜라스 그로스와 진 번바움은 유죄 판결을 받은 500명 이상의 강간범을 대상으로 연구를 진행하여 강간의 동기에 따른 세 가지 유형을 확인했다(Nicholas & Jean, 1979). 첫 번째로 '분노형 강간(anger rape)'은 성적 공격이 분노나 적개심을 표현하는 수단으로 사용되는 유형으로, 피해자에게 과도한 신체적 폭행이 수반된다. 연구에 따르면 약 40%의 강간범이 이러한 유형에 해당한다. 두 번째로 '권력형 강간(power rape)'은 피해자를 지배하고 통제하려는 욕구에서 비롯되며, 성적 만족보다는 힘의 과시와 행사에 초점이 맞춰진다. 이 유형의 강간범은 최소한의 물리적 힘만 사용하면서도 자신의 우월성을 입증하려는 성향이 강하며, 약 55%의 강간범이 이에 속한다. 마지막으로 '가학형 강간(sadistic rape)'은 가해자가 성적 만족과 공격성을 결합하여 피해자를 괴롭히거나 고문하며 즐기는 유형으로, 피해자에게 신체적 고통을 가하면서 동시에 성적 쾌감을 얻는다. 이 유형은 강간범의 약 5%를 차지한다.

이처럼 강간은 단순한 범죄 행위가 아니라 사회적, 경제적, 정치적 요인들이 복합적으로 작용하는 복잡한 현상으로 나타난다. 이러한 복잡성 때문에 강간 예방 정책을 마련하는 데 어려움이 있으며, 이를 해결하기 위해서는 다각적이고 종합적인 접근이 필요하다. 강간 문제는 개인의 일탈이 아닌 사회 구조와 문화적 관습, 경제적 불평등과 밀접하게 연결되어 있기 때문에, 단순한 형사적 접근만으로는 한계가 있다. 사회 전반의 인식 개선과 제도적 보완이 함께 이루어져야만 강간 예방이 효과적으로 이루어질 수 있다.

실제 강간과 단순 강간 논쟁

강간 피해자였던 수전 에스트리치는 1987년 저서 『실제 강간(Real Rape)』에서 미국 형사사법제도가 강간 피해자를 어떻게 희생시키는지 폭로했다. 오늘날에도 대부분의 강간 사건이 법원에서 처리되는 방식에는 큰 변화가 없으며, 판사들은 여전히 개인적인 견해에 따라 피해자의 주장을 판단하는 경우가 많다. 특히 강간 범죄를 피해자가 강한 저항과 명확한 거부 의사를 보인 '실제 강간(real rape)'과, 저항이 없거나 소극적인 대응에 그친 '단순 강간(simple rape)'으로 구분해 판단하고 있다. 에스트리치는 이러한 사법부의 관행을 강하게 비판하며, 강간 피해를 실제적인 경우와 단순한 경우로 나누어 다루려는 관행이 피해자들에게 2차 피해를 준다고 지적했다(Estrich, 1987).

'실제 강간'은 폭력, 무기, 공격 등이 수반된 강간으로, 법원에서 흔히 강간으로 인정되지만, '단순 강간'은 데이트 강간이나 부부 강간처럼 상대적으로 저항이 적었던 강간을 의미한다. 사법부는 이러한 단순 강간을 '진정한' 강간으로 간주하지 않는 경우가 많아, 피해자는 신체적 저항이 없었다는 이유로 오히려 의심받게 된다. 이러한 잘못된 시각은 피해자가 강간을 입증하기 위해 강력한 저항을 증명해야 하며, 그렇지 않으면 동의한 것으로 추정되어 가해자를 처벌하지 못하는 결과를 초래한다. 강간 신고 과정에서도 폭행의 정도, 피해자의 상해, 가해자와 피해자의 관계, 피해자의 사회적 지원망 등이 중요한 영향을 미친다(Frazier & Haney, 1996).

전문가들은 강간 사건의 약 60%가 보고되지 않은 암수범죄로 남아 있다고 주장한다(Berthelsen, 1999). 이는 피해자가 사회적 낙인, 사법적 불신, 2차 피해에 대한 두려움 때문에 신고를 꺼리는 현실을 반영한다. 그러나 최근 들어 강간 피해자들의 신고와 처벌에 대한 의지가 점차 증가하고 있다. 해바라기센터와 같은 피해 지원 기관의 확대, 여성 경찰관의 증가, 강간 사건에 대한 민감한 처리 교육의 강화, 성 감수성 향상을 위한 입법 증가 등이 이러한 변화에 기여하고 있다. 이러한 움직임은 강간 사건의 기소율을 높이고, 피해자 보호를 강화하는 중요한 역할을 하고 있다.

아동 성폭행에 대한 오해와 진실

우리나라에서 '아동' 또는 '어린이'는 주로 만 13세 이하의 사람을 가리킨다. 미국에서는 '어린이'를 사춘기에 도달하지 않은 사람으로 정의하며, 상황에 따라 12세 또는 14세까지로 해석되기도 한다. 소아성애자(pedophiles)나 아동 성추행자(child molesters)는 아동과 성적 접촉을 시도하거나 이를 실행한 사람을 의미한다.

2004년, 열한 살 소녀 칼리 브루시아(Carlie Brucia)가 납치되는 장면이 CCTV에 포착되었을 때 미국 전역은 큰 충격에 빠졌다. 그녀는 강간당한 뒤 살해되었다. 1994년 뉴저지에서는 일곱 살 소녀 메건 칸카(Megan Kanka)가 성범죄 전력이 있던 이웃 남성에게 납치, 강간, 살해당했다. 이 사건을 계기로 성범죄자가 지역사회에 석방될 때 그 사실을 주민들에게 통보하도록 하는 '메건법(Megan's Law)'이 미국 의회에서 통과되었다.

아동 성폭행범에 대한 몇 가지 잘못된 통념이 존재한다. 많은 사람들이 성폭행범이 대부분 낯선 사람일 것이라고 생각하며, 체포되면 반드시 처벌받을 것이라는 기대를 가지고 있다. 또한, 아이들이 성폭행으로 인한 심리적 상처를 성인보다 쉽게 극복할 것이라는 잘못된 믿음도 있다. 그러나 현실은 다르다. 아동 성폭행범의 약 85%는 피해 아동과 친족 관계에 있거나 아는 사람이며, 이들 중 많은 경우 신고조차 되지 않는다. 설사 체포되더라도 처벌이 관대할 때가 많다. 실제로 유죄 판결을 받은 중범죄 아동 성폭행범 중 겨우 10% 미만이 교도소에 수감되는 실정이다.

이러한 문제를 해결하기 위해 아동 성폭행범에 대한 더욱 엄격한 처벌이 필요하다는 목소리가 높아지고 있으며, 동시에 피해 예방을 위한 철저한 교육과 법적 제도의 개선이 요구되고 있다.

맥카기(McKagie)의 연구에 따르면, '가족 외 성추행범'은 전체 표본의 10%에 불과하지만, 이들이 대다수의 성추행 사건을 대표할 가능성이 크다고 분석되었다. 반면, '가족 내 성추행자'는 가족이라는 친밀한 관계 속에서 물리적인 강압 없이 범죄를 저지르기 때문에 신고되거나 처벌될 가능성이 상대적으로 낮다. 많은 경우 성적 아동 학대의 가해자는 가족 구성원일 확률이 높다는 연구 결과도 있다(Lanning, 2001).

또한, 전 세계적으로 증가하는 10대 임신율의 한 가지 간과된 측면은 그 중 상당수가 아동 성학대의 결과일 수 있다는 점이다. 앨런 구트마허 연구소(Alan Guttmacher Institute)의 한 연구에 따르면, 10대 엄마들의 66%가 20세 이상의 남성에 의해 임신한 것으로 나타났다. 1992년 워싱턴주의 연구에서는 10대 임산부의 62%가 임신하기 전 강간이나 성추행을 경험한 것으로 보고되었다.

부부강간죄는 인정되는가?

영미법 체계의 관습법에서는 강간을 남성이 여성(단, 자신의 아내는 제외)에게 동의 없이 강제로 성관계를 맺는 행위로 정의했다. 아내를 강간 피해자에서 제외한 것은 당시 시대적 배경에 따른 몇 가지 법적 개념에 근거했다. 예를 들어, 결혼 서약이 성적 접근에 대한 암묵적이고 영구적인 동의를 의미하며, 부부 간에는 서로에게 불리한 증언을 할 수 없다는 인식이 포함되어 있었다. 17세기에 작성된 후 1857년 미국에서 사법적으로 인정된 '헤일 독트린(The Hale Doctrine)'은 "남편은 합법적인 아내에게 강간죄로 유죄 판결을 받을 수 없다. 결혼 시 아내는 남편에게 성적 권리를 포기하는 계약을 맺은 것이기 때문이다."라고 명시했다(Whatley, 1993).

역사적으로 혼인 내 성관계는 배우자의 권리로 간주되었지만, 대부분의 국가는 20세기 후반부터 부부 강간을 범죄로 규정하기 시작했다. 1970년대 이전까지는 결혼 내 강간을 기소할 수 있는 법적 근거가 거의 존재하지 않았다. 미국과 영국의 법률은 20세기까지 '커버처(coverture)' 제도를 유지했는데, 이는 결혼 시 여성의 법적 권리가 남편에게 종속된다는 원칙이다. 이 원칙에 따르면, 결혼한 부부는 서로를 강간 혐의로 고소할 수 없었다. 메나헴 아미르는 1958년부터 1965년까지 필라델피아에서 발생한 강간 사건 중 절반 가까이가 피해자의 지인 또는 가까운 사람에 의해 발생했다는 점을 밝혀냈다(Amir, 1977).

최근 성범죄 피해 통계에서도 이와 유사한 경향이 나타난다. 강간 사건의 48%가 피해자가 아는 남성에 의해 발생하며(U.S. Department of Justice,

1993), 그 가해자가 남편일 경우 이를 '부부 강간(marital rape)'이라 부른다. 부부 강간은 배우자의 동의 없이 성관계를 강요하는 행위로, 신체적 폭력이 반드시 수반되지 않더라도 성적 동의의 부재가 핵심 요소가 된다. 부부 강간은 가정폭력과 성적 학대의 한 형태로 간주된다(Sigler & Haygood, 1988).

이러한 법적 변화는 결혼 내 성적 동의의 개념을 확립하고, 부부 간의 성폭력도 형사범죄로 인정하는 중요한 진전으로 평가된다. 미국 미시간주는 1975년에 기존의 강간법을 대체하는 '범죄적 성행위(criminal sexual conduct)'라는 새로운 법적 기준을 도입하면서 강간에 대한 새로운 시각을 제시했다. 이 법은 폭력적인 성행위를 사용된 힘의 양, 부상의 정도, 피해자의 나이와 정신 상태에 따라 네 가지 기준으로 구분했다. 또한, 동성 간 강간을 포함한 모든 강제적 성관계에 적용된다는 점에서 성별에 중립적인 특징을 지닌다.

1978년 미국 오리건주 법원은 'State v. Rideout' 판결을 통해 부부 강간에 대한 면책 특권, 즉 남편이 아내의 동의 없이 성관계를 강요할 수 있는 권리에 이의를 제기했다. 이후 미국의 일부 주에서는 '부부 강간 면제(marital rape exemption)'를 폐지하면서 2세기 동안 유지된 법적 전통이 수정되었다(Spohn & Horney, 1996).

그러나 메릴랜드주를 포함한 13개 주에서는 여전히 남편이 아내에 대한 강간죄로 기소되지 않을 수 있는 예외를 두고 있어, 결혼한 배우자에 대한 강간 혐의 적용은 제한적으로 이루어지고 있다. 과거 법률에서는 강간을 성범죄로만 분류했지만, 실질적으로 강간은 폭력 범죄이자 권력 남용에 따른 인권 침해로 간주된다. 수전 브라운밀러는 강간이 원래 재산범죄에서 비롯되었다고 주장했다. 역사적으로 남성들은 강간을 통해 여성을 통제하고, 여성들을 남성들 간의 '재산'으로 간주하여 다른 남성의 성적 침해로부터 보호하려는 목적에서 강간이 범죄로 규정되었다는 것이다(Brownmiller, 1975).

심화연구

부부 강간을 처음으로 인정한 'State v. Rideout' 판결

'State v. Rideout(1978)' 사건은 미국 오리건주에서 존 라이다웃(John Rideout)이 그의 아내 그레타 라이다웃(Greta Rideout)을 강간한 혐의로 기소된 획기적인 사례였다. 이 사건은 미국에서 남편이 동거 중인 아내를 성폭행한 첫 번째 사례로, 사회적 이목을 집중시켰다. 사건은 그레타가 남편이 합의 없이 성관계를 강요했다고 경찰에 신고하면서 시작되었다. 당시에는 부부 간의 강간이 범죄로 널리 인식되지 않았으며, 많은 지역에서 결혼한 여성이 결혼 계약에 따라 남편과의 성관계에 자동으로 동의한 것으로 간주하는 법적 교리인 '부부 강간 면책'이 지지를 받았다.

이 사건에서 검찰은 존이 그레타의 의사에 반하여 폭력과 위협을 사용해 성관계를 강요했으며, 이는 명백한 강간에 해당한다고 주장했다. 반면 변호인은 오리건주 법에 따르면 결혼한 부부 간의 강간은 인정되지 않으므로 혐의가 기각되어야 한다고 맞섰다. 그러나 법원은 변호인의 주장을 받아들이지 않았고, 부부 간의 강간도 기존 강간 법령에 따라 기소될 수 있음을 인정하며 사건 진행을 허용했다.

최종적으로 배심원단은 존에게 무죄를 선고했다. 이는 검찰이 합리적 의심 없이 폭력 사용을 입증하지 못했다고 판단했기 때문이었다. 하지만 무죄 판결에도 불구하고 'State v. Rideout' 사건은 부부 강간에 대한 사회적 인식을 환기시키고, 결혼 강간 면책이라는 오래된 개념에 도전하는 중요한 전환점이 되었다. 이 사건 이후 몇 년 동안 미국의 여러 주에서는 부부 강간을 범죄로 인정하기 위해 관련 법률을 개정하거나 폐지하면서, 법적 및 사회적 태도에도 큰 변화가 나타났다.

이러한 시각에 따르면, 강간은 여성이 성관계 여부, 시기, 대상에 대해 스스로 결정할 권리를 침해하는 심각한 범죄이다. 그럼에도 불구하고 많은 국가에서는 여전히 부부 강간을 사적인 문제로 인식하며, 법 집행 당국의 개입을 꺼리고 있다. 이와 같은 인식 부족과 결혼 내 성적 동의 문제로 인해, 부부 강간은 많은 나라에서 최소한의 처벌만 받으며 다뤄지고 있는 현실이다.

성매매의 역사적 기원

성매매(Hustling)는 금전적 대가를 기반으로 이루어지는 성행위를 의미하며, 대부분의 경우 정서적 교류는 배제된다. 이러한 관계는 법적 · 도덕적 논란의 중심에 서 있으며, 사회적으로도 양면적인 시각을 낳고 있다. 일부 사회에서는 성매매를 '필요악'으로 간주하며, 특정 지역(예: 홍등가)에서는 체계적으로 관리되기도 한다. 그러나 성매매에 종사하는 여성들의 상당수는 낮은 사회적 지위에 머물러 있으며, 법적 보호의 부재로 인해 다양한 위험에 노출되어 있다.

성매매는 '세계에서 가장 오래된 직업'으로 불리며, 고대와 현대를 막론하고 널리 퍼져 있었다. 그러나 성매매 여성의 사회적 지위는 시대와 문화에 따라 크게 달라졌으며, 이는 사회의 성 윤리, 법적 구조, 경제적 상황에 의해 크게 영향을 받았다. 역사적으로 일부 문화에서는 성매매 여성이 높은 사회적 지위를 누리기도 했지만, 대부분의 경우 낮은 사회적 지위에 머물렀고 사회적 차별과 법적제재의 대상이 되었다.

고대 그리스에서는 '헤타이라(Hetaerae)'라 불리는 고급 창녀들이 존재했다. 이들은 단순한 성적 대상이 아닌 지식인들과의 대화 파트너이자 예술의 후원자로서 문화적 활동에 중요한 역할을 담당했다. 헤타이라들은 일반 창녀들과 달리 상당한 교육을 받았고, 사회적으로도 인정받았다. 고대 인도에서는 '데바다시(Devadasis)' 제도하에서 일부 여성들이 어린 나이에 신에게 바쳐졌으며, 종교적 의식의 일환으로 성행위를 수행했다. 이들은 종교적 행사에서 중요한 역할을 맡았으며, 특정한 사회적 지위를 가지고 있었다(Davis, 1961).

중세 유럽에서는 많은 성매매 여성이 교회와 국가의 간접적인 통제 아래

놓여 있었다. 개신교 종교개혁 이전에는 성매매가 광범위하게 퍼져 있었으며, 필요악으로 받아들여졌다. 일부 지역에서는 공식적으로 운영되는 매음굴이 존재했고, 이러한 시설들은 종종 교회의 세금을 통해 운영되었다. 그러나 매독의 급속한 확산과 도덕성을 강조하는 개신교 윤리관이 확립되면서 성매매 억제가 주요 과제로 떠올랐다. 르네상스 시기 이탈리아의 일부 도시에서는 성매매 여성들이 외교적 역할을 맡기도 했으며, 베네치아와 같은 곳에서는 고급 창녀들이 중요한 사회적 기능을 담당하기도 했다.

19세기 유럽과 미국에서 산업화와 도시화가 진행되면서 성매매는 더욱 가시화되고 상업화되었다. 대다수의 성매매 여성들은 빈민층 출신으로, 낮은 사회적 지위에 머물렀으며 사회적 낙인과 차별을 겪었다. 현대에 이르러 성매매에 대한 인식은 더욱 복잡해졌다. 많은 국가에서 성매매의 비범죄화 또는 합법화를 추진하고 있으며, 성매매 여성의 권리 보호와 건강 증진에 대한 관심이 높아지고 있다. 그러나 여전히 많은 사회에서 성매매 여성들은 낮은 사회적 지위에 머물러 있으며, 차별과 폭력의 위험에 직면해 있다.

성도착증의 유형

성도착증(paraphilia)은 전통적인 성적 관심에서 벗어나 비정상적이거나 극단적인 성적 욕구나 행동을 포함하는 정신 건강 문제를 의미한다. 이러한 행동 중 일부는 성인이 타인에게 해를 끼치지 않고 개인적으로 행할 때 법적 처벌의 대상이 되지 않기도 한다(Hickey, 2006).

질식도착증(Asphyxiophilia) 또는 자기색정사(Autoerotic Asphyxia)는 자신을 질식시키는 행위를 통해 성적 만족을 얻는 행동을 의미한다. 이러한 행위는 매우 위험하며, 종종 실수로 사망에 이르기도 한다. 실제로 많은 사망 사례가 이 유형의 성도착증으로 인해 발생하고 있으며, 대부분 의도하지 않은 사고로 발생한다. 개인이 자신에게만 행하는 이 도착증은 법적 처벌의 대상이 아니지만, 사고로 인해 사망할 경우 사회적 및 법적 조사가 진행될 수 있다.

노출증(Exhibitionism)은 주로 남성들에 의해 방심한 피해자에게 충격을 주기 위해 성기를 포함한 성적 부위를 의도적으로 노출하는 행동을 말한다. 한국에서는 공연히 성기를 노출하는 행위는 남녀 모두에게 법적으로 처벌 대상이 되지만, 대부분의 노출자는 남성으로 나타난다(Forgac & Michaels, 1982). 일반적으로 '바바리맨'으로 묘사되는 이들은 성적 동기로 인해 이러한 행동을 반복하며, 이는 단순한 장난이 아닌 성적 흥분과 만족을 목적으로 한다. 반면, 젊은이들이 장난으로 참여하는 'mooning(엉덩이를 노출하며 달리기)'이나 'streaking(벌거벗은 채 달리기)' 같은 행동은 성적 동기가 거의 없다는 차이가 있다. 노출증 환자들은 대체로 성적 발달이 미숙하며, 피해자가 관심을 보이거나 더 많은 접촉을 원할 경우 오히려 두려움을 느끼는 경우가 많다(Gebhard et al., 1965).

관음증(Voyeurism)은 다른 사람의 사생활, 특히 옷을 입지 않은 모습을 몰래 보며 성적 만족을 얻는 행동을 말한다. 일부 관음증 환자는 성인 유흥 시설에서 합법적으로 이러한 욕구를 충족시키기도 하지만, 불법적인 관음증 행위는 개인의 사적 공간을 무단으로 엿보는 것으로, 이는 명백한 범죄 행위에 해당한다. 관음증 환자는 흔히 '엿보는 톰(peeping Tom)'으로 불리며, 이 명칭은 전설의 고디바 부인을 엿본 남자 이야기에서 유래했다. 대부분의 관음증 환자는 단순히 엿보는 것 자체에 성적 만족을 느낄 뿐, 성적 공격으로 이어지지 않는 것으로 보고된다. 이들은 이성과의 접촉을 두려워한다는 점에서 외설적인 전화를 거는 사람들과 비슷한 특성을 보인다.

마찰성욕도착증(Frotteurism)은 공공장소에서 타인의 신체에 자신의 몸을 비비거나 접촉하여 성적 만족을 얻는 행위를 말한다. 대중교통이나 붐비는 장소에서 발생하는 이러한 행위는 성폭력 범죄로 간주되며, 법적으로 엄격하게 처벌된다.

가피학성 변태성욕(Sadomasochism)은 가학성(Sadism)과 피가학성(Masochism)으로 나뉘는데, 가학성은 타인에게 고통을 주며 성적 만족을 얻는 것을 의미하고, 피가학성은 고통을 받으며 성적 만족을 얻는 것을 말한다. BDSM(Bondage, Discipline, Sadism, Masochism) 커뮤니티에서는 상호 동의하에 이러한 행위가 이루어지며, 법적으로 처벌되지 않는다. 그러나 실제 신체적, 정신적 피해가 발생할 경우 법적 처벌이 뒤따를 수 있다.

페티시즘(Fetishism)은 특정 무생물이나 의복에 대해 성적 자극을 느끼는 성도착증을 의미한다. 어느 정도의 페티시즘은 정상적인 것으로 여겨지지만, 개인이 특정 물건에 집착하거나 절도를 통해 습득하려는 행동은 비정상적이다. 페티시즘적 성향을 가진 사람들은 물건 자체에 강한 에로틱한 감정을 느끼며, 이를 성적 대상으로 숭배하기도 한다.

성범죄자에 대한 연구는 주로 공식 통계에 의존하지만, 많은 사례가 공식적으로 보고되지 않기 때문에 신뢰할 수 있는 연구가 부족한 실정이다(Hickey, 2006). 일부 국가와 미국의 몇몇 주에서는 성인 간의 동의하에 이루어지는 특정 성적 행위를 여전히 법적으로 금지하고 있지만, 동성애, 동거, 간통 등은 비교적 관대한 처벌을 받는다. 반면, 외설과 음란물에 대한 규제는 여전히 사회적 논란의 대상이 되고 있다.

이처럼 성도착증은 다양한 형태로 나타나며, 일부는 법적으로 처벌받을 수 있는 범죄로 간주된다. 각국의 법체계는 개인의 자유와 타인의 권리 보호 사이에서 균형을 맞추기 위해 점차 발전해 나가고 있다.

포르노그라피

포르노그라피(Pornography)라는 용어는 그리스어 '포르노그래포스(pornographos)'에서 유래했다. 여기서 '포르노(porno-)'는 '창녀'를 의미하는 '포르노이(pornoi)'에서, '그래포스(graphos)'는 '쓰다'라는 뜻에서 비롯되었다. 본래 이 단어는 창녀와 관련된 내용을 기록하거나 그린 사람을 의미했으나, 시간이 흐르면서 음란한 내용을 묘사하는 일반적인 용어로 자리 잡았다.

'음란물(obscene)'이라는 용어는 라틴어에서 유래했으며, 두 가지 해석이 가능하다. 첫 번째 해석은 'ob(반대 또는 전면)'와 'caenum(오물)'이 결합되어 만들어졌다는 주장으로, 즉 음란물은 '앞면의 오물' 또는 '더럽혀진 것'을 의미한다는 것이다. 두 번째 해석은 'obscena'에서 비롯되었다는 주장으로, 이는 로마 연극에서 무대 밖에서 벌어지는 역겨운 행위를 가리킨다. 당시 로마 극장에서는 부적절하거나 불쾌한 장면을 무대 밖에서 처리했기 때문에 이 표현이 사용되었다(Donnerstein, 1986).

'포르노그라피'와 '음란물'이라는 용어는 시대의 변화에 따라 법적 정의와 해석도 진화했다. 초기에는 두 용어가 혼용되었고, '오물'이라는 의미보다는 '성적 각성'을 중심으로 해석되는 경우가 많았다. 이는 대부분의 법령과 판결에서도 일관되게 나타났다. 법적 맥락에서 포르노그라피는 단순한 부도덕함을 넘어서 성적 자유와 표현의 영역으로 인식되기 시작했다(Easton, 1994).

현대 미국 형법에서는 포르노그라피를 '외설스러운 출판물'로 정의하며, '매우 호색적이고 관습적 한계를 상당히 넘는 것'으로 규정한다. 이러한 모호한 정의는 대법원 판결에서 중요한 역할을 했으며, 포르노그라피에 대한 법적 접근 방식을 더욱 유연하고 복잡하게 만들었다. 1970년 '외설 및 포르노 위원회(The Commission on Obscenity and Pornography)'는 포르노그라피를 명확히 정의하지 못한 채 '노골적인 성적 자료'라는 용어를 사용했다(U.S. Department of Justice, 1986).

이러한 정의의 불명확성은 포르노그라피를 명확히 구분하려는 시도가 실패했음을 보여 준다.

심 화 연 구

밀러 대 캘리포니아 사건(Miller v. California, 1973) 판결

캘리포니아에서 Covina에 기반을 둔 출판사 Marvin Miller는 이 사건에서 1968년 4권의 책(Intercourse, Man-Woman, Sex Orgies Illustrated, An Illustrated History of Pornography)과 Marital Intercourse라는 제목의 영화 광고를 보낸 혐의로 기소되었다. 배심원단은 외설물의 배포를 금지하는 캘리포니아 법에 따라 Miller에게 유죄 판결을 내렸고 캘리포니아 항소 법원에서 그의 유죄 판결을 확인했다. Miller는 문제의 광고가 음란하지 않다고 주장하며 미국 대법원에 항소했다. 대법원은 음란물에 대한 정의를 "사회적으로 구속할 가치가 전혀 없는 것"에서 "심각한 문학적, 예술적, 정치적 또는 과학적 가치가 있는 것"으로 새롭게 규정하여 외설물 배포 혐의로 출판사에 유죄 판결을 내렸다. 이 사건을 통해 음란물을 정의하는 3가지 기준이 정립되었다.

반면, 1979년 영국 의회 위원회는 포르노그라피를 성적 자극과 명시적인 성적 내용의 결합으로 정의하며 법적·문화적 통용성을 높였다(Home Office, 1979).

하지만 이러한 정의는 포르노그라피가 내포하는 위험성에 대해서는 설명하지 않는다. 음란물이 해로운 방식으로 유통될 때만 법적 개입이 이루어지며, 역사적으로 이는 공중도덕, 특히 어린이의 도덕성에 부정적인 영향을 미친다고 여겨졌다. 19세기에는 공중도덕의 보호가 중요한 사회적 이슈

였으나, 최근에는 포르노그라피가 여성, 어린이, 남성에게 실질적이고 폭력적인 피해를 초래하는지에 대한 논의로 초점이 이동했다.

포르노그라피와 범죄의 관련성을 탐구한 연구들은 수십 년간 이어져 왔으며, 그 결과는 복잡하다. 포르노그라피는 신체적 성적 접촉이 없이 노골적인 성적 내용을 묘사하는 것이 특징이다. 그러나 많은 국가에서는 음란물(Obscene, lewd, lascivious)의 제작, 판매, 배포, 전시를 형사범죄로 규정하고 있으며, 미국의 경우 연방 법률에 따라 주 간 거래에서 불법적인 포르노 자료의 운송을 금지하고 있다. 또한 SNS, 인터넷, 우편, 라디오, TV 등을 통한 유포 역시 불법으로 규정하고 있다(Mueller, 1961).

1970년 '국가 외설 및 음란물 위원회(The National Commission on Obscenity and Pornography)'와 1986년 '검찰총장의 포르노물 위원회(The Attorney General's Commission on Pornography)'는 포르노와 폭력 및 범죄의 연관성을 밝히기 위해 80개 이상의 연구에 자금을 지원했다. 이 연구들은 포르노그라피가 청소년이나 성인의 비행 또는 범죄 행위의 주요 원인이라는 명확한 증거를 발견하지 못했고, 결국 포르노가 성범죄의 원인이 된다고 단정할 수 없다는 결론을 내렸다.

하지만 최근 연구들은 포르노그라피가 특히 청소년기에 부정적인 영향을 미칠 수 있다는 결과를 보여 주고 있다. 2020년 연구에 따르면, 포르노 콘텐츠 중독을 경험한 청소년들은 성적 자극에 대한 인식 변화와 정서적 불안정을 겪었다. 이는 성적 내용에 대한 강박적 사고, 수면 장애, 사회적 관계 형성의 어려움으로 나타났다(Setyawati et al., 2020).

또한, 청소년의 음란물 소비는 범죄 행위, 약물 남용, 우울증, 불안정한 애착 형성과 연관이 있으며, 특히 성도착증의 발병에 기여할 수 있다는 연구 결과가 있다(Ybarra & Mitchell, 2007). 연구자들은 음란물 소비가 미발달된 성도착증을 촉발하거나 악화시킬 수 있으며, 음란물에 일찍 노출될수록 성도착증 발병 위험이 커진다고 지적했다(Villalobos & Díaz, 2017).

특히, 음란물 소비와 관련된 성도착증으로는 관음증과 노출증이 대표적이다. 음란물 소비는 이러한 환상과 행동을 강화할 수 있으며, 온라인 플랫폼을 통한 노출증적 행동으로 이어지기도 한다(Sánchez Zaldívar & Iruarrizaga Díez, 2009).

비록 음란물 소비와 성도착증 발병 간의 직접적인 관계를 확립하기는 어렵지만, '하드코어' 음란물이나 폭력적인 콘텐츠가 성적 가학증이나 소아성애와 같은 성도착증 발병을 촉진할 수 있다는 연구 결과가 존재한다. 또한, 성도착증과 관련된 성폭행, 남색 행위, 섹스팅, 온라인 그루밍 등의 범죄 행위로 이어질 가능성도 높다(Gassó & Bruch-Granados, 2021).

결론적으로, 청소년의 음란물 소비는 정서적, 성적 발달에 큰 영향을 미치며 성도착증 발병과 성폭력 위험을 증가시킬 수 있다. 따라서 청소년의 건강한 발달을 위해 포르노 콘텐츠에 대한 노출을 최소화하는 것이 필요하다.

9

마약, 그 달콤한 유혹의 댓가

마약 남용의 역사

생리적 · 심리적 기능을 변화시키는 화학물질의 사용은 인류의 역사만큼 오래된 것으로, 그 기원은 구석기 시대로 거슬러 올라간다(Merlin, 1984). 기원전 3500년경 이집트 유물에는 종교 의식에서 아편을 사용한 기록이 남아 있으며, 기원전 1600년의 이집트 문헌에도 아편의 존재가 확인된다. 히포크라테스(Hippocrates)와 갈레노스(Claudius Galenos) 같은 초기 의사들 또한 아편을 진통제로 사용했을 것으로 추정된다(McCoy, 1972).

남아메리카의 잉카인들은 최소 5000년 전부터 코카인을 사용한 것으로 알려져 있으며, 대마초(마리화나와 해시시의 원료 식물) 역시 약 5000년의 역사를 가지고 있다(Abadinsky, 1989). 고대 사회에서 사람들은 종교적, 의학적, 사회적 목적으로 다양한 마약을 재배하고 활용해 왔다. 모르핀과 헤로인의 원료가 되는 아편은 8세기 또는 9세기경 튀르키예의 무역업자들에 의해 세계 여러 지역에 처음 전파되었으며(Block & Chambliss, 1981), 16세기 초 유럽 무역업자들에 의해 중요한 교역품으로 자리 잡았다.

당시 아편은 유럽 정부가 통제하던 아편굴에서 판매되었고, 이는 식민지 수익의 큰 부분을 차지했다. 특히 중국을 비롯한 아시아의 여러 도시에 아편굴이 세워졌으며, 이에 대한 반발로 청나라는 1840년과 1856년에 대영제국과 두 차례에 걸쳐 아편 전쟁을 치렀다. 이 전쟁의 패배는 중국의 중화

사상을 크게 흔드는 계기가 되었다.

미국의 현대적인 약물 남용 문제는 19세기 의학계에서 마약류를 본격적으로 사용하면서 시작되었다. 당시 의사들은 아편 양귀비에서 추출한 성분의 중독성에 대한 이해가 부족했고, 모르핀(morphine)과 코데인(codeine)을 통증 완화 목적으로 광범위하게 사용했다. 이들 약물은 다양한 특허 의약품에 포함되었으며, 심지어 아기용 진정 시럽에도 사용할 정도로 인기가 높았다. 1805년 아편에서 모르핀이 추출된 이후, 광범위한 의학적 사용은 심각한 중독 문제를 일으켰다. 미국 남북전쟁 당시 전투 사상자의 고통을 덜기 위해 주사형 모르핀이 널리 사용되면서 '군인병(soldier's disease)'이라 불리는 모르핀 중독 문제가 확산되었다(Lyman, 1987).

모르핀의 강한 중독성이 사회적 문제로 인식되었을 때는 이미 그 사용이 전염병 수준에 도달한 이후였다. 한편, 코카인은 1858년 코카 식물에서 분리된 이후 처음에는 모르핀 중독 치료제로 사용되거나 부비강 수술에 쓰였으나, 곧 다양한 상업적 제품에 포함되었다. 예를 들어, 1달러짜리 페루산 코카 와인, 강장제, 그리고 1903년까지 코카인이 함유되었던 코카콜라가 대표적이다(Abadinsky, 1989).

아편 및 코카인 제품의 확산에 따라 미국 각 주에서는 이러한 물질의 판매를 제한하는 법률을 제정하기 시작했다. 1906년 제정된 '순수식품 및 의약품법'은 처음으로 약물의 규제를 도입했다(Inciardi & McElrath, 2001). 1898년 독일의 바이엘(Bayer)사는 모르핀과 코데인보다 훨씬 중독성이 강한 헤로인(heroin)을 개발했다. 당시 헤로인은 중독되지 않는 기적의 약물로 여겨졌으나, 실제로는 더욱 심각한 남용 문제를 야기했다. 규제 없는 마약 유통은 대규모의 남용을 불러왔고, 1924년까지 미국 내 마약 중독자는 약 20만 명에 달했다(McCoy, 1972).

19세기 후반부터 심화된 마약 남용 문제는 국가 차원의 대응을 요구했고, 각국은 점차 엄격한 규제 법안을 도입하기 시작했다. 마약 밀매의 증가는 국제적 우려를 불러일으켰고, 이는 1912년 헤이그 협약(The Hague Convention)으로 이어졌다. 이 협약은 각국이 마약 유통을 단속할 것을 요구했다. 미국은 1914년 「해리슨법(The Harrison Act)」을 제정하여 마약과 코카인의 사용을 통제하기 위해 의사의 처방전을 의무화했다. 이 법은 모든 합법적인 마약 취급자에게 등록을 요구했으며, 중독자 치료를 방해하려는 의도는 아니었으나, 의사들이 정당한 의학적 이유로만 처방할 수 있다는 애매한 조항으로 인해 많은 의사가 단속되었다. 1920년대 중반까지 약 25,000명의 의사가 체포되었고, 그중 3,000명이 징역형을 선고받았다(Goode, 1984).

아편성분이 포함된 어린이 통증완화 시럽 광고(1856) (Mother Bailey's Quieting Syrup)

코카인 성분이 포함되어 치료 효과가 있다는 와인광고 (1868)(Peruvian Wine of Coca)

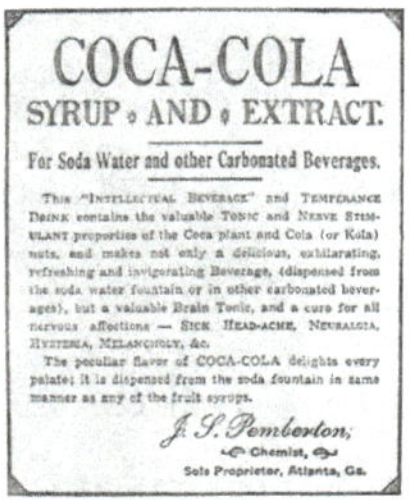

코카인 성분이 함유된 초창기 콜라 광고(1886)

그림 9-1 마약 성분이 포함된 초창기 일상 제품들

이러한 규제 노력은 마약 중독자 수를 줄이는 데 일부 성과를 거두었으나, 동시에 예상치 못한 부작용도 초래했다. 마약의 수입과 유통을 제한하면서 암시장과 밀수 조직이 활성화되었기 때문이다. 1930년대에는 마리화나 남용이 사회적 문제로 부상했다. 당시 마리화나는 범죄자, 재즈 음악가, 보헤미안, 그리고 미국 남서부의 멕시코 이주민 등 사회적 비주류 집단과 연관되었기에 대중의 반감이 컸다. 결국 1937년 미국 의회는 「마리화나 세금법(The Marijuana Tax Act)」을 통해 마리화나에 온스당 100달러의 세금을 부과하며 규제에 나섰다. 이후 1951년 「보그스법(The Boggs Act)」은 마리화나를 포함한 마약류의 소지 및 밀매에 대한 처벌을 더욱 강화했다.

이와 같은 강력한 규제에도 불구하고 마리화나의 인기는 사그라들지 않았다. 더불어 접착제, 신경안정제, LSD 등 중독성 물질의 확산으로 사회는 약물 남용의 위험성을 더욱 경계하게 되었다. 1970년 미국 의회는 이전의 「해리슨법」을 보완하고 마리화나를 포함한 모든 주요 약물을 통제하기 위해 「포괄적 마약 남용 방지 및 통제법(The Comprehensive Drug Abuse Prevention and Control Act)」을 제정했다. 이 법은 마리화나를 가장 심각한 통제 물질의 범주에 포함시켰다(Lyman, 2013).

이러한 규제와 노력에도 불구하고 마약 문제는 완전히 해결되지 않았으며, 오히려 암시장과 밀매 조직의 확대로 더욱 복잡해졌다. 마약 남용 문제는 여전히 사회적, 경제적, 국제적 도전으로 남아 있다.

마약 중독의 원인과 영향

약물 남용을 장애의 일종으로 볼 것인지에 대해서는 여전히 논란이 존재한다. 전문가들은 약물 중독자들이 강한 의존성, 무력감, 즉각적인 만족 욕구, 통제력 결핍 등의 특징을 보인다고 설명한다(Maher, Dunlap, Johnson & Hamid, 1996). 약물 남용의 원인을 이해하기 위해 신체의 특정 화학 물질 부족이 기분 변화에 미치는 영향에 대한 연구가 진행된 바 있다. 그러나 근본적인 원인은 환경적 요인에서 비롯된다고 보는 것이 일반적이다. 예를 들어, 젊은이들이 나이 많은 마약 사용자들의 행동을 모방하면서 마약 남용이 사회적으로 보편적이라는 인식을 형성하기 때문이다. 일부 사람들은 약물 중독이 빈곤 지역의 열악한 현실에서 벗어날 수 있는 유일한 탈출구라고 여기기도 한다(Chaiken, 1993).

하지만 상류층의 약물 남용은 어떻게 설명할 수 있을까? 상류층과 하류층의 약물 남용 패턴은 여러 요인에 의해 차이가 나타난다. 사회적 계층에 따라 약물 남용의 동기, 접근 방식, 사회적 반응 등이 상이하기 때문이다. 상류층의 경우 약물은 주로 높은 사회적 및 직업적 스트레스를 해소하기 위한 수단으로 사용된다. 변호사, 금융 전문가, 고위 경영자와 같이 스트레스가 많은 직종에 종사하는 이들이 업무 부담을 완화하기 위해 약물을 사용하는 경우가 많다. 또한 상류층의 파티나 사교 모임에서는 코카인이나 엑스터시 같은 약물이 자주 사용되며, 이는 사회적 유대감을 강화하고 일시적인 쾌락을 추구하는 수단으로 여겨진다. 반면 하류층의 약물 남용은 경제적 어려움, 빈곤, 폭력 등 현실의 고통에서 벗어나기 위한 수단으로 나타난다. 마약은 일시적으로 고통을 잊게 해주는 도피처 역할을 하며, 빈곤한 환경과 또래 집단의 영향으로 쉽게 접근할 수 있다. 범죄 조직이나 길거리에서 약물을 손쉽게 구할 수 있는 환경도 중요한 요인으로 작용한다.

약물 남용의 원인이 다양한 만큼, 중독자의 생활 방식 역시 특정 약물 사용과 밀접하게 연관된다. 예를 들어, 1960년대와 1970년대 초반 미국의 도심 지역에서는 헤로인이 젊은 흑인과 히스패닉 남성들 사이에서 널리 퍼졌다. 이들은 안전한 장소에서 주사를 맞고, 약물 투여 후 찾아오는 일시적 행복감을 기다리며 살아갔다. 이러한 생활 방식은 건강 악화, 범죄 연루, 체포, 투옥, 약물 치료 프로그램 체류 등 다양한 사회적 문제를 일으켰다 (Musto, 1987).

오늘날에는 에이즈 확산의 주요 원인 중 하나로 헤로인 중독자들의 주사기 공유가 지목된다. 1960년대 미국에서는 마리화나가 반체제 인사로 자처한 백인 중산층 젊은이들 사이에서 인기를 끌었다. 그들의 생활 방식은 도심의 헤로인 중독자들과는 확연히 달랐다. 샌프란시스코의 히피 문화는 전국 대학 캠퍼스로 확산되었고, 젊은 마리화나 사용자들은 현재를 즐기며 기존 사회 규범에 도전했다(Goode, 1972). 이 시기의 마리화나, LSD, 암페타민, 바르비투레이트 등은 반항적 문화를 상징하는 약물로 자리 잡았다. 1960년대와 1970년대에 마리화나가 널리 퍼지면서 오락용 마약 사용에 대한 사회적 태도 역시 점차 느슨해졌다(Victor, Grossman & Eisenman, 1973).

심 화 연 구

히피(hippie) 문화

히피 문화는 1960년대 미국 샌프란시스코와 LA 등지의 청년층에서 시작된 사회 운동으로, 기존 사회의 통념, 제도, 가치관을 거부하고 인간성의 회복과 자연으로의 귀의를 주장하며 탈사회적인 생활 방식을 추구했다. 어원에 대해서는 여러 설이 있는데, 'happy(행복한)', 'hipped(화가 단단히 난)', 'hip(재즈 용어로 가락을 맞추다)' 등에서 유래했다는 주장이 있다.

1960년대와 70년대의 미국 사회를 돌아보면, 베트남 전쟁의 발발, 존 F. 케네디와 맬컴 엑스, 마틴 루터 킹의 암살, 로스앤젤레스 흑인 폭동 등 사회를 뒤흔든 사건들이 연이어 발생했다. 이러한 사건들은 미국 사회 전반에 깊은 분노와 절망감을 불러일으켰고, 청년층은 기존 체제와 사회 질서에 대한 강한 회의를 품게 되었다. 이들은 평화를 사랑하고 자연으로의 회귀를 외쳤으며, 도덕과 이성보다는 자유로운 감성과 즐거움을 중시했다.

히피 문화는 '좌파 운동'과 '미국 시민권 운동'과 더불어 1960년대 미국의 대표적인 반문화 운동으로 자리 잡았다. 본격적으로 확산된 것은 1967년경으로, 미국 전역에서 히피들의 존재가 두드러지게 나타났다. 이들은 긴 머리에 맨발이나 샌들을 신고 다니며, 형형색색의 천으로 만든 옷을 입었다. 또한 마리화나, LSD 등 환각성 약물을 사용하며 자신들의 신념과 사상을 표현했다.

특히, 비틀즈는 그들의 음악을 통해 히피 운동의 확산에 큰 역할을 했다. 1969년에 열린 우드스탁 페스티벌은 1960년대 청년 문화의 상징적인 사건으로 평가받으며, 히피 문화의 정점을 보여준 대표적인 사례로 남아 있다

1980년대에는 코카인이 유명 인사와 운동선수들의 생활 방식을 모방한 상류층 사이에서 유행했다. 전형적인 코카인 사용자는 20대와 30대의 부유하고 교육받은 전문가들이었다. 변호사, 건축가, 언론 편집자, 펀드매니저와 같은 고소득 직업군에서 이들은 코카인과 같은 불법 유흥에 상당한 금액을 소비했다. 그러나 1980년대 말에 이르러 코카인의 인기는 시들기 시작했고, 도심 지역에서는 보다 반응이 빠르고 강력한 크랙(crack)이 급속도로 확산되었다. 크랙은 저렴하지만 중독성이 강해 많은 금전적 부담을 동반했고, 코카인의 가격 상승으로 인해 중독자들은 대체재를 찾기 시작했다. 1989년에는 크랙과 헤로인의 혼합물인 크랭크(crank)가 등장했고, 이후 아이스, 크리스털, 초크, 스피드 등 다양한 이름으로 메스암페타민이 유통되었다(Marriott, 1989).

21세기의 주요 관심사는 필로폰(메스암페타민)이다. 필로폰은 코카인보다 강력하고 중독성이 높으며, 효과가 오래 지속된다는 특징이 있다. 이는 사회경제적 배경을 초월해 미국의 시골 지역 백인 노동자 가정뿐만 아니라 한

국을 비롯한 여러 나라에서도 널리 사용되고 있다. 약물 남용 문제는 시대적 변화와 사회적 배경에 따라 다양한 형태로 나타나며, 그 원인 또한 복잡하고 다차원적이다. 이러한 문제를 해결하기 위해서는 환경적, 심리적, 사회적 접근이 모두 필요하다.

마약 중독과 범죄

약물 중독은 아편, 모르핀, 헤로인 등 아편제를 포함한 다양한 약물에 의존하게 되는 상태를 설명하는 개념이다. 중독은 일반적으로 내성(tolerance)을 수반하는데, 이는 약물의 효과를 유지하기 위해 신체가 점점 더 많은 양의 물질을 필요로 하게 되는 생리적 의존성을 의미한다. 일단 이러한 의존성이 생기면, 약물 사용을 중단할 경우 금단(abstinence) 증상이 나타나며, 중독자는 심각한 고통과 불편을 겪게 된다. 중독자는 이러한 금단 증상을 피하기 위해 약물을 지속적으로 사용하며, 이는 심리적 의존 증상으로 이어진다.

베트남 참전 용사를 대상으로 한 연구에서는 전쟁 중 약 30% 이상의 군인들이 아편제를 사용했고, 그중 20%는 중독 상태였으나 귀국 후에도 마약을 계속 사용하는 사람은 1%에 불과했다는 결과가 나타났다(Robins, 1974). 이는 중독이 반드시 영구적인 상태가 아니며, 환경적 요인에 따라 크게 달라질 수 있음을 보여 준다.

범죄학자들은 헤로인과 코카인 중독이 범죄와 어떤 연관성을 가지는지에 대해 오랫동안 연구해 왔다. 공식 통계에 따르면 마약 남용과 전통적 범죄 사이에는 밀접한 관련이 있는 것으로 나타나지만, 그 구체적 메커니즘은 여전히 명확하게 규명되지 않았다. 예를 들어, 청소년 중독자들은 마약 중독 이전에는 범죄에 가담하지 않았으나, 중독 후 약물 습관을 유지하기 위한 자금을 마련하기 위해 범죄를 저지르는 경우가 많다. 이는 약물 남용이 범죄로 이어지는지, 아니면 범죄가 약물 남용보다 앞서는지에 대한 논쟁을 불러일으킨다. 또 다른 시각으로는 약물 남용과 범죄가 동일한 근본적 요인에서 비롯될 수 있다는 주장도 존재한다(Biron, Brochu & Desjardins, 1995).

이 주제에 대한 논쟁은 현재까지도 계속되고 있으며, 명확한 답이 제시되지 않은 질문들이 여전히 남아 있다. 그러나 약물 남용이 증가하면 범죄의 빈도와 심각성도 함께 증가하는 경향이 있다는 점은 분명하다. 약물 남용이 직접적으로 범죄를 유발하지 않더라도, 범죄의 양과 질에 영향을 미치는 것은 사실이다(Inciardi & Pottieger, 1991).

1970년대 후반까지 미국의 마약 범죄 수사관들은 마약 남용자들이 주로 절도와 같은 재산 범죄로 체포된다고 보고했다. 폴 골드스타인(Paul J. Goldstein)은 마약 중독과 관련된 많은 범죄가 중독자들이 안정적으로 약물을 구입하기 위해 불법적인 공급원에 높은 비용을 지불해야 하기 때문에 발생한다고 설명했다. 예를 들어, 헤로인 중독자는 습관을 유지하기 위해 매년 수천만 원의 비용이 필요하며, 높은 수입이 없거나 약물에 쉽게 접근할 수 없는 경우 절도나 강도와 같은 범죄를 저지르게 된다. 이러한 이유로 마약 중독자들은 종종 마약 거래에 직접 참여하기도 한다(Inciardi, 1981).

브라이언 존슨 등의 연구에 따르면, 뉴욕시의 대부분의 헤로인 사용자들은 여러 종류의 약물을 복합적으로 남용하고 있으며, 절도나 강도 같은 범죄에 연루되거나 마약 판매자가 되어 중독을 유지하는 것으로 나타났다(Johnson et al., 1983). 중독자는 이전에 범죄에 연루된 경험이 있을 경우, 중독이 기존의 범죄 생활 방식을 더욱 강화시키는 경향이 있다. 반면, 중독 이전에 범죄와 관련이 없던 사람도 중독이 진행되면서 범죄 행동이 급격히 증가할 수 있다(Nurco, Hanlon & Kinlock, 1988).

최근 연구에 따르면, 마약과 관련된 폭력 사건의 빈도가 증가하고 있으며, 이는 주로 1980년대에 등장한 크랙(crack)과 관련이 깊다. 그 이후로 마약과 관련된 폭력적 분쟁은 주로 마약 밀매 조직 간의 금전적 이권 다툼과 권력 싸움에서 비롯된다. 이러한 분쟁은 폭행과 살인으로 이어지며, 마약 대금 강탈, 정보원 살해, 동료 간의 보복 등 다양한 범죄와 연결된다. 마약이 범죄와 연결되는 방식은 크게 두 가지로 설명할 수 있다. 첫째, 정신약리학적 효과로 인해 약물이 사람으로 하여금 폭력적이고 충동적인 범죄를 저지르게 할 수 있다. 둘째, 체계적 관계로서 마약 밀매 및 거래와 관련된 불법 활동이 범죄로 이어진다. 공식적인 법적 해결 수단을 사용할 수 없는 마약상들은 자신의 이익을 보호하기 위해 폭력적인 방법을 사용하기도 한다. 예를 들어, 마약상이 마약을 강탈당하면 경찰에 도움을 요청할 수 없기 때문에 직접 보복에 나설 가능성이 높다(Goldstein, 1985).

불법 마약 경제는 매우 방대하며, 연간 수백조 원에 달하는 매출을 기록한다. 이익은 엄청나지만, 불법 거래이기 때문에 세금을 지불하지 않는다. 또한, 이러한 불법적 수익은 자금 세탁(money laundering)을 통해 합법적인 자금으로 전환된다. 최근에는 가짜 부동산 거래, 금, 골동품, 미술품 구매, 그리고 비트코인과 같은 암호화폐를 이용한 자금 세탁이 활발히 이루어지고 있다. 이러한 방법들은 탐지를 피하면서도 전 세계적으로 마약 자금을 전자적으로 송금할 수 있게 만든다. 심지어 이 자금은 테러단체의 무기 구입과 같은 불법적 목적으로도 사용될 수 있다. 결국, 마약 자체가 범죄의 유일한 원인은 아니지만, 마약과 그 공급망이 형성하는 생태계는 수많은 불법과 범죄의 온상이 된다.

마약 합법화 정책

마약 문제는 오랜 시간 동안 전 세계 정부와 시민 사회에 큰 도전 과제로 자리 잡아 왔다. 각국 정부는 마약과의 전쟁을 위해 막대한 자금을 투입하고 있지만, '마약 없는 사회'라는 목표는 여전히 요원한 상태이며, 앞으로 10년 안에 이 목표가 달성될 가능성도 낮아 보인다. 이러한 상황에서 일부 전문가는 기존의 접근 방식을 벗어나 새로운 해결책으로 마약의 합법화나 비범죄화를 제안하고 있다. 이 접근법은 술과 담배를 다루는 것처럼, 헤로인과 코카인 같은 중독성 약물에 대해 일정 부분 정부의 통제를 유지하면서 성인들이 자유롭게 사용할 수 있도록 하자는 것이다(Inciardi, McBride & McCoy, 1995).

현행 마약 통제 정책은 실질적인 효과를 거두지 못하고 있으며, 이는 납세자들에게도 경제적 부담으로 작용하고 있다. 범죄 단속에 막대한 비용이 소요되지만, 마약을 합법화하면 정부는 합법적인 마약 판매를 통해 세수를 확보할 수 있다. 실제로 최근 몇 년 동안 여러 국가와 미국의 일부 도시들은 대마초를 비범죄화하며, 의료용뿐만 아니라 유흥용 구매도 허용하는 방향으로 전환하고 있다. 이러한 변화는 금주법 폐지 이후 성인 음주율이 1965년 42%에서 2006년 21%로 감소한 사례를 통해서도 그 가능성을 엿볼 수 있다. 이는 처벌보다는 관리와 교육을 통한 접근이 더 효과적일 수 있음을 시사한다.

패트리시아 에릭슨은 사회적 거부감, 비공식적 가족 및 지역사회 통제, 그리고 강화된 교육적 노력을 활용하는 공중보건적 접근이 약물 사용을 줄일 수 있다고 주장한다. 그녀는 이를 비범죄화 논쟁의 대안으로 제시하며, 처벌 중심이 아닌 예방과 관리 중심의 접근이 더욱 실효적일 수 있음을 강조하고 있다(Erickson, 1990).

그러나 헤로인이나 아편 남용 문제에서 보듯이, 비범죄화에 대한 증거는 아직 불확실한 부분이 많다(Inciardi, 1990). 예를 들어, 1972년 이전 영국에서는 중독자들에게 합법적으로 헤로인을 의학적으로 투여하는 프로그램이 시행되었고, 이 정책은 중독자 수와 관련 범죄를 줄이는 데 긍정적인 효과가 있었다고 평가되었다(Trebach, 1984). 그러나 같은 정책을 시행한 홍콩에서는 영국과 달리 심각한 중독 문제가 발생했고, 스위스 취리히에서는 유럽 전역에서 몰려든 중독자와 딜러들로 인해 5년간의 마약 사용 비범죄화 실험이 실패로 끝났다(Lynch & Blotner, 1991).

네덜란드는 연성 마약의 판매를 허용하면서 경찰이 강력한 마약 밀매와 범죄 문제에 집중할 수 있도록 했다. 하지만 유럽 통합 이후 '마약 관광'이라는 예상치 못한 부작용이 나타났다. 그럼에도 불구하고 네덜란드의 정책은 마약과의 전쟁 모델을 거부하고, 피해 감소 모델을 지지하는 대표적인 사례로 남아 있다(Leuw & Marshall, 1994).

결론적으로, 마약 문제에 대한 새로운 접근법은 합법화와 비범죄화라는 두 가지 큰 틀에서 논의되고 있으며, 각국의 다양한 실험과 사례들이 이를 뒷받침하고 있다. 비록 아직 불확실한 점이 많고 논란의 여지도 크지만, 처벌과 억제 중심의 기존 방식이 효과적이지 않다는 점은 분명하다. 이제는 공중보건, 사회 통합, 그리고 정책적 유연성을 고려한 새로운 시각이 필요하며, 이를 통해 마약 문제 해결의 실마리를 찾아야 할 시점이다.

심 화 연 구

네덜란드의 마약 합법화 정책

네덜란드는 1976년부터 세계적으로 독특한 마약 정책을 시행해 왔다. 이 정책은 마약을 '연성(soft)'과 '경성(hard)'으로 구분하여, 연성 마약인 대마초에 대해서는 제한적으로 허용하는 '비범죄화(decriminalization)' 접근 방식을 채택하고, 경성 마약에 대해서는 엄격히 금지하고 있다(Government of the Netherlands, n.d.).

네덜란드에는 대마초를 판매하고 소비할 수 있는 특별한 '커피숍(Coffeeshop)'이 존재한다. 이러한 커피숍은 일정 조건을 충족할 경우에만 운영이 허용되며, 1인당 5그램 이하의 대마초를 소량으로 판매할 수 있다. 그러나 알코올 음료의 판매와 소비는 금지되며, 18세 미만에게는 대마초를 판매할 수 없다. 또한, 공공장소에서의 흡연은 허용되지 않으며, 학교로부터 250미터 이내에 위치해서도 안 된다(Government of the Netherlands, n.d.).

반면, 헤로인, 코카인, 엑스터시(MDMA)와 같은 경성 마약은 엄격히 금지되어 있으며, 이들의 소지, 판매, 생산은 모두 불법이다. 네덜란드 정부의 이러한 접근은 연성 마약과 경성 마약의 시장을 분리함으로써, 사용자들이 더욱 위험한 마약으로 넘어가는 것을 방지하려는 목적을 가지고 있다. 하지만 네덜란드의 커피숍 제도에는 '백도어(backdoor)' 문제라는 공급의 모순이 존재한다. 커피숍은 대마초를 합법적으로 판매할 수 있지만, 그 재고를 확보하는 과정은 불법적인 경로에 의존해야 한다. 이를 해결하기 위해 네덜란드 정부는 2023년 12월부터 브레다(Breda)와 틸뷔르흐(Tilburg)에서 국가가 승인한 생산자를 통해 대마초를 공급하는 시범 프로그램을 시작했다.

이러한 네덜란드의 관대한 마약 정책은 전 세계 관광객들을 끌어들이는 요인이 되었다. 특히 암스테르담은 대마초를 자유롭게 소비할 수 있는 장소로 널리 알려져 있어, 많은 관광객이 이를 경험하기 위해 방문한다. 그러나 이러한 마약 관광의 증가는 지역 주민들에게 소음, 공공장소 흡연, 범죄 증가와 같은 사회적 문제를 일으켰다. 이에 암스테르담 시는 2023년부터 홍등가 지역에서의 공공장소 대마초 흡연을 금지하고, 커피숍의 운영 시간을 단축하는 등의 조치를 시행했다(BBC, 2023).

또한 일부 도시에서는 외국인 관광객에게 대마초 판매를 제한하는 방안을 검토하였다. 예를 들어, 마스트리흐트(Maastricht)에서는 외국인 관광객의 커피숍 이용을 금지하는 조치를 시행하였으며, 이는 유럽연합 법원에서도 합법으로 인정되었다

(Drugs.ie, n.d.).

암스테르담의 시장 펨케 할세마(Femke Halsema)는 현재의 마약 정책이 불법 시장을 조장하고 있다고 지적하며, 대마초뿐만 아니라 엑스터시와 같은 다른 마약에 대해서도 합법화를 고려해야 한다고 주장하고 있다. 마약 문제를 공공 보건의 관점에서 접근하여, 규제와 통제를 통해 문제를 해결하려는 정책 전환이 필요하다고 강조했다(FT, 2023).

네덜란드의 마약 정책은 초기에는 공공 보건과 범죄 예방 측면에서 긍정적인 평가를 받았지만, 시간이 지남에 따라 마약 관광의 증가와 불법 시장의 확대 같은 부작용이 나타났다. 이에 따라 네덜란드는 정책의 재평가와 조정을 통해 보다 균형 잡힌 접근 방식을 모색하고 있다.

10 청소년 범죄, 우리는 무엇을 알아야 하는가?

청소년 범죄: 정의와 범위

현대 사회에서 청소년 범죄를 이해하는 일은 단순히 수치를 분석하는 데 그치지 않는다. 그 안에는 각 개인의 사연과 이들을 둘러싼 사회적 배경이 담겨 있으며, 이러한 맥락을 함께 들여다볼 때 비로소 문제의 실체를 파악할 수 있다. 그렇다면 청소년의 비행과 범죄가 반복되지 않도록 하려면 어떻게 해야 할까? 이는 교육자, 정책 입안자, 보호자, 일반 시민을 포함한 지역사회 전체가 함께 고민하고 실천해야 할 과제이다.

청소년 범죄란 청소년기에 해당하는 연령대의 이들이 저지른 형법상 위법 행위를 말한다. 청소년기는 신체적·정신적으로 아직 완전히 성숙하지 않은 시기로, 성인에 비해 범죄에 대한 책임 능력과 도덕적 판단 능력이 미흡한 경향이 있다. 이러한 특성 때문에 청소년의 범죄는 법적으로도 성인의 범죄와는 구분되어 판단되며, 처벌보다는 교화와 재사회화에 중심을 두는 접근 방식을 취한다.

청소년 비행(juvenile delinquency)은 보다 넓은 개념으로, 법을 위반하는 행위뿐만 아니라 흡연, 음주, 무단결석, 교내 비행 등 사회적·도덕적 규범에서 벗어난 모든 일탈 행동을 포함한다(이용주, 2019). 반면, 청소년 범죄는 형법이나 특별법 등 명확한 처벌 규정이 존재하는 법규 위반 행위로 좁게 정의할 수 있다.

청소년 범죄와 관련된 주요 법령으로는 「소년법」, 「형법」, 「형사소송법」, 「청소년 보호법」, 「아동복지법」 등이 있으며, 이 가운데 「소년법」은 형사 미성년자의 범죄에 대한 특례와 보호처분 제도를 중심으로 구성되어 있다. 이 법은 교육적인 목적을 바탕으로 청소년 범죄자들이 건전하게 성장할 수 있도록 돕는 데 중점을 두고 있다.

표 10-1 **청소년 범죄 관련 주요 법령**

법령명	주요 내용	비고
소년법	형사 미성년자의 보호처분, 소년 분류 및 소년부 처리 절차	
형법	형사책임 능력, 범죄 유형 및 법정형 명시	만 14세 이상 적용
형사소송법	소년 범죄 절차에 대한 준용 및 일부 특례 조항	소년사건은 소년부로 송치
청소년 보호법	유해환경 차단, 청소년 유해매체물 규제	예방 중심
아동복지법	아동의 복지·보호 및 학대 방지	위기 청소년 연계 가능

소년법은 '소년'을 19세 미만인 자로 정의하고 있으며(「소년법」 제2조, 법률 제17505호), 이 법에서는 청소년을 세 가지 범주로 나누어 각각의 법적 지위와 처우를 규정하고 있다. 이러한 구분에 따라 해당 청소년은 소년부의 보호사건으로 심리 대상이 되며, 그 내용은 다음과 같다.

첫째, 형사소년은 만 14세 이상 19세 미만의 청소년으로, 형법상 형사책임을 질 수 있는 연령대에 해당한다. 이들은 범죄를 저질렀을 경우 일반 형벌의 적용 대상이 된다.

둘째, 촉법소년은 만 10세 이상 14세 미만으로, 형벌 법령에 저촉되는 행위를 하였으나 형사책임 연령에 미치지 않아 형사처벌은 받지 않는다. 대신

소년법에 따라 보호처분을 받게 된다.

셋째, 우범소년은 법적으로 문제 될 소지가 있는 성향이나 환경을 지닌 10세 이상 청소년으로, 범죄를 저지르지 않았더라도 향후 형벌 법령에 저촉될 우려가 있는 경우를 의미한다. 예를 들어, 정당한 이유 없이 가출을 반복하거나 음주·흡연을 하며 유해환경에 노출되는 경우, 또는 무리를 지어 다니며 주변에 불안감을 조성하는 경우 등이 이에 해당한다(「소년법」 제4조, 법률 제17505호).

또한, 일반적으로 사용하는 '비행소년'이라는 용어는 법적으로 범죄소년, 촉법소년, 우범소년 중 하나에 해당하는 자를 지칭하며, 이는 경찰청예규에 명시되어 있다(「소년업무규칙」 제2조, 경찰청예규 제475호).

우리나라의 형사책임 연령은 만 14세로 규정되어 있으며(「형법」 제9조, 법률 제20908호), 이보다 어린 청소년은 범죄를 저질러도 형사처벌을 받지 않는다. 그러나 만 10세 이상 14세 미만의 경우에는 소년법에 따라 보호사건으로 분류되어 보호처분을 받을 수 있다. 이는 해당 연령대 청소년이 아직 인지적·정서적으로 성숙하지 않았음을 고려하여, 처벌보다는 교화와 보호를 우선시하는 제도이다. 즉, 이 시기의 청소년 범죄는 일시적이고 발달적인 일탈로 이해되며, 이에 따라 교육, 치료, 사회복귀 중심의 대응이 필요하다는 인식이 기반이 된다(고기복, 2022).

한편, 최근에는 저연령 청소년에 의한 강력범죄 발생이 증가하면서 형사책임 연령을 낮추어야 한다는 주장이 힘을 얻고 있다. 이러한 논의는 단순한 연령 조정의 문제가 아니라 범죄 예방, 청소년 인권 보호, 그리고 교화 가능성 사이의 균형을 어떻게 맞출 것인가에 대한 깊은 사회적 고민을 반영한다. 앞으로 형사책임 연령은 소년사법제도에서 핵심적인 논쟁점이 될 것으로 보인다(박성훈·박신의, 2023).

청소년 범죄의 유형과 그 특성

청소년 범죄는 폭력, 재산, 성, 사이버, 약물 등 다양한 형태로 나타나며, 이 밖에도 여러 일탈 행위들이 포함된다. 과거에는 주로 학교나 거리에서 발생하는 물리적이고 전통적인 범죄가 중심을 이루었지만, 정보통신기술의 발달로 인해 이제는 온라인 공간에서 벌어지는 디지털 범죄가 빠르게 증가하고 있다. 최근에는 단순한 비행 수준을 넘어서 본격적인 범죄로 발전하는 사례가 늘고 있으며, 이러한 현실은 언론 보도를 통해서도 자주 접할 수 있다.

청소년 범죄는 크게 전통적 범죄와 현대적 · 디지털 범죄로 나눌 수 있다. 이 장에서는 폭력범죄, 재산범죄, 성범죄, 사이버범죄 등 세부 유형별로 청소년 범죄를 체계적으로 살펴본다. 각 범죄 유형은 행위의 물리적 또는 심리적 특징, 범행 동기, 이용되는 수단이나 매체, 처벌 기준, 사회에 미치는 영향 등에서 뚜렷한 차이를 보인다. 이러한 특성을 정확히 이해하는 것은 청소년 범죄를 예방하고 효과적으로 대응하는 데 있어 핵심적인 요소이다.

표 10-2 청소년 범죄 유형 분류

범주	세부유형
전통적 범죄 (Traditional Crime)	• 절도(재산)범죄: 타인의 재물을 불법 취득 · 파괴하는 범죄 • 폭력범죄: 신체적 · 정신적 위해를 가하는 대면적 범죄 • 성범죄: 성적 자기결정권을 침해하는 범죄
현대적 · 디지털범죄 (Modern/Digital Crime)	• 사이버 범죄: 온라인 플랫폼을 매개로 한 괴롭힘 · 해킹 · 피싱 등 • 디지털 성범죄: 동의 없는 영상 · 사진 촬영 · 합성 · 유포 행위 • 마약 범죄: 불법 약물의 제조 · 유통 · 소지 · 투약 범죄 • 기타 범죄: 무면허 운전 · 저작권 침해 · 공공기물 파손 등

청소년 범죄 중 절도는 가장 빈번하게 발생하는 유형으로, 또래의 금품을 빼앗거나 상점에서 물건을 훔치는 방식으로 나타난다. 대부분 호기심이나 도전심에서 시작되며, 반복을 거치면서 죄책감이 약해지고 습관적으로 이어지는 경향이 강하다. 자기통제력 부족, 충동성, 또래 집단의 영향, 가정 내 갈등 등이 절도의 주요 원인으로 지목되고 있다(최재광 외, 2021).

절도는 타인의 재산을 본인의 동의 없이 불법적으로 취득하는 범죄로, 청소년에게서는 소규모 절도를 반복하면서 점차 지능화되고 습관화되는 특징이 나타난다. 실제로 청소년 절도 사건 중 절반 이상이 차량 내 물품을 훔치는 '차털이' 유형으로, 특정 대상 없이 기회에 따라 범행이 이뤄지는 경우가 많다(한국경제, 2022.11.01).

절도는 그 방식에 따라 다양한 유형으로 나뉜다. 첫째, 침입 절도는 문이나 창문을 파손하거나 무단으로 침입해 주택, 차량, 무인택배함 등에서 재물을 훔치는 행위다. 둘째, 기회 절도는 피해자의 부주의나 구조적 취약점을 노려 범행이 이뤄지며, 주로 주차된 차량 내부의 금품을 노리는 경우가 많다. 셋째, 습관적 절도는 반복적으로 절도를 저지르는 형태로, 시간이 지날수록 범행 수법이 조직화·지능화되며 청소년 범죄의 집단화로 이어질 위험이 크다.

폭력 범죄는 타인의 신체와 정신에 해를 가하는 행위로, 집단폭행, 학교폭력, 보복폭행 등이 대표적이다. 청소년은 또래 집단 내 위계 형성이나 분노의 표출 수단으로 폭력을 선택하는 경향이 있으며(Merton, 1957), 최근에는 폭행 장면을 영상으로 촬영해 SNS에 유포하는 등의 2차 피해 사례도 증가하고 있다.

폭력 범죄 유형에는 단독 폭행, 집단 폭력, 보복 폭행이 있다. 단독 폭행은 개인이 주먹이나 흉기 등을 이용해 타인에게 상해를 입히는 행위이다. 집단 폭력은 여러 명이 함께 공모해 피해자를 폭행하거나 협박해 신체적·심리적 공포를 가하는 조직적 행위이다. 보복 폭행은 개인 간 갈등에서 비롯된 분노를 폭력으로 표현하는 경우로, 감정의 분출이 주요 동기로 작용한다.

성범죄는 피해자의 성적 자기결정권을 침해하는 모든 행위를 포함하며, 신체적 접촉뿐 아니라 디지털 매체를 이용한 촬영·유포 범죄까지 포함된다. 최근 청소년 성범죄는 점점 더 심각해지고 있으며, 특히 성폭력의 경우 가해자들이 죄의식 없이 집단으로 범행을 저지르는 경향이 두드러진다(BBC Korea, 2024.08.29). 디지털 환경에서는 불법 촬영, 유포, 협박 등의 방식으로 피해가 발생하며, 피해자의 연령도 낮아지고 있다. 장난이나 호기심에서 비롯된 딥페이크 성범죄는 앞으로도 증가할 것으로 보인다(교육부, 2024).

성범죄 유형은 다음과 같다. 신체적 성폭력은 강제추행이나 강간처럼 직접적인 신체 접촉을 수반한다. 디지털 성범죄는 피해자의 동의 없이 영상이나 사진을 촬영, 합성, 유포하는 행위로, 장기적인 정신적 피해를 남긴다. 집단 성범죄는 두 명 이상의 가해자가 함께 피해자를 성폭행하거나 협박하는 형태다.

사이버 범죄는 디지털 네이티브 세대인 청소년이 온라인 공간에서 저지르는 다양한 범죄로, 사이버불링, 악성댓글, 해킹, 개인정브 유출, 디지털 성폭력 등이 대표적이다. 이들 범죄는 신체적 흔적은 없지만 큰 정신적 피해를 유발한다. 특히 익명성과 책임 회피 심리가 작용하며, 피해자에 대한 공감 능력의 결여가 문제로 지적된다(최옥채, 2004).

사이버 범죄는 청소년의 일상에 깊이 침투해 있으며, 주요 유형으로는 사이버 괴롭힘(욕설·협박 메시지를 반복 전송하여 정신적 피해를 유발), 피싱 및 사기(허위 메시지나 웹사이트를 통한 개인정보·금전 탈취), 해킹(시스템에 불법 침입하거나 데이터 탈취)이 있다. 디지털 환경에 익숙한 청소년의 특성상 관련 범죄는 더욱 확산되고 있다.

마약 범죄는 불법 약물의 제조, 유통, 소지, 투약 등을 포함한다. 최근 청소년 사이에서도 SNS와 지인 네트워크를 통해 마약에 쉽게 접근할 수 있게 되었으며, 이로 인해 중독과 재범으로 이어지는 경우가 많다. 특히 가상 계좌를 통한 결제와 비밀 대화를 통해 은밀하게 이뤄지는 경우가 많아 단속이 어렵다(송혜진·오세연, 2023).

청소년의 마약 범죄는 과거에는 성인 범죄로 간주되었지만, 최근에는 운반·유통·투약에 직접 가담하는 사례가 급증하고 있다. 이는 접근성 향상, 범죄 조직의 유인, 금전적 보상 등이 복합적으로 작용한 결과다. 마약은 중독성과 재범 위험이 높기 때문에 조기 개입과 예방 교육이 무엇보다 중요하다.

이외에도 청소년의 문화와 놀이 활동과 관련된 다양한 비전통적 범죄가 존재한다. 무면허 운전, 난폭 운전, 저작권 침해, 공공기물 파손 등은 사회적 관심이 필요한 범죄들이다(연합뉴스, 2025.04.23). 오토바이를 이용한 폭주 운전, 교통법규 위반, 불법 영상물 공유 등은 청소년 소비 문화 및 유희 형태와 밀접하게 연관되어 있으며, 모방 심리나 또래의 유혹으로 쉽게 확산될 수 있는 특성이 있다. 이들 범죄는 단속이 어려울 뿐만 아니라 장기적으로 사회 안전망을 위협할 가능성도 크다.

그들은 왜 범죄를 저지르는가?

청소년 범죄의 발생에는 다양한 요인이 복합적으로 작용한다. 범죄로 발전하기에 앞서, 청소년들이 비행을 저지르게 되는 배경에 대한 연구는 지속적으로 이루어지고 있다. 일반적으로 비행 및 범죄의 원인은 크게 ① 기질적 요인과 ② 후천적 요인으로 나뉘며, 개인적 특성뿐 아니라 사회적 과정,

환경적 요인, 구조적 불평등, 사회적 반응, 갈등 등의 복합적인 요소에서 비롯된다는 관점이 일반적이다(이윤호, 2023).

현대 사회는 빠르게 변화하고 있으며, 청소년들은 다양한 사회 환경 속에서 접촉과 경험을 통해 학습하게 된다. 이처럼 다층적인 맥락 속에서 단 하나의 요인을 범죄의 직접적인 원인으로 단정 짓는 것은 어렵다. 인과론적 관점에서는 분명한 원인이 있어야 결과가 나타난다고 보지만, 인간의 행위를 단일한 원인으로 설명하기에는 한계가 있다. 따라서 청소년 범죄의 원인은 개인을 넘어서 사회 전반의 다양한 측면에서 종합적으로 접근해야 한다.

개인적 요인으로는 심리적·신체적 발달 특성이 중요한 영향을 미친다. 청소년기는 전두엽 발달이 미숙한 시기로, 충동을 억제하는 능력이 약하며, 호르몬 변화로 인해 정서 기복과 공격성이 높아져 즉각적인 만족을 추구하는 행동으로 이어지기 쉽다(최주혜, 2018). 프로이트는 자아(ego)의 기능이 미성숙하면 초자아(superego)의 통제가 약화되어 충동적이고 공격적인 행동이 나타날 수 있다고 보았다(김순석, 2024). 또한 주의력결핍 과잉행동장애(ADHD)나 품행장애와 같은 정신건강 문제는 충동성과 위험추구 성향을 높이고, 낮은 자아존중감이나 불안정한 자아정체감은 또래 압력에 대한 저항력을 약화시켜 일탈행동의 위험 요인으로 작용한다(Barkley, 1997).

가정환경 역시 중요한 요인이다. 가정은 청소년이 처음으로 사회화를 경험하는 공간이며, 애착 형성과 정서 안정에 핵심적인 역할을 한다. 부모의 학대, 방임, 이혼 등으로 인해 안정된 애착이 형성되지 못할 경우 정서적 결핍을 일탈행동으로 보상하려는 경향이 나타날 수 있다(Bowlby, 1982). 또한 가족 내 범죄행위를 목격하면 모방학습을 통해 비행행동이 강화될 수 있다(Bandura, 1977). 경제적 빈곤이나 상대적 박탈감 역시 목표 달성을 위해 비합법적인 수단을 선택하도록 유도하여 범죄 발생 위험을 높인다(Merton, 1957).

학교환경도 청소년의 사회화에 중요한 공간이다. 그러나 과도한 입시경쟁, 소속감 결여는 학업 스트레스와 학교 부적응을 초래한다(Finn, 1989). 학교에 적응하지 못한 청소년은 비행집단에 유입될 가능성이 높으며, 이러한 집단 속에서 동조 압력에 따라 범죄 기술과 왜곡된 규범을 학습하게 된다(Akers et al., 1979). 반복적인 언어 · 신체 · 사이버폭력은 공격성을 학습시키고, 영상 유포 등으로 인한 2차 피해는 학교폭력과 사이버 괴롭힘의 범죄화를 더욱 가속시킨다(Kowalski et al., 2014).

사회환경적 요인으로는 구조적 불평등과 기회의 제한이 있다. 이는 합법적인 수단 대신 비합법적인 수단을 선택하게 만드는 아노미 상태로 설명된다(Cohen, 1955). 특히 도시화 과정에서 인구가 밀집되고 사회 통제가 약화된 낙후 지역, 이른바 '범죄 핫스팟'에서는 범죄 발생률이 높게 나타난다(Weisburd, 2015). 또한 미디어를 통해 폭력과 범죄 콘텐츠에 과도하게 노출되면 모방범죄가 촉진되고, 범죄에 대한 관용적 태도가 확산된다(Surette, 2010).

마지막으로 법제도적 요인도 청소년 범죄에 영향을 미친다. 현행 소년법과 보호처분 제도는 교화와 보호를 우선시하지만, 처벌 기준이 느슨하거나 사후 관리가 부족할 경우 청소년들이 책임을 회피할 수 있다는 인식을 갖게 될 수 있다(조극훈, 2017). 경찰 및 사법 절차의 일관성 부족은 범죄 억제 효과를 저하시킬 수 있으며, 사이버 범죄나 디지털 성범죄에 대한 법적 대응이 지연될 경우 새로운 범죄 유형에 대한 적절한 규율이 어렵게 된다(Kowalski et al., 2014).

이처럼 청소년 범죄는 개인에서 사회, 법제도에 이르기까지 다양한 원인이 복합적으로 작용하며, 이러한 요인들은 상호작용하면서 범죄로 이어질 가능성을 높인다. 따라서 청소년 범죄를 예방하기 위해서는 다차원적인 접근이 필요하다.

청소년 범죄의 변화 추이

청소년 범죄는 사회 환경의 변화에 따라 양상도 달라지고 있다. 최근 들어 청소년 범죄는 단순한 일회성 일탈을 넘어서, 또래 집단이 함께 계획하고 실행하는 조직적인 성격을 띠는 경우가 많아졌다. 특히 중학생 이하의 저연령층이 범죄에 가담하는 '저연령화' 현상이 두드러지며, 여성 청소년의 폭력 및 재산범죄 참여율이 증가하고 있다. 보호처분을 받은 경험이 있는 청소년의 재범률 또한 꾸준히 오르고 있다. 살인, 방화, 성범죄와 같은 강력범죄는 물론, 무면허 운전이나 저작권 침해 같은 특수범죄도 증가세를 보이고 있다. 주요 변화 양상은 다음과 같다.

첫째, 집단 범죄화 경향이다. 청소년 범죄는 개인이 단독으로 저지르기보다는 둘 이상이 함께 범행을 저지르는 형태가 많다. 이는 또래 집단 내 소속감과 책임 분산 심리 등이 영향을 미치며, 강도나 성폭력 같은 범죄에서 두드러지게 나타난다(Kreager, 2007).

둘째, 저연령화 경향이다. 청소년 범죄에 가담하는 연령이 점점 낮아지고 있으며, 절도, 사기, 성폭력 등 다양한 범죄에서 중학생 이하 청소년의 비율이 증가하고 있다. 이는 신체적 성숙에 비해 정신적 성장은 미흡한 상황에서 자극적인 미디어에 쉽게 노출되는 사회 환경과 관련이 깊다(Brame et al., 2014; Akers et al., 1981).

셋째, 여성 청소년 범죄의 증가다. 여성 청소년이 범죄에 가담하는 비율이 꾸준히 늘고 있으며, 특히 집단 폭행이나 강도와 같은 계획적 폭력범죄에서 그 참여가 증가하고 있다. 여학생들의 범죄는 죄책감이 결여된 채 피해자를 협박하는 행위까지 수반되며, 그 조직성과 심각성이 점점 더 부각되고 있다(Simon, 1975).

넷째, 재범률 증가이다. 청소년의 재범률은 성인보다 낮지만, 범죄 경력을 가진 청소년의 수는 지속적으로 늘고 있다. 이는 현재 운영 중인 교정 및 재활 프로그램의 실효성이 낮고, 가정·학교·사회가 연계된 통합적 지원 체계가 부족하기 때문이다(Lipsey, 2009).

다섯째, 강력범죄 및 특수범죄의 증가이다. 살인, 강간, 방화, 상해 등과 같이 신체적 위해가 큰 강력범죄는 물론, 무면허 운전, 저작권법 위반, 공공기물 파손 등 이전에는 청소년 범죄로 간주되지 않던 특수범죄까지 두루 증가하고 있다. 이는 범죄의 동기와 방식이 점점 더 다양해지고 지능화되고 있음을 보여 준다(경찰청, 2024).

청소년 범죄의 예방과 대응 전략

다수의 국가에서는 소년사건을 성인사건과 구분하여 처리하고, 소년범죄자에 대해서도 성인범죄자와는 다른 처우가 필요하다는 데 공감하고 있다. 특히 소년범죄자에 대한 처우는 단순히 범죄의 책임을 묻는 데 그치지 않고, 교육과 치료, 지원을 병행하여 이들이 사회에 건전하게 복귀할 수 있도록 돕는 데 초점이 맞춰져야 한다. 최근 청소년 범죄와 관련한 충격적인 사건들이 잇달아 발생하면서 강력한 처벌을 요구하는 목소리가 커지고 있지만, 동시에 이들이 범죄에 노출되지 않도록 사회적 보호와 지원이 우선되어야 한다는 주장도 꾸준히 제기되고 있다(대한범죄학회, 2022).

청소년은 아직 스스로를 완전히 보호할 수 있는 능력이 형성되지 않은 존재로 볼 수 있다. 보호능력이란 범죄를 예방하거나 회피할 수 있는 개인의 능력을 의미하며, 이 능력이 낮을수록 범죄 피해자가 될 위험은 커진다. 보호능력은 사회적 차원과 물리적 차원 모두에서 고려되어야 한다. 사회적 보호능력은 가족이나 이웃 등 주변 사람들의 도움을 요청할 수 있는 능력과 관련되며, 물리적 보호능력은 방범시설이나 안전장치 등이 제공하는 보호 기능을 의미한다(임준태 외, 2021). 청소년의 보호능력을 향상시키기 위해서는 사회적 차원의 보호 역량을 강화하는 방향에서 접근할 필요가 있다. 미성숙한 판단 능력과 사회적 자원 활용의 한계로 인해, 범죄 예방뿐 아니라 타인의 도움을 적절히 요청하는 것에도 어려움을 겪기 때문이다.

따라서 청소년 범죄에 대한 대응은 개인, 가정, 학교, 지역사회, 법과 제도의 유기적 연결 속에서 이뤄져야 하며, 단순한 처벌 중심의 대응에서 벗어나 사회 변화와 청소년의 특성을 고려한 종합적 접근이 필요하다.

청소년 범죄 대응에서 가장 먼저 논의되어야 할 부분은 형사책임 연령의 현실화이다. 최근 청소년 범죄의 저연령화와 흉포화 경향으로 인해 현행 형사책임 연령인 만 14세를 조정해야 한다는 목소리가 커지고 있다. 이에 따라 개인의 심리적 성숙도, 범죄의 중대성, 재범 가능성 등을 종합적으로 고려하여 연령 기준을 탄력적으로 적용하는 방안도 제안되고 있다. 청소년에게 범죄 억제 효과를 높이고 책임감을 고취할 수 있도록, 전문가와 실무자가 참여하는 협의체를 구성하여 지속적인 논의와 사회적 합의를 도출해야 하며, 국제적인 추세와 선진 사례도 함께 고려한 합리적 조정이 요구된다.

청소년 범죄의 유형과 원인이 다양하고 복잡하므로, 획일적인 처분보다 개인 특성과 상황을 반영한 맞춤형 교정 프로그램이 더욱 효과적이다. 범죄 유형과 개인 특성에 따른 맞춤형 상담, 심리치료, 보호관찰, 직업훈련과 진로교육, 사회적 기술 향상 프로그램을 통합적으로 운영해야 한다. 특히 전문가들이 협력하여 사례별로 체계적인 지원을 제공하는 통합 사례관리시스템의 구축이 필요하다. 이는 청소년의 재범률을 낮추고, 성공적인 사회 복귀를 이끄는 데 중요한 역할을 할 수 있다.

디지털 환경의 급속한 변화로 인해 사이버폭력, 디지털 성범죄 등 새로운 형태의 청소년 범죄가 급증하고 있다. 전통적인 대응 방식만으로는 한계가 있는 만큼, 초·중·고등학교 교육과정에 디지털 리터러시 교육을 필수로 포함시켜 청소년이 유해 환경을 인지하고 스스로 대처할 수 있는 능력을 기를 수 있도록 해야 한다. 정부는 빅데이터와 인공지능을 활용한 디지털 범죄 조기경보시스템을 도입하여 온라인상의 이상 징후를 사전에 감지하고 차단해야 하며, 주요 플랫폼 기업과 협력하여 유해 콘텐츠를 실시간 차단하고 모니터링 체계를 구축해야 한다. 가정과 학교는 청소년이 다양한 정보 출처를 탐색하고, 미디어 메시지를 비판적으로 분석하고 해석할 수 있는 능력을 배양하도록 지원해야 하며, 안전한 온라인 행동을 실천할 수 있도록 교육해야 한다(UNESCO, 2011). 또한, 관련 기관들은 디지털 범죄에 대한 정보를 공유하는 데이터베이스를 구축하여 신속하고 효과적인 공동 대응을 가능하게 해야 한다.

청소년 범죄 대응 정책은 처벌 중심에서 예방 중심으로 전환되어야 한다. 범죄 발생 이후의 처벌보다 사전에 그 원인을 진단하고 예방하는 전략이 더욱 중요하다. 이를 위해 정기적이고 체계적인 실태조사를 통해 범죄 발생 원인, 유형, 빈도를 분석하고, 그 결과를 정책에 반영해야 한다. 교육현장에서는 감정 조절과 공감 능력을 키울 수 있는 프로그램을 정규 교육과정에 포함시켜 학생들이 갈등 상황을 평화적으로 해결할 수 있도록 해야 하며, 또래 상담이나 멘토링 프로그램을 확대하여 긍정적인 또래 문화를 조성하고, 문제 행동을 사전에 차단하는 환경을 만들어야 한다. 가정에서는 부모 대상 교육 프로그램을 통해 가족 간의 의사소통 능력을 높이고, 위기 상황에 효과적으로 대응하는 능력을 강화해야 한다. 지역사회 차원에서는 청소년 대상 예방 캠페인과 문화 활동을 확대하여 이들의 사회적 소속감과 자존감을 높이고, 일탈을 예방할 수 있는 환경을 조성해야 한다.

청소년 범죄와 관련된 법률과 제도를 개선하기 위해서는 사회적 합의가 전제되어야 한다. 청소년, 학부모, 교사, 법조인, 전문가 등이 참여하는 위원회를 구성하고, 쟁점별 공개 토론회를 통해 다양한 의견을 수렴해야 한다(Fishkin, 2011). 특히 형사책임 연령 조정이나 보호처분 기준 확대와 같은 민감한 사안은 정책 숙의 과정을 통해 충분한 논의가 이뤄져야 하며, 국민 정책 포럼을 운영하여 설문과 피드백을 반영하고 그 결과를 공개함으로써 정책의 신뢰성과 투명성을 확보해야 한다.

청소년 범죄의 예방과 대응을 위해서는 지역사회를 중심으로 한 통합적 지원체계가 구축되어야 한다. 학교, 경찰, 복지기관, 시민단체 등이 협력하여 위기 청소년을 조기에 발굴하고, 상담·치료·교육·지원이 유기적으로 연결되도록 해야 한다. 각 지역마다 청소년안전망 센터를 설치하고, 정기적인 사례회의와 정보 공유가 이뤄져야 한다. 또한, 비공식 사회통제의 중요성도 간과해서는 안 된다. 이는 지역 주민이나 자원봉사자, 지역 기업 등이 청소년의 행동을 자연스럽게 감독하고 지원함으로써 범죄를 예방하는 기능을 수행하는 것이다(Sampson & Groves, 1989). 지역사회의 응집력은 청소년의 비행을 억제하고, 부정적 감정을 완화시키는 데 중요한 역할을 한다(윤우석, 2021). 따라서 공식 기관의 노력과 함께 주민 참여를 활성화할 수 있는 프로그램—예를 들어, 청소년 멘토링, 지역 축제 및 체육활동, 지역 기업 연계 직업 체험 프로그램—을 함께 운영해야 한다. 이러한 다층적 협력 모델은 청소년에게 건전한 성장 환경을 제공함과 동시에 지역사회의 결속력을 강화하는 긍정적 효과를 가져올 수 있다.

11

과학기술과 함께 진화하는 범죄

과학과 범죄의 공진화(供進化)

현대 사회에서 과학기술의 발전은 우리의 삶을 편리하게 만들었을 뿐 아니라 범죄 양상에도 큰 변화를 가져왔다. 새로운 기술이 등장하면 삶의 질을 높이기 위해 이를 활용하는 경우도 있지만, 범죄자들이 이를 악용하는 사례도 빈번하게 발생하고 있다. 과거 인터넷과 스마트폰의 보급이 사이버 범죄와 디지털 성범죄의 급증을 초래했던 것처럼, 최근에는 인공지능(AI), 가상현실(VR) 등 첨단 기술의 발전으로 딥페이크 영상을 이용한 범죄, 메타버스 공간에서의 범죄, 온라인에서의 살인 예고 등 새로운 유형의 범죄가 나타나고 있다.

이러한 변화는 일종의 공진화(共進化, co-evolution)로 볼 수 있다. 즉, 범죄와 과학기술이 서로 영향을 주며 함께 진화한다는 것이다. 기술이 발전할수록 범죄 수법도 더 정교해지고, 이에 대응하기 위해 법률, 수사 기법, 경찰 조직 역시 변화하고 있다. 과학기술과 범죄가 끝없이 맞서며 벌이는 '창과 방패'의 대결 속에서 범죄를 예방하고 대응하는 전략을 마련하는 것은 치안 분야에서 커다란 도전 과제로 자리 잡고 있다.

이 장에서는 과학기술 발전과 함께 등장한 주요 신종 범죄 유형과 이에 대한 경찰의 대응 방안을 살펴본다. 먼저 인공지능 딥러닝 기술을 악용한 딥페이크 범죄의 개념과 현황, 그리고 대응책을 검토한다. 이어서 메타버스라고 불리는 3차원 가상세계에서 발생하는 범죄와 경찰이 직면한 과제를 다룬다. 다음으로, 최근 사회적 불안을 조성하는 온라인 살인 예고와 같은 디지털 테러리즘 현상을 분석하고, 마지막으로 자율주행 기술의 발전이 미래 치안 활동에 미칠 영향과 경찰의 활용 방안을 논의한다. 이러한 논의를 통해 미래 과학기술 환경에 효과적으로 대응하기 위한 경찰 전략을 종합적으로 제시하고자 한다.

딥페이크 시대의 명과 암

딥페이크(deepfake)란 딥러닝 기반의 인공지능 기술을 통해 기존의 영상이나 음성에 다른 사람의 얼굴이나 목소리를 합성하여 진짜처럼 보이게 만든 콘텐츠를 말한다. 이 기술은 처음에는 재미나 예술 창작의 목적으로 등장하였으나, 범죄에 악용되면서 심각한 사회문제가 되고 있다.

딥페이크 기술로 가장 흔히 나타나는 범죄는 불법 합성물 제작이다. 특히 유명인이나 일반인의 얼굴을 포르노 영상에 합성한 딥페이크 성착취물은 개인의 인격권과 사생활을 침해할 뿐만 아니라, 심각한 정신적 피해를 일으키고 있다. 2019년 한국에서는 한 대학 여학생의 얼굴이 음란물에 합성된 사건이 알려지며 사회에 큰 충격을 주었고, 이와 같은 딥페이크 성범죄가 증가하면서 처벌을 강화해야 한다는 여론이 높아졌다(한겨레, 2024).

딥페이크로 만들어진 가짜 영상이나 음성은 개인의 인격권과 사생활을 침해할 뿐만 아니라, 그 심리적 피해가 매우 크다. 피해자는 자신이 실제로 하지 않은 행동이 마치 사실인 것처럼 영상으로 유포되는 상황에서 심각한 수치심과 불안감을 겪게 된다. 특히 이러한 영상이 한 번 인터넷에 퍼지면 완전히 회수하는 것이 거의 불가능하기 때문에, 피해자는 장기적인 고통에

시달릴 수 있다.

딥페이크 범죄는 성착취물뿐만 아니라 여론 조작이나 사기 범죄에도 이용되고 있다. 2022년 러시아의 우크라이나 침공 당시에는 우크라이나 대통령의 항복 선언을 가장한 딥페이크 영상이 인터넷에 유포되어 정보전을 혼란에 빠뜨리려는 시도가 포착되었다. 해당 영상에서는 실제 대통령인 볼로디미르 젤렌스키가 마치 군인들에게 무기를 내려놓고 항복하라고 말하는 것처럼 조작되었으나, 곧 가짜로 판명되어 삭제된 바 있다(Allyn, 2022). 이처럼 딥페이크 기술은 가짜뉴스나 정치적 선전에 활용되어 사회적 혼란을 초래할 위험도 지니고 있다.

또한 2019년 영국에서는 범죄자들이 회사 대표의 목소리를 딥페이크로 흉내 내어 금융 담당자를 속이고 22만 유로(약 3억 원)에 달하는 금액을 송금받은 사건도 보고되었다(Avast Security News Team, 2019). 이 사건은 세계 최초로 AI 음성사기를 통해 거액을 편취한 사례로 주목받았으며, 향후 유사한 보이스피싱 수법의 등장을 예고하였다.

이러한 딥페이크 범죄에 대응하기 위해 각국에서는 법제도 정비와 기술적 대응 방안을 모색하고 있다. 한국에서는 2020년 성폭력처벌법 개정을 통해 딥페이크와 같은 허위영상물의 제작·배포 행위를 명시적으로 처벌하는 조항이 신설되었다. 개정법에 따르면 타인의 신체를 합성한 허위영상물을 제작하거나 유포한 경우 5년 이하의 징역 또는 5천만 원 이하의 벌금에 처할 수 있고, 영리 목적으로 범행 시 7년 이하의 징역까지 가중된다. 이 법 시행 이후 딥페이크 성범죄 사범들이 본격적으로 처벌되고 있으나, 엄중한 처벌보다는 집행유예에 그치는 사례도 많아 처벌 강화의 실효성을 둘러싼 논의가 지속되고 있다(경향신문, 2024).

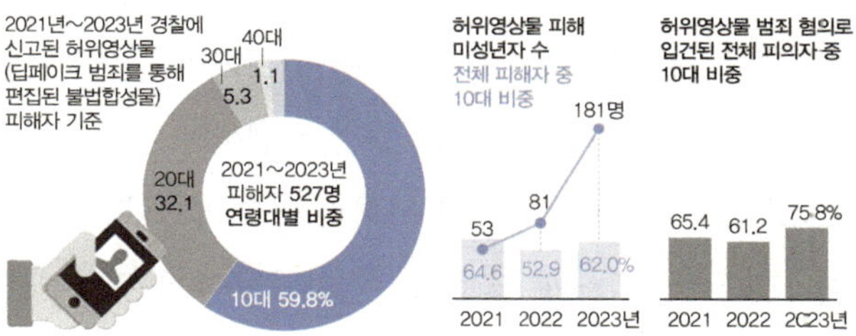

그림 11-1 **딥페이크 성범죄 현황**

출처: 연합뉴스 2024년 8월 30일. 딥페이크 성범죄 현황.

한편, 미국, 유럽 등에서도 딥페이크를 이용한 선거 개입이나 명예훼손에 대응하기 위한 입법이 추진되고 있으며, 2023년에는 미국 뉴저지주에서 악의적 딥페이크 제작·배포에 대한 민형사상 처벌을 부과하는 법률이 제정되기도 했다(National Conference of State Legislatures, 2024; Karsondas, 2024).

기술적 대응 측면에서 가장 중요한 과제는 딥페이크 콘텐츠를 식별하고 차단하는 것이다. 딥페이크 탐지 기술에 대한 연구개발이 활발히 이루어지고 있으며, 글로벌 IT 기업들과 학계에서 딥페이크 판별 알고리즘을 고도화하고 있다. 그러나 딥페이크 생성 기술 또한 계속 진화하여 완성도가 높아지고 있기 때문에, 탐지 기술과의 끝없는 경쟁이 예상된다. 경찰 차원에서는 디지털 증거분석 역량을 강화하여 딥페이크 영상을 분석하고 출처를 추적하는 노력이 필요하다. 예를 들어 경찰에 딥페이크 전담 디지털포렌식 팀을 두어 전문적으로 수사하는 방안이 제시된다. 또한 실시간 모니터링 시스템을 구축하여 온라인 플랫폼과 SNS상에서 딥페이크 영상 유통을 조기에 포착하고 경고를 발령하는 체계도 고려할 수 있다.

나아가 불법 딥페이크 콘텐츠의 확산을 막기 위해서는 플랫폼 사업자와의 협력이 필수적이다. 딥페이크 영상이 공유되는 웹사이트나 소셜미디어에 대해 모니터링 및 삭제 의무를 법적으로 부과하고, 불법 콘텐츠 게시자의 계정 차단을 신속히 이행하도록 제도화할 필요가 있다. 이를 통해 피해 발생을 최소화하고 2차 피해를 예방할 수 있을 것이다.

마지막으로, 딥페이크 범죄에 대한 사회적 인식 제고와 피해자 지원 역시 중요하다. 일반 시민들에게 딥페이크 영상의 존재와 위험성을 알리고, 의심스러운 영상은 사실 여부를 검증하는 문화가 확산되어야 한다. 정부와 경찰은 딥페이크 범죄 피해자들이 신속히 도움을 받을 수 있는 신고 및 상담 체계를 마련하고, 불법 영상 삭제 지원 등 피해 회복 지원 시스템을 강화해야 한다. 종합하면, 딥페이크 범죄의 확산을 막기 위해서는 법적, 기술적, 사회적 대응이 유기적으로 결합된 종합 대책이 요구된다. 기술 악용을 억제하고 피해자를 보호하는 예방적 노력을 통해 딥페이크 기술이 본래의 순기능을 발휘하도록 사회적 균형을 찾아야 할 것이다.

메타버스 범죄의 현실화

메타버스(Metaverse)란 현실 세계와 유사한 사회 · 경제적 활동이 이루어지는 3차원 가상공간을 의미한다. 인터넷의 진화 형태로 불리는 메타버스는 가상현실(VR), 증강현실(AR) 기술을 바탕으로 사용자들이 아바타를 통해 상호작용하는 가상세계이다. 최근 몇 년간 메타버스 플랫폼이 빠르게 대중화되면서, 그 안에서 발생하는 범죄행위 역시 사회적 관심사로 떠오르고 있다. 메타버스 공간에서의 범죄는 전통적인 사이버범죄의 연장선상이면서도 새로운 양상을 보이고 있으며, 가상공간이라는 특성 때문에 법적 적용과 수사 과정에서 많은 문제점이 드러나고 있다(이경열 · 이준영, 2023).

예를 들어, 한 사용자의 아바타가 다른 아바타를 성적으로 추행하거나 폭행하는 가상 성폭력 사건이 보고되고 있다. 피해자는 현실에서 신체적 침해를 당한 것은 아니지만, 현실과 유사한 몰입형 환경에서 발생한 성적 괴롭힘으로 인해 심각한 정신적 충격과 트라우마를 겪을 수 있다. 2022년 영국에서는 10대 소녀가 메타버스 게임에서 성인 남성 아바타들에게 가상 집단성폭행을 당했다고 신고하여 경찰이 수사에 나선 사례가 있었다(메타뉴스, 2023).

메타버스 플랫폼을 이용한 아동·청소년 대상 범죄 역시 심각한 문제로 대두되고 있다. 2022년 국내 메타버스 플랫폼 '제페토'에서는 아이돌처럼 꾸민 아바타로 접근해 초등학생부터 고교생까지 11명의 미성년자를 유인하고 협박하여 성착취물을 만들게 한 30대 남성이 경찰에 구속된 사건이 발생했다(권숙희, 2022). 이 범죄자는 메타버스의 익명성과 접근성을 악용하여 아동들에게 접근한 뒤, 가상세계에서 얻은 신뢰를 바탕으로 현실의 성착취 행위로까지 이어졌다. 이처럼 메타버스의 익명성은 범죄자가 실제 신원을 숨기며 활동할 수 있게 하고, 국경을 초월한 온라인 환경이라는 특성 때문에 국제적인 범죄로 확산될 가능성이 크다.

또한, 메타버스에서의 재산범죄도 증가하고 있다. 메타버스 내에서는 가상 아이템, 토지, 화폐 등의 디지털 자산이 실제 경제적 가치를 가지는데, 이를 노린 사이버 절도나 사기가 빈번히 발생한다. 해커가 다른 사용자의 계정을 탈취해 아바타가 소유한 아이템을 빼앗거나, 가상 부동산을 매개로 투자 사기를 벌이는 경우가 이에 해당한다. 예를 들어, 메타버스 게임 내 희귀 아이템을 미끼로 돈을 가로채는 NFT(Non-Fungible Token)[1] 사기나, 가상

1 NFT(대체 불가능한 토큰)는 블록체인 기술을 활용하여 디지털 파일에 고유한 소유권을 부여하는 일종의 자산이다. 메타버스 공간에서는 NFT가 아바타의 의상, 디지털 부동산, 예술 작품, 아이템 등으로 거래되며 현실 세계의 경제 가치를 가지기도 한다. 대표적인 NFT사기 유형은 1. 가짜 NFT 판매행위, 2. NFT 가격 조작, 3. 피싱 사기, 4. 이벤트 가장사기가 있다.

공간에서 이벤트를 가장해 개인정보나 암호화폐 지갑 키를 탈취하는 범죄가 발생하고 있다(송혜진·남완우, 2022).

이처럼 메타버스에서 발생하는 범죄는 기존 사이버범죄의 변형일 뿐만 아니라, 아바타 폭행이나 가상자산 탈취처럼 새로운 쟁점들도 포함하고 있어 법적·사회적 논의가 아직 충분히 이루어지지 않은 상황이다. 메타버스 기반의 범죄에 효과적으로 대응하기 위해서는 법제도의 정비와 수사 역량의 강화를 시급히 추진해야 한다. 현재 많은 국가에서는 메타버스에서 벌어진 행위를 현행법으로 처벌하는 데 한계가 있다. 한국의 경우 현실의 신체 접촉이 없는 가상 성폭력은 성범죄 처벌법의 적용 대상이 아니며, 아바타에 대한 재산 피해 역시 전통적인 재산범죄로 보기 어려워 법적 공백이 생길 수 있다. 또한 가해자가 해외에서 접속했거나 서버가 외국에 있을 경우, 국제 공조 없이는 수사가 어려운 실정이다.

따라서 메타버스 범죄에 특화된 새로운 법률 제정이나 현행 법률의 적용 범위 확대가 논의되어야 한다. 또한 경찰의 수사 실무 역시 메타버스 환경에 맞춰 혁신이 필요하다. 메타버스 범죄 수사는 사이버 수사의 연장선에 있지만, 3차원 가상공간의 특성을 이해하고 디지털 증거를 수집·분석하는 포렌식 기법이 요구된다. 디지털 아바타의 활동 기록, 가상자산의 거래 내역, 플랫폼 로그 자료 등이 주요 증거가 될 수 있으며, 이를 확보하기 위해서는 플랫폼 운영자와의 협력과 법적 증거 보존 절차의 정비가 필요하다(박윤지·정두원, 2022).

국내외 사례를 보면, 경찰이 메타버스 플랫폼에 위장 잠입수사를 통해 범죄자를 검거한 사례도 있다. 앞서 언급한 제페토 성착취 사건에서도 수사관이 직접 플랫폼에 접속해 범죄자의 신뢰를 얻고 증거를 포착하는 잠입 기법이 활용되었다(한상봉, 2022). 이러한 수사 기법은 현실 세계에서의 잠입수사를 사이버 공간에 적용한 것으로, 향후 메타버스 수사에서 더욱 중요한 역할을 할 것으로 예상된다.

한편, 메타버스 시대에 맞춰 경찰 조직의 변화와 사전 예방적 조치에 대한 논의도 이루어지고 있다. 메타버스 경찰청사와 가상치안센터를 신설하고, 실감형 경찰 교육훈련을 도입하며, 메타버스 공간에서의 대국민 홍보와 소통을 강화해야 한다는 주장도 제기된다. 가상 경찰 홍보관 운영, 시민과 소통하는 아바타 경찰관 배치 등이 그 예이다. 메타버스 범죄에 대응하기 위한 법·제도 개선 역시 필수적이다. 사이버 공간이라는 특성으로 인해 현행 법규의 미비점이 드러나고 있으며, 원활한 수사와 처벌이 가능하도록 관련 법제도의 정비가 시급하다.

실제로 국제적으로도 유사한 노력이 진행 중이다. 2022년 인터폴은 전 세계 경찰기관을 위한 글로벌 메타버스 플랫폼을 최초로 선보였다. 이 가상 공간에서 각국 경찰관들은 아바타를 통해 인터폴 본부를 방문하고 몰입형 훈련 과정을 수강할 수 있어, 메타버스를 활용한 국제 공조와 수사 역량 강화를 도모하고 있다(INTERPOL, 2022).

메타버스 시대는 이미 현실로 다가왔으며, 치안 분야에서도 이러한 변화를 선제적으로 수용할 필요가 있다. 메타버스 공간을 안전하게 관리하고 시민들이 안심하고 이용할 수 있도록 경찰은 조직과 기능 측면에서 혁신을 준비해야 한다.

온라인 살인예고와 디지털 테러리즘

온라인 살인예고는 인터넷상의 공개 플랫폼을 통해 불특정 다수를 대상으로 특정 시간과 장소에서 살인을 저지르겠다고 미리 알리는 협박성 게시물을 의미한다. 이러한 행위는 실제 범죄가 일어나지 않더라도 글 하나만으로 대중에게 극도의 불안감을 조성한다는 점에서 일종의 디지털 테러리즘으로 볼 수 있다.

2023년 하반기 한국에서는 흉기 난동 사건이 잇따라 발생한 이후, 모방 심리가 결합되면서 살인예고 글이 급증하는 현상이 나타났다. 같은 해 7월 말 서울 신림동과 8월 초 경기도 분당에서 무차별 흉기 난동이 벌어진 직후, 온라인 커뮤니티에는 유사한 살인을 예고하는 글들이 쏟아져 나왔다. 하루에 수십 건씩 살인예고가 게시되면서 시민 사회는 극도의 불안감에 휩싸였고, 경찰은 대대적인 단속을 실시했다. 그 결과 2023년 8월 초까지 전국에서 300건이 넘는 살인예고 게시물이 확인되었고, 100여 명의 작성자가 검거되었다. 특히 검거된 피의자 중 상당수가 호기심이나 장난으로 글을 올린 청소년들이었으며, 이는 사회에 큰 충격을 주었다(김사라, 2023).

온라인 살인예고가 지닌 위험성은 여러 측면에서 드러난다. 우선, 이러한 예고 글은 현실에서 모방 범죄를 유발할 수 있다. 실제로 대부분의 살인예고 글은 장난이나 허위로 밝혀졌지만, 드물게 예고된 범행이 실행에 옮겨진 사례도 있었다. 단 한 건의 예고라도 실제 범죄로 이어질 경우 다수의 인명 피해가 발생할 수 있기 때문에, 모든 예고를 실제 위협으로 간주하고 대응할 수밖에 없다.

또한, 살인예고 글이 게시되는 순간부터 해당 지역 주민들과 사회 전반에 광범위한 공포감이 조성된다. 특정 장소가 언급되면 그 인근의 주민과 보행자는 극도의 불안을 느끼고, 이러한 정보가 온라인을 통해 빠르게 확산되면서 사회 전반에 긴장감이 퍼진다. 비록 실질적인 범행이 발생하지 않더라도, 이러한 공포는 테러에 준하는 사회적 혼란을 일으킨다.

수사 측면에서도 문제는 심각하다. 살인예고가 접수되면 경찰은 만일의 사태에 대비해 대규모 인력을 투입하여 해당 지역을 수색하고 순찰해야 하므로, 다른 치안 활동에 공백이 생길 우려가 있다. 실제로 2023년 서울 등 주요 도시에서 살인예고가 잇따라 발생하자, 경찰력은 지하철역과 번화가에 집중 배치되었고, 그로 인해 다른 범죄 대응이 소홀해질 수 있다는 지적이 제기되었다.

더욱이 익명성과 국제성을 특징으로 하는 사이버 공간에서는 글 작성자를 특정하고 검거하는 데 기술적 한계가 존재한다. 작성자가 가명을 사용하거나 VPN(가상사설망)으로 IP 추적을 회피하면 수사가 장기화되거나 미제로 남을 가능성도 있다.

법적 측면에서도 문제는 존재했다. 살인예고 글이 실제 범죄로 이어지지 않을 경우, 현행법으로 처벌하기가 애매한 부분이 있었다. 협박죄는 특정한 개인을 대상으로 해야 성립되고, 살인 예비죄는 구체적인 범행 준비가 확인되어야 하기 때문이다. 이러한 한계를 극복하기 위해 정부와 국회는 법 개정에 나섰고, 2025년 2월 국회 본회의에서 공중 협박 행위를 별도의 범죄로 규정한 형법 개정안이 통과되었다(매일경제, 2024).

개정된 법은 불특정 다수에게 공포심을 유발하는 협박 행위를 "공중협박죄"로 규정하고, 실제 범행 여부와 관계없이 글 게시만으로도 5년 이하의 징역 또는 2천만 원 이하의 벌금형에 처하도록 하였다. 상습적인 경우 가중 처벌하는 조항도 포함되었다. 이로써 온라인상에서 살인예고 글을 올리는 행위 자체가 명확한 법적 근거로 형사처벌 대상이 되어, 수사 과정에서의 법적 공백이 상당 부분 해소되었다.

경찰은 이러한 법적 변화에 발맞춰 보다 강력한 대응을 예고했다. 살인예고 게시물은 사이버 테러 행위로 간주하여 실시간 모니터링을 강화하고, 발견 즉시 IP 추적을 통해 작성자를 색출했다. 특히, 청소년과 모방범이 다수 포함된 점을 고려해 일부 사건에는 선도 프로그램을 병행했지만, 대부분의 경우 협박죄나 업무방해죄로 형사 입건되었다(NewDaily, 2024).

사회적 대응 역시 중요하다. 경찰은 시민들에게 살인예고 글을 발견하면 즉시 신고할 것을 당부했고, 언론은 이 같은 범죄의 처벌 가능성을 보도하며 경각심을 높였다. 미성년자들이 단순 호기심으로 살인예고 글을 올리지 않도록 학교에서는 사이버 범죄의 위험성과 처벌에 대한 교육을 강화해야 한다. 또한, 인터넷 커뮤니티 운영자들은 해당 글을 발견할 경우 신속한 대응을 할 수 있도록 자율 규제를 확립해야 한다.

온라인 공간에서 폭력적 예고를 단순한 장난으로 여기는 문화를 개선하기 위한 사회적 노력이 필요하다. 이는 단순한 처벌의 문제가 아닌, 건강한 인터넷 문화 조성을 위한 필수적인 과정이다.

결론적으로 온라인 살인예고에 대한 대응은 경찰의 신속한 수사, 법률적 보완, 사회적 자정 노력이 함께 이루어져야 효과를 볼 수 있다. 경찰은 빠른 탐지와 검거로 위협을 억제하고, 법은 빈틈없는 처벌로 예방 효과를 높이며, 사회는 이러한 행위의 심각성을 인식하고 자율적으로 규제하는 문화를 형성해야 한다. 인터넷 발전이 가져온 디지털 테러리즘을 극복하기 위해서는 이러한 종합적인 접근이 필수적이다.

자율주행 기술과 치안 활동의 미래

과학기술의 발전은 범죄자의 도구와 환경뿐만 아니라 경찰의 업무 방식에도 큰 변화를 가져오고 있다. 그 대표적인 예가 자율주행자동차 기술의 발전이다. 자율주행자동차(Autonomous Vehicle)는 인간 운전자의 개입 없이 스스로 주변을 인식하고 주행하는 자동차로, 현재 전 세계적으로 연구개발과 시범 운행이 활발히 이루어지고 있다. 완전 자율주행(Level 5) 기술의 상용화는 아직 시간이 필요하지만, 부분적 자율주행(Level 3~4)은 이미 도로에서 시험 단계에 접어들었다. 이러한 자율주행 시대의 도래는 경찰의 치안 활동에도 큰 변화를 가져올 것으로 전망된다.

자동차는 경찰의 순찰, 교통관리, 범죄 대응에서 핵심적인 장비 중 하나인데, 만약 이 자동차가 스스로 움직이고 판단할 수 있게 된다면 경찰 업무의 효율성과 형태가 크게 재편될 것이다. 우선 경찰 순찰 활동에서 자율주행 기술이 적용될 경우 기존의 순찰 방식에 큰 변화가 예상된다. 지금까지 경찰 순찰은 보통 2인 1조로 이루어졌는데, 이는 한 사람이 운전을 맡고 다른 한 사람이 주변을 경계하거나 무전을 담당하는 식으로 역할을 분담했기 때문이다. 그러나 자율주행차가 도입되면 1인 승차 순찰이 현실화될 수 있다. 고도 자율주행(Level 4) 단계가 가능해지면 차량이 스스로 주행하고 장애를 회피할 수 있기 때문에 경찰관 한 명만 탑승해도 안전하게 순찰 임무를 수행할 수 있다. 이로 인해 현재의 2인 1조 체제를 1인 1조 체제로 전환하여 인력 운영의 효율화를 도모할 수 있다.

실제 순찰 시에도 운전에 집중하던 주의력을 주변 상황 관찰과 범죄 징후 포착에 온전히 집중할 수 있어 경계의 밀도가 높아질 것이다. 또한, 경찰관의 피로도 감소와 야간이나 장시간 순찰 시의 안전성 향상도 기대된다. 다만, 1인 순찰의 경우 현장에서 긴급 상황(범인과의 대치 등)이 발생하면 대응 인력이 부족할 수 있으므로 신속한 지원체계가 병행되어야 한다. 예를 들어, 인근 지구대에서 2인 대응팀을 대기시키고, 1인 순찰자가 위급 상황을 전송하면 즉시 추가 인력을 투입하는 방식으로 대응할 수 있을 것이다.

자율주행 기술은 더 나아가 무인 순찰차나 원격 지휘 차량의 등장도 가능하게 한다. 완전 자율주행(Level 5) 단계에 접어들면 경찰관이 탑승하지 않아도 순찰차가 정해진 경로를 따라 자동으로 순찰할 수 있다. 이러한 무인 순찰차에는 360도 카메라와 센서, 통신 장비가 탑재되어 범죄나 이상 상황을 탐지하고 실시간으로 관제센터에 전송하는 역할을 수행할 수 있다. 두바이 경찰은 2017년 세계 최초로 소형 자율주행 순찰 로봇차(O-R3)를 도입해 관광지 등을 자율 순찰하고, 필요시 드론을 발사해 용의자를 추적하는 실험을 한 바 있다(Hope, 2022). 이러한 로봇 순찰차는 방범 카메라나 지역 순찰을 대체·보완하면서 경찰 인력을 위험 지역에 보내지 않고도 치안을 유지하는 역할을 할 수 있을 것으로 보인다.

또한, 자율주행차를 이동식 지휘본부로 활용하는 방안도 고려되고 있다. 예를 들어 군중이 밀집한 행사나 재난 현장에 자율주행 지휘 차량을 배치하면, 현장에서 실시간 드론 영상과 센서 정보를 통합·분석하여 지휘관이 효과적으로 상황을 파악하고 지시를 내릴 수 있다. 사람이 운전하지 않아도 되기 때문에 차량 내부를 업무 공간으로 최적화할 수 있고, 첨단 지휘통제 센터로서 기능할 수 있다. 이처럼 자율주행 기술은 경찰 활동의 공간적 제약을 감소시키고 자동화 수준을 높여 치안 서비스의 혁신을 이끌 잠재력을 가지고 있다.

한편, 새로운 기술 도입에 따른 제도 정비도 필요하다. 우선 법·제도적 정비가 선행되어야 한다. 자율주행 경찰차가 도로를 운행하려면 도로교통법 등 관련 법령에 자율주행 특성을 반영한 조항이 필요하다. 현재 국내법에서는 자율주행차 시범 운행을 허용하고 있으나 경찰 순찰에 투입되는 상황을 고려한 규정은 미비하다. 예를 들어, 무인 자율주행 순찰차가 신속 출동을 위해 교통신호를 무시하거나, 용의자를 추격하기 위해 고속 주행을 하는 경우 등을 합법화하려면 이에 대한 법적 근거가 마련되어야 한다. 또한, 자율주행 시스템의 오류로 사고가 발생할 경우 책임 주체를 명확히 하는 법리 정립도 필요하다.

기술 안전과 보안 문제도 중요하다. 자율주행 경찰차가 범죄자의 해킹에 취약하다면 오히려 위험을 초래할 수 있다. 만약 해커가 경찰 순찰차를 원격 조정해 오작동을 일으키거나, 순찰 경로를 교란시키는 일이 발생한다면 심각한 치안 공백이 생길 수 있다. 따라서 자율주행 시스템에 대한 사이버 보안 강화와 암호화 통신, 이중 안전장치 마련 등이 필수적이다. 경찰은 자율주행 기술 업체와 협력하여 보안 프로토콜을 개발하고 정기적인 취약점 점검을 수행해야 한다. 또한, 기술 도입에 따른 범죄 양상의 변화에도 대비해야 한다. 자율주행차 보급 이후 범죄자들이 운전자 없는 차량을 범행에 악용하거나(예: 무인배달 수단을 활용한 마약 거래), 교통단속을 피하기 위해 자율주행차의 센서를 방해하는 시도 등이 나타날 수 있다. 이러한 신종 범죄에 대응하기 위해서는 법적 규제뿐만 아니라 수사 기법과 장비의 업그레이드도 필수적이다. 경찰 조직 차원에서도 중장기적 전략 수립이 필요하며, 자율주행 기술 발전 상황을 지속적으로 모니터링하고 그에 맞춘 대응 방안을 연구해야 한다(김양현, 2018).

이처럼 과학기술의 발전은 범죄의 양상을 지능화·다양화시키고 있으며, 이에 대응하기 위한 경찰의 전략적 대응이 요구된다. 선제적 입법, 기술적 대응, 조직적 대응, 그리고 사회적 협력을 통해 새로운 범죄 유형에 대응할 수 있는 유연하고 지속적인 치안 시스템을 마련해야 한다. 경찰은 더 이상 전통적인 방식만으로는 치안 질서를 유지하기 어려우며, 변화에 능동적으로 적응하고 때로는 변화를 선도하는 자세가 요구된다. 기술을 억제하는 규제자이면서 동시에 활용하여 범죄를 추적하는 혁신가로서의 역할이 확대되고 있다. 미래의 범죄 양상은 더욱 예측하기 어려워지겠지만, 오늘날 우리가 쌓는 제도적·기술적·인적 대응 역량이 미래 치안의 버팀목이 될 것이다. 경찰의 이러한 노력이 사회 전반의 신뢰를 높이고, 시민들이 첨단 기술을 안전하게 향유하며 범죄로부터 보호받는 디지털 안전 사회를 구현하는 데 기여하기를 기대한다.

CHAPTER

3

우리는 범죄를 예방할 수 있는가?

현대사회와 범죄

12

범죄와 두려움

범죄율의 진실: 숫자와 심리의 괴리

사람들은 자신이 직접 목격한 범죄뿐만 아니라, 타인에게서 들은 이야기나 미디어를 통해서도 다양한 범죄 정보를 접하고 있다. 그러나 대중이 인식하는 범죄 통계와 실제 범죄 발생률 사이에는 상당한 차이가 존재한다. 페일저에 따르면, 1950년대 이후 여러 국가에서 진행된 다양한 연구는 대중이 범죄에 대해 충분한 지식을 갖추지 못하고 있음을 보여 준다. 예를 들어, 최근 몇 년간 범죄율이 감소했다는 여러 증거가 있음에도 불구하고, 많은 사람들은 여전히 범죄율이 증가하고 있다고 믿는 경향이 있다(Feilzer, 2015).

애쉬크로프트 경은 영국의 범죄율을 포함한 다양한 주제로 2,000명 이상을 대상으로 온라인 설문조사를 진행했는데, 응답자의 약 75%가 1997년부터 2010년까지 범죄율이 증가했거나 변함이 없다고 생각한 것으로 나타났다(Lord Ashcroft, 2011). 그러나 영국 범죄 조사(British Crime Survey)에 따르면, 같은 기간 동안 실제 범죄율은 43% 감소했으며, 이를 정확히 인식한 사람은 단 2%에 불과했다(Kershaw, Nicholas & Walker, 2008).

대중이 이러한 질문에 정확히 답하지 못하는 이유는 명확하지 않다. 하지만 대부분의 사람들은 통계 수치에 큰 관심을 두지 않거나, 직관적으로 통계를 이해하는 데 어려움을 느끼기 때문일 수 있다(Howitt & Cramer, 2020). 범죄 통계에 대한 이해는 주로 전문가들의 영역으로 여겨지며, 일반 대중에게는 흥미롭지 않은 주제로 받아들여진다. 국가 범죄 통계 수치가 가끔 뉴스에 보도되지만, 많은 사람들은 이러한 통계에 대한 불신을 가지고 있어, 접하더라도 크게 신뢰하지 않는 경향이 있다. 무엇보다 중요한 점은, 통계 수치와 무관하게 대중은 사회가 점점 더 범죄적이고 위험해지고 있다고 느낀다는 것이다(Docherty, 1990).

다행히도 최근 들어 범죄가 증가하고 있다고 믿는 사람들의 비율이 줄어드는 추세를 보였지만, 여전히 많은 사람들은 범죄율이 증가하고 있다고 생각하고 있다(Office for National Statistics, 2017). 이러한 인식의 변화에도 불구하고, 대중의 범죄에 대한 막연한 두려움은 쉽게 사라지지 않고 있다. 이는 범죄에 대한 정보가 실제 데이터보다 감정적 경험이나 미디어 노출에 더 큰 영향을 받기 때문일 것이다.

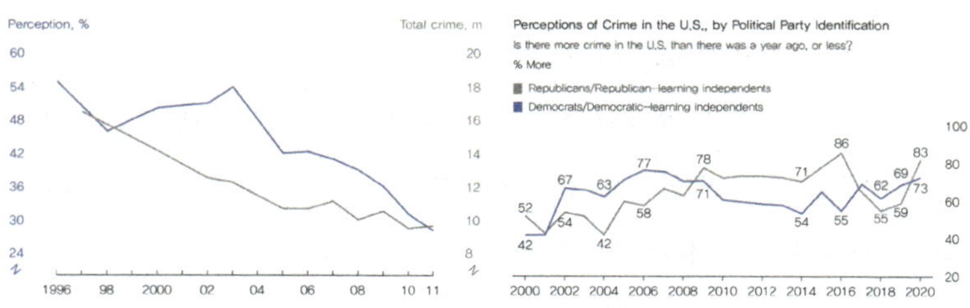

실제 범죄 수준과 인식차이 (영국, 2012)

정치 성향별 범죄에 대한 인식차이(미국, 2021)

그림 12-1 범죄율과 범죄에 대한 두려움 인식차이

범죄 두려움이란 무엇인가?

범죄학, 사회학, 심리학, 정치학 등 다양한 학문들은 공통적으로 대중의 범죄 두려움에 주목한다. 이 개념은 1960년대 미국 정부가 범죄와 대중 간의 관계를 조사하면서 정치적 의미를 가지게 되었다(Jackson, 2006). 전통적인 범죄 통계와는 별개로, 범죄에 대한 두려움은 정부 정책의 성공 여부를 평가하는 중요한 척도로 간주되며, 두려움의 수준이 낮을수록 정책이 효과적이라는 평가를 받는다. 이러한 두려움의 정도는 특정 집단이나 지역, 그리고 개인의 성향에 따라 다르게 나타나며, 일부 지역은 범죄 두려움이 높다는 이유만으로 문제 지역으로 낙인찍히기도 한다. 실제 범죄율을 낮추는 것보다 대중의 범죄 두려움을 줄이는 것이 오히려 더 달성하기 쉬운 정책 목표가 될 수 있다.

세계 여러 나라에서는 대중의 범죄 두려움을 측정하기 위한 설문조사를 진행하고 있지만, 범죄 두려움의 명확한 정의는 여전히 모호하다. 정치적 측면에서는 이러한 모호함이 큰 문제로 여겨지지 않지만, 심리학적 연구에서는 두려움이 다양한 요소와 연결되어 있어 연구 과정에서 많은 어려움을 초래한다(Allen, 2004). 범죄 두려움 연구에서 '두려움(fear)'이라는 단어가 다의적 의미를 가지기 때문에 이를 명확하게 정의하기가 쉽지 않다. 예를 들어, 두려움은 특정 감정적 반응으로 인해 사람들이 특정 상황을 회피하게 만들 수 있으며, 반면에 폭풍우의 위험성을 인지하듯이 범죄의 위험을 인식하는 인지적 평가로 해석될 수도 있다. 이처럼 단어의 의미가 광범위하다 보니, 범죄 두려움에 대한 연구 결과가 일관되지 않고 상충하는 경우도 많다.

범죄 두려움을 평가하기 위해 설문조사에서는 밤에 외출할 때 느끼는 불안감이나 낯선 사람에 대한 두려움 등 다양한 질문들이 사용된다. 그러나 사용된 방법론에 따라 범죄 두려움과 인구통계적 변수 간의 관계가 크게 달라진다(Collins, 2016). 특히, 질문의 표현 방식이나 질문 수에 따라서도 결과가 달라지기 때문에 범죄 두려움 연구는 일관성을 확보하기 어렵다. 전반적으로 범죄 두려움 수준이 가장 높은 집단은 여성, 범죄율이 높은 지역 거주자, 그리고 범죄 피해 경험이 있는 사람들이었다. 반대로, 경찰에 대한 신뢰가 높은 사람들은 범죄 두려움이 낮은 경향을 보였다. 나이와 교육 수준처럼 두려움에 영향을 미칠 것으로 예상되었던 변수들은 뚜렷한 상관관계를 보이지 않았지만, 일부 연구에서는 예외적인 결과가 나타나기도 했다. 이는 범죄 두려움 연구에서 일반화가 쉽지 않음을 의미한다.

그렇다면 범죄 두려움에서 말하는 '두려움(fear)'이란 정확히 무엇을 의미하는가? 단순히 사람들이 범죄 피해 가능성에 대해 느끼는 불안감을 뜻하는 것인가, 아니면 일부 사람들의 삶이 범죄 두려움에 의해 실질적으로 지배된다는 의미인가? 페럴과 가드는 대부분의 사람들이 범죄 두려움을 중요한 삶의 특징으로 경험하는지에 대해 의문을 제기했다(Farrall & Gadd, 2004).

범죄에 대해 약간의 두려움을 느끼는 것과 지속적이고 빈번하게 두려움에 사로잡히는 것은 명확히 구분된다. 약 25%의 사람들이 주거침입이나 성폭행과 같은 특정 범죄에 대해 매우 두려움을 느낀다고 응답했지만, 이들이 이러한 두려움을 얼마나 자주 경험하는지는 알 수 없었다. 추가 연구에서는 참가자들에게 "지난 1년 동안 범죄 피해자가 될 가능성에 대해 두려움을 느낀 적이 있는가?"라는 질문을 던졌다. 그 결과, 35%의 응답자가 지난 1년 동안 범죄에 대한 두려움을 경험했다고 답했으며, 이들 중 절반 정도는 그 두려움을 최대 네 번 경험했다고 밝혔다. 그러나 두려움을 느꼈다고 답한 모든 사람이 강한 두려움을 경험한 것은 아니었다. 전체 응답자 중 15%만이 꽤 높거나 매우 높은 수준의 두려움을 느꼈다고 답했고, 이들 중 절반만 이 지난 1년 동안 다섯 번 이상 그런 두려움을 경험했다고 응답했다. 결국, 약 10% 미만의 사람들만이 평균 석 달에 한 번 정도 높은 수준의 두려움을 경험한 셈이다.

범죄 두려움은 단순히 범죄 발생 여부에 대한 공포가 아닌, 사회적 맥락과 개인의 경험에 따라 다층적으로 형성되는 감정이다. 일부 집단에서 두려움이 과도하게 증폭될 경우 지역 낙인과 사회적 불안이 초래될 수 있으며, 이는 범죄 예방 정책에도 영향을 미친다. 따라서 범죄 두려움을 줄이기 위한 정책적 접근은 단순히 범죄율을 낮추는 데 그치지 않고, 대중의 불안감을 완화하고 사회적 신뢰를 높이는 방향으로 설계되어야 한다. 특히 범죄 두려움에 대한 명확한 정의와 측정 도구의 일관성을 확보함으로써, 정책의 효과를 보다 정확하게 평가할 수 있을 것이다.

범죄 두려움은 조작될 수 있는가?

국제적인 시각에서 범죄 심리학을 바라보는 것은 우리의 이해를 넓히고 새로운 도전에 직면하게 하며 개선의 기회를 제공한다. 이러한 관점을 통해 국가가 범죄에 대한 두려움을 어떻게 조작할 수 있는지도 파악할 수 있다. 예를 들어, 1970년대에서 1980년대 사이 공산주의 체제하에 있었던 폴란드에서는 범죄에 대한 두려움이 서방 국가들과는 확연히 다른 양상을 보였다. 당시 공산주의 체제는 서방 사회가 겪는 높은 범죄율로부터 자유롭다는 점을 강조했고, 이는 체제의 안정성을 나타내는 중요한 요소로 간주되었다.

슈움스키에 따르면, 1977년 조사에서 폴란드 국민의 65%가 범죄에 전혀 두려움을 느끼지 않는다고 답했고, 25%는 거의 두려워하지 않는다고 응답했다. 이는 범죄에 대한 두려움이 상대적으로 높았던 서방 국가들과 뚜렷한 대조를 이룬다. 또한, 폴란드 국민이 사회적 위협으로 인식한 범죄 유형 역시 서방의 폭력 범죄와는 달랐다. 폴란드 사람들은 폭력보다는 폭리, 뇌물수수, 부패, 공공재 횡령, 사유 재산 절도, 고위 공직자의 권력 남용 등을 더 큰 위협으로 인식했다(Szumski, 1993).

이러한 차이는 폴란드 경찰의 범죄 통계 산출 방식에서도 드러난다. 당시 폴란드 경찰은 실제로 범죄로 확인된 사건만을 통계에 포함시켰으며, 단순히 신고된 사건은 배제했다. 이러한 시스템 덕분에 경찰은 범죄 유형을 자의적으로 조정할 수 있었다. 예를 들어, 경찰이 폭력 범죄율을 낮게 유지하려는 목적에서 일부 폭력 사건을 범죄로 간주하지 않았을 가능성도 제기된다. 그 결과 낮게 기록된 범죄율은 공산주의 사회의 성과로 홍보되었다. 만약 범죄율이 상승할 경우, 국가는 더욱 억압적인 사회 정책을 도입해 법을 강화했다.

슈움스키는 이러한 통계 수치가 본질적으로 조작된 것이라고 주장한다(Szumski, 1993). 그는 범죄에 대한 두려움이 실제 범죄 상황에 대한 객관적 반응이 아니라 사회적으로 형성된 산물일 수 있다고 보았다. 경찰이 어떤 행위를 범죄로 보고할지 결정하는 과정에서 범죄 수치가 왜곡될 수 있다는 비판은 폴란드만의 문제가 아니라 세계적으로도 빈번하게 제기된다. 실제로 패트릭은 범죄 통계의 신뢰성에 대한 의문을 제기하며, 통계 수치가 사회적, 정치적 목적에 의해 조작될 수 있음을 지적했다(Patrick, 2014).

범죄 두려움의 실체

사람들이 범죄가 증가하고 있다는 인식을 어디에서 얻었는지에 대한 설문 조사 결과가 있다. 이 조사에서는 범죄가 증가하지 않았다고 생각하는 사람들은 제외되었다. 전국적인 범죄 수준에 대한 정보를 살펴보면, TV와 라디오 뉴스가 가장 중요한 정보 출처로 꼽혔으며, 응답자의 67%가 이를 통해 정보를 얻었다고 답했다(Office for National Statistics, 2017). 일반적으로 인터넷을 포함한 대중매체가 전국 범죄율 증가에 대한 인식에 가장 큰 영향을 미쳤다. 반면, 개인적 경험을 통한 정보는 18%에 불과했다.

그러나 자신이 거주하는 지역의 범죄 수준이 증가했다고 믿는 사람들의 경우에는 다른 양상이 나타났다. 지역 범죄에 대해서는 지역 신문(49%)을 제외한 대중매체의 영향이 낮았으며, 사람 간의 대화(59%), 개인적 경험(34%), 친구 및 가족의 경험(32%)이 주요 정보 출처로 나타났다. 이는 지역 범죄 인식에 있어서는 사람 간의 상호작용이 더 중요한 역할을 한다는 것을 의미한다.

범죄에 대한 두려움에 영향을 미치는 주요 요인은 크게 세 가지로 요약할 수 있다. 첫째는 주변 환경과 외부 지역의 범죄에 대한 직접적인 지식이다. 범죄를 직접 경험하거나, 피해자가 된 지인이 있거나, 지역 혹은 국제적으로 전해지는 범죄 소문 등이 이에 해당된다. 관련 연구에서 범죄 두려움 지표와 지역별 범죄 발생률, 폭력 범죄와 관련된 공공 체포 건수를 비교했다. 그 결과, 지역의 폭력 범죄 체포 건수와 폭력 범죄에 대한 두려움 수준 사이에 관계가 있음을 발견했으며, 특히 공식 범죄 통계가 강력한 예측 지표로 작용했다. 하지만 모든 연구가 범죄율이 범죄 두려움의 중요한 결정 요인이라고 주장하지는 않는다(Fernandes, 2018).

두 번째 요인은 대중매체의 범죄 뉴스 보도와 SNS, 영화, 드라마, 게임 속 허구적 범죄 묘사이다. 연구 결과는 혼재되어 있지만, 대중매체의 범죄 뉴스와 허구적 범죄 내용이 범죄 두려움에 미치는 영향은 없었다. 오히려 범죄 피해자가 될 가능성에 대한 인식이 더 중요한 요인으로 나타났다

(Chadee, Smith & Ferguson, 2019). 반면, 소셜 미디어를 많이 사용하고 특히 범죄 관련 콘텐츠를 자주 접하는 젊은 층은 더 높은 수준의 범죄 두려움을 보고했다(Intravia, Wolff, Paez & Gibbs, 2017).

세 번째 요인은 범죄에 대한 두려움에 영향을 미치는 성격적, 사회적 특성이다. 예를 들어, 가정 내 범죄 피해에 대한 두려움이 외로움, 낮은 교육 수준, 이웃 간 신뢰도와 밀접한 관련이 있으며 범죄 예방 행동의 차이로도 이어진다(Bazargan, 1994). 또한 최근 연구에서는 범죄 두려움이 높은 사회적 무질서 인식, 그리고 지역 경찰에 대한 부정적 평가와 연관이 있음을 보여주었다(Bolger & Bolger, 2019).

심리학적 관점에서도 흥미로운 연구가 있다. 호주에서 몇 년 간격으로 정신적 스트레스와 범죄 두려움을 두 차례 측정하여 분석한 연구에 따르면, 초기의 범죄 두려움은 이후의 정신적 고통을 예측하지 못했으나, 초기의 정신적 고통은 이후의 범죄 두려움을 예측했다(Foster, Hooper, Knuiman & Giles-Corti, 2016). 이는 범죄에 대한 두려움이 정신적 고통의 결과로 나타나는 것이며, 그 반대는 아니라는 것을 의미한다.

범죄 위험에 대한 정보 출처와 범죄에 대한 두려움 사이의 관계는 단순하지 않다. 클락은 이를 설명하기 위해 '범죄 두려움-피해자 역설(fear-victimisation paradox)'에 대해 설명했다(Clark, 2004). 이는 범죄에 대한 두려움과 실제 피해 위험 사이에 예측할 수 없는 관계가 있음을 나타낸다. 일반적으로 객관적으로 피해 위험이 높은 사람들은 오히려 범죄에 대한 두려움을 적게 느끼는 경향이 있다. 예를 들어, 폭력에 대한 위험과 두려움에 대해 물었을 때, 노인들은 높은 수준의 두려움을 보고하는 반면, 통계적으로 폭력 피해자가 될 가능성이 높은 청소년 후반에서 성인 초반의 남성들은 오히려 두려움을 거의 느끼지 않는다고 한다(Bazargan, 1994; Vanderveen, 2006).

또한, 범죄에 대한 두려움은 공격이나 폭력 상황에 대한 대응 능력에 따라서도 달라진다. 성폭력을 방어할 능력이 없다고 생각하는 여성들은 성폭력에 대한 두려움이 더 높게 나타났으며, 그들은 성폭력을 당할 가능성이 더 높고 그 결과가 심각할 것이라 믿는 경향이 있다(Custers & Van den Bulck, 2013). 이처럼 개인의 취약성은 범죄에 대한 두려움 수준에 중요한 영향을 미친다.

한편, 건강 상태가 좋지 않은 사람들은 범죄에 대한 걱정이 더 크며, 특히 주거 침입에 대한 걱정이 두 배나 높았다(Allen, 2004). 반면 75세 이상의 사람들은 폭력 범죄에 대해 상대적으로 적은 두려움을 보고했다. 이러한 결과는 범죄에 대한 두려움이 연령에 따라 다르게 나타날 수 있음을 시사한다. 또한, 가장 빈곤한 지역에 거주하는 사람들은 범죄에 대해 더 큰 걱정을 가지는 경향이 있다.

범죄에 대한 두려움은 시간이 지남에 따라 변화할 수 있다. 예를 들어, 2009년 영국 성인 중 약 26%가 자신이 범죄 피해자가 될 가능성이 있다고 생각했으나, 2016년에는 그 수치가 19%로 감소했다(Office for National Statistics, 2017). 이는 실제 범죄 위험의 추세와 일치하는 결과다. 범죄 통계는 대중에게 공개되며 텔레비전, 신문, 인터넷 등에서 다뤄지며, 이러한 정보들이 사람들의 범죄에 대한 두려움 수준에 영향을 미친다. 결과적으로 범죄 두려움에 대한 연구 결과들이 서로 다른 이유는, 시간의 흐름에 따른 사회적 변화와 정보 접근 방식의 변화 때문일 수 있다.

성별과 범죄 두려움

심리학자들은 연구 결과가 일관되지 않거나 재현되지 않는 경우가 빈번하다는 점을 잘 알고 있다. 이러한 문제의 원인은 다양하다(Howitt & Cramer, 2008). 연구에서 공통적인 경향이 발견되는 것은 긍정적인 일이다. 예를 들어, 범죄에 대한 두려움에서 성별 차이가 나타나는 것은 자주 확인되는 사례이다. 일반적으로 여성은 남성보다 범죄에 대한 두려움을 더 많이 느낀다. 페미니스트들은 여성들이 낯선 사람에 의한 예측할 수 없는 공격에 대한 두려움을 학습함으로써 독립적인 삶을 제약받고 있다고 주장한다(Walter, 1996). 이는 여성을 특정한 사회적 역할에 고정시키려는 일종의 억압 수단이라는 것이다.

하지만 이러한 주장에는 신중한 접근이 필요하다. 실제로 남성과 여성 간의 범죄 피해 위험은 생각만큼 큰 차이를 보이지 않을 수 있다. 예를 들어, 인종에 관계없이 전체적인 피해율은 성별에 따른 차이가 크지 않은 경우가 많다(GOV. UK, 2018). 그러나 범죄 유형에 따라 성별 간의 차이는 뚜렷하게 드러날 수 있다. 특히 성범죄나 가정폭력의 경우 여성들이 겪는 피해가 과소 보고된다는 지적이 있다(Gracia, 2004). 여성들은 특히 공공장소에서 낯선 사람에게 당할 수 있는 성폭력에 대한 두려움이 크다(Stanko, 1995; Voumvakis & Ericson, 1982).

그러나 범죄 통계에 따르면, 공공장소에서 낯선 사람에게 공격당할 위험이 높은 쪽은 오히려 남성이다. 반면 여성은 주로 알고 지내던 사람에게 신체적 폭력을 당할 위험이 크다. 성폭력의 경우에도 가해자는 피해자가 잘 아는 사람일 가능성이 높다. 데이트 강간이나 부부 강간은 흔한 일이며 결코 사소하게 여겨져서는 안 된다(Ainsworth, 2000; US Department of Commerce, Economics and Statistics Information, 1996).

여성의 범죄에 대한 두려움이 독립성을 제한한다는 가설에 대한 실험 연구에서 영국의 남성과 여성을 대상으로 범죄 두려움에 관한 조사를 통해 주거 침입, 폭행, 기물 파손, 성폭력, 강도 등 다양한 범죄 유형에 대한 두려움 수준을 평가했다. 예상대로 여성은 남성보다 전반적인 범죄 두려움이 높았다(Sutton, Robinson & Farrall, 2011).

흥미로운 점은 추가 실험에서 발견되었다. 참가자들을 두 그룹으로 나누어 한 그룹에는 "솔직하고 정확하게 답하라"라고 지시했고, 다른 그룹에는 "자신을 긍정적으로 보이도록 답하라"라고 요구했다. 그 결과, "긍정적으로 보이도록" 지시받은 남성들은 "솔직하게" 답하라는 남성들보다 범죄에 대한 두려움을 덜 느끼는 것처럼 응답했다. 이는 남성은 강하고 용감해야 한다는 사회적 기대가 반영된 결과로 보인다. 반대로 여성들은 "솔직하게" 답한 여성들보다 오히려 두려움을 더 크게 표현했다. 이는 여성들이 범죄에 대한 두려움을 느끼는 것이 당연하다고 여기는 사회적 규범의 영향을 받은 것이라고 해석된다. 결국, 남성은 두려움을 과소평가하고, 여성은 두려움을 과대평가하는 경향이 있다는 결론이 도출되었다.

또 다른 실험에서는 남성과 여성에게 다양한 범죄 이미지를 보여 주며 반응을 측정했다. 위협적인 범죄 장면과 그렇지 않은 이미지들을 제시하고, 참가자들의 두려움 수준과 생리적 반응(피부 전도도, 눈 깜박임 속도)을 분석했다. 자기 보고 결과에서는 여성의 두려움이 남성보다 높았으나, 생리적 반응에서는 성별 차이가 거의 나타나지 않았다. 다시 말해, 여성들은 자신이 느끼는 두려움을 실제보다 과대평가할 가능성이 있다. 이는 여성들이 사회적 기대에 의해 범죄에 대한 두려움을 더 강하게 인식하는 경향이 있을 수 있음을 보여 준다.

이와 관련해 런던 지역에서 우편 설문조사를 실시하여 개인 범죄와 재산 범죄에 대한 두려움을 조사 결과, 여성들은 재산 범죄에 대해서는 남성보다 더 큰 두려움을 보이지 않았으나, 거리에서 발생하는 개인 범죄에 대해서는 큰 두려움을 나타냈다. 예를 들어, 낯선 사람에 의한 공격, 강도, 소매치기, 괴롭힘, 협박, 언어적 폭력 등에서 여성들은 남성보다 두려움을 더 크게 느꼈다. 또한 여성들은 범죄를 예방할 수 있는 능력이 부족하다고 인식했고, 피해를 입었을 때 더 심각한 결과를 예상했다(Jackson, 2009). 이러한 결과는 여성의 범죄에 대한 두려움이 피해 위험성, 통제력 부족, 피해의 심각성에 대한 인식에서 비롯된다는 것을 보여 준다. 이는 여성들이 범죄에 대해 더 높은 두려움을 느끼는 이유를 이해하는 데 중요한 단서를 제공한다.

결론적으로, 범죄에 대한 두려움에서 나타나는 성별 차이는 단순히 생리적 반응이 아닌 사회적 기대와 역할, 학습된 두려움에 의해 증폭될 수 있다. 여성들이 공공장소에서 느끼는 두려움은 사회적 규범과 미디어의 영향이 반영된 결과일 수 있으며, 남성 역시 자신의 두려움을 숨기려는 경향이 있다. 따라서 성별 간 두려움의 차이를 이해하기 위해서는 사회적 맥락을 함께 고려해야 한다.

범죄 두려움은 진짜 두려움인가?

범죄에 대한 두려움 연구에서는 심리적 요인보다는 범죄 피해에 대한 위험 인식이 미치는 영향을 더 많이 다루는 경향이 있다. 범죄 피해에 대한 위험 인식은 범죄와 범죄 두려움을 인과적으로 연결하는 인지적 메커니즘으로 작용한다(Farrall, Jackson & Gray, 2007). 이는 범죄에 대한 두려움이 단순한 감정적 반응이 아닌, 인식된 위험에 대한 반응으로 설명될 수 있다는 의미이다.

하지만 범죄와 범죄 두려움 간의 관계는 단순하지 않고 매우 복잡한 양상을 보인다. 수십 년간 이루어진 연구들에 따르면, 범죄 위험 인식과 범죄 두려움 간의 관계는 일관되지 않은 결과를 보여 왔다(Chadee, Austen & Ditton, 2007). 연구 결과에 따르면, 이 둘 간의 상관관계는 매우 낮은 수준에서부터 높은 수준까지 다양하게 나타났다. 이는 단순한 위험 인식만으로는 범죄 두려움을 완전히 설명할 수 없으며, 보다 심리적인 메커니즘이 작용할 가능성이 있다.

이 문제를 이해하기 위한 한 가지 접근법은 '범죄 두려움(fear of crime)'이라는 용어에서 '두려움(fear)'의 정확한 의미를 다시 묻는 것이다. 과연 범죄 두려움이 심리학적으로 의미 있는 두려움인가? 클락은 범죄 두려움이 일반적인 공포증처럼 개인의 일상생활을 심각하게 제한하는 '범죄 공포증(crime phobia)'인지에 대해 의문을 제기했다(Clark, 2004). 이를 규명하기 위해 범죄 두려움 항목과 다양한 유형의 공포증(사회적 공포증, 혈액-손상 공포증, 광장공포증)을 포함한 데이터를 분석한 결과, 사회적 공포증이 있는 사람들은 다른 두 공포증(혈액-손상 공포증, 광장공포증)을 가질 가능성이 높다는 경향이 발견되었다.

만약 범죄 두려움이 이러한 공포증과 유사한 성격을 가진다면 공포증 수준이 높은 사람들은 범죄 두려움도 높을 것으로 예상되지만, 연구 결과는 그렇지 않았다. 오히려 다른 공포증 수준이 높은 사람일수록 범죄 두려움이 다소 낮은 경향을 보였다. 각 범죄 유형에 대한 분석도 이러한 경향과 일치하는 결과를 나타냈다. 이를 통해 범죄 두려움이 일반적인 공포증과는 다르다는 결론을 도출했다. 기존 연구에서도 범죄 두려움이 다른 공포증처럼 비합리적이거나 일상생활에 장애를 유발한다는 증거는 발견되지 않았다. 이는 범죄 두려움이 공포증과 근본적으로 다른 성격을 가지고 있음을 의미한다.

그럼에도 불구하고, 범죄에 대한 두려움이 감정적·정서적 체계와 완전히 무관하다고 보기는 어렵다. 따라서 범죄 두려움이 일반적인 두려움(공포증과는 다름)과 같은 다른 형태의 두려움에 의해 형성될 가능성을 제시했다(Chadee & Ng Ying, 2013). 일반적인 두려움을 개인이 현실이나 상상 속에서 마주하는 사건이나 사물에 대해 신체적·정신적으로 나타내는 전형적인 정서적 반응이라고 정의했다. 예를 들어, 죽음, 질병, 부상, 동물에 대한 두려움이 이러한 일반적인 두려움의 대표적인 사례로 언급된다.

범죄 피해 위험에 대한 인식은 개인이 범죄에 대해 가진 지식에 크게 영향을 받을 수 있지만, 일반적인 두려움은 이러한 지식과는 비교적 독립적으로 작용한다고 주장했다. 이들의 연구에 따르면, 일반적인 두려움과 범죄 위험 인식 모두가 범죄 두려움의 예측 변수로 유의미한 역할을 했지만, 그 중에서도 일반적인 두려움이 더 강력한 예측 변수로 나타났다. 이는 범죄 두려움이 단순히 위험에 대한 인식의 문제가 아니라, 실질적인 감정적·정서적 두려움을 포함하고 있음을 의미한다.

13 범죄와 범죄 피해자

범죄 피해자화

1985년 유엔이 발표한 '범죄 피해자 및 권력 남용 피해자를 위한 기본 원칙 선언'에 따르면, 범죄 피해자는 공정한 대우를 받고 정의에 접근할 권리가 있으며, 이를 위해 보상, 사회적 지원, 배상 등이 이루어져야 한다고 명시했다. 그러나 대부분의 국가에서 형사사법 절차는 이러한 피해자의 요구를 충분히 반영하지 못하는 경우가 많다. 이에 따라 범죄 정책의 성공 기준이 단순히 범죄율 감소라는 실질적 성과에서 벗어나, 피해자가 형사사법 시스템 내에서 공정하게 대우받는지에 대한 '양질의 고객 관리(Good customer relations)' 개념으로 변화하고 있다.

피해자학(Victimology)은 범죄학의 하위 분야로, 피해자와 가해자 간의 상호작용을 연구하는 학문이다. 초기의 피해자학은 피해자의 특성이 범죄 피해를 당할 가능성을 높인다는 시각에 중점을 두었다. 그러나 이러한 접근은 피해자에게 범죄의 책임을 전가할 수 있는 문제를 초래했다. 예를 들어, 성폭행 피해자의 옷차림이 범죄의 원인이라는 식의 논리가 대표적이다. 이러한 문제를 해결하기 위해 현대 피해자학은 피해자화를 범죄자와 피해자의 상호작용 속에서 발생하는 선택과 상황적 요인의 결과로 해석한다. 이는 범죄자의 의사결정 과정에 초점을 맞추어 범죄 발생의 맥락을 분석하는 방식으로, 피해자에게 책임을 돌리지 않으면서도 범죄가 발생하는 이유를 이해할 수 있는 장점이 있다. 이러한 변화에 따라 현대적 맥락에서는 '피해자(victim)'보다는 '범행 대상(target)'이라는 용어가 더욱 자주 사용된다.

피해자화는 단순한 우연이 아닌, 일련의 상황적, 환경적, 개인적 요인의 상호작용 속에서 발생하는 경향이 있다. 예를 들어, 영국에서는 인구의 2%가 전체 재산 범죄의 40% 이상에서 피해자로 나타났으며(Farrell & Bouloukos, 2001), 스코틀랜드에서는 성인의 1% 미만이 폭력 범죄 피해자의 59%를 차지하고 있다(Scottish Government, 2019). 또한, 산업화된 국가에서는 개인과 가구를 대상으로 한 범죄 중 약 40%가 같은 해에 반복적으로 발생하는 것으로 조사되었다. 국제범죄피해자조사(ICVS)에 따르면, 여성에 대한 성범죄의 절반 이상이 반복 피해 사례로 나타났다(Van Dijk, van Kesteren & Smit, 2007). 더불어, 개인을 대상으로 한 범죄는 재산 범죄보다 반복 피해율이 높게 나타나는 경향이 있다.

범죄 피해자는 범죄를 경험한 이후 다양한 개인적 반응을 보인다(DeValve, 2005). 대표적으로 가해자에 대한 분노(81%), 직장 결근(69%), 불안감, 공황발작 및 기타 심리적 영향(67%), 업무 능력 저하(61%), 유사한 범죄에 대한 두려움(53%), 고립감과 외로움(53%), 집에서의 불안감(53%), 범죄에 대한 자기비난(47%), 파트너와의 관계 악화(44%), 복수심(44%) 등이 있다.

피해자들은 가해자에 대해 다양한 감정을 가지며, 그중에서도 가해자가 감옥에 가기를 바라는 경우가 56%로 가장 많았다. 가해자의 사과를 원하는 경우는 33%, 가해자가 도움을 받기를 바라는 경우는 31%로 나타났다. 특히 주목할 점은, 피해자의 56%가 가해자에게 자신이 받은 부정적 영향을 직접 전달하고 싶어 했으며, 47%는 왜 그런 범죄가 발생했는지 이해하고자 했다. 이러한 요구는 회복적 정의(restorative justice)라는 개념과 실천을 통해 충족될 수 있다.

한편, 모든 피해자가 동일한 반응을 보이는 것은 아니다. 일부 피해자는 범죄 피해로 인한 영향이 미미하거나 거의 없는 경우도 있다. 어떤 피해자는 범죄로 인해 일시적인 스트레스를 겪더라도 빠르게 회복하여 장기적인 손상을 입지 않을 수 있다. 그러나 반대로 일부 피해자는 극단적인 반응을 보이기도 한다. 예를 들어, 성인 초기에 폭력 피해를 경험한 사람들은 테러리스트가 인터넷에 게시한 잔혹한 영상을 시청할 가능성이 더 높다는 연구 결과가 있다. 이러한 폭력 피해에는 가정폭력이나 살인으로 인해 가까운 사람을 잃은 경험도 포함된다(Redmond, Jones, Holman & Silver, 2019).

피해자화(victimisation)는 심각하고 장기적인 결과를 초래할 수 있으며, 이는 개인의 일상적인 기능에 깊은 영향을 미친다. 특히 피해자가 겪는 심리적 손상은 단기간에 그치지 않고 지속적으로 영향을 미치며, 이는 미래의 재피해자화(re-victimisation)에 대한 취약성을 높이는 요인으로 작용한다.

피해자-가해자 중첩

범죄 가해자는 역설적으로 범죄 피해자가 될 가능성도 매우 높다. 피해자-가해자 중첩(victim-offender overlap)에 관한 연구에 따르면, 피해자와 가해자가 동일한 사람이 될 확률은 범죄 유형에 따라 달라진다(Jennings, Pique & Reingle, 2012). 예를 들어 폭력 범죄의 경우 피해자가 가해자로 전환되거나 가해자가 피해자가 될 가능성이 높지만, 절도와 같은 비폭력 범죄에서는 이러한 중첩이 상대적으로 낮다. 그렇다면 피해자와 가해자가 중첩되는 현상을 어떻게 설명할 수 있을까? 이를 설명하기 위한 세 가지 주요 이론이 있다(Reisig & Holtfreter, 2018).

첫 번째로 일상 활동 이론(Routine Activity Theory)을 들 수 있다(Felson,

1996). 이 이론에 따르면 범죄는 세 가지 요소가 충족될 때 발생한다. 첫째, 범죄의 목표물(피해자가 될 수 있음), 둘째, 동기가 있는 가해자, 셋째, 이를 방지할 보호자의 부재이다. 피해자와 가해자의 중첩은 위험한 생활 방식과 범행 기회가 겹치기 때문에 발생한다. 비구조적 사회화 이론(unstructured socialising theory)에 따르면, 청소년들이 성인의 감독 없이 비행 성향이 있는 또래와 어울리는 시간이 많을수록 피해자 - 가해자 중첩이 발생할 확률이 높아진다고 본다(Osgood, Wilson, O' Malley, Bachman & Johnston, 1996). 특히, 이러한 청소년들은 서로를 보호하지 못하거나, 비행 행위에 집중하면서 범죄에 노출될 위험이 커진다. 이러한 위험은 폭력적 환경이나 보호망이 없는 상황에서 더욱 두드러진다(Schreck, Fisher & Miller, 2004).

두 번째는 낮은 자기통제 이론(Low Self-control Theory)이다(Gottfredson & Hirschi, 1990). 이 이론은 어릴 적 사회화 실패로 형성된 자기통제력 결핍이 범죄와 피해를 동시에 초래할 수 있다고 본다. 이는 주로 사회화 과정에서 부모가 자녀의 행동을 적절히 감독하거나 잘못된 행동에 대해 적절하게 처벌하지 않을 때 발생한다. 이렇게 사회화가 제대로 이루어지지 않으면 자기통제력이 낮아지고, 이는 범죄에 가담할 가능성을 높인다. 자기통제력이 부족한 사람들은 위험한 행동을 자주 시도하며, 그 과정에서 범죄의 가해자가 될 뿐만 아니라 피해자가 될 위험도 함께 높아진다.

세 번째는 긴장 이론(Strain Theory)이다(Agnew, 1992). 이 이론은 개인이 겪는 극심한 스트레스나 긴장이 범죄로 이어질 수 있다고 설명한다. 이러한 긴장은 범죄로 인해 피해를 본 경험도 포함되며, 이는 분노와 같은 부정적인 감정을 유발한다. 이러한 부정적 감정은 비합리적이고 부적응적인 방식으로 표출되며, 때로는 사회적 고립이나 과도한 음주와 같은 자기파괴적인 행동으로 이어진다. 이로 인해 법을 위반할 확률이 높아진다.

이와 더불어, 폭력적 학대의 피해자가 성인이 된 후 가해자가 되는 경향 역시 중요한 논의 지점이다(Kar, 2019). 이는 단순히 피해 경험이 남긴 트라우마로만 설명할 수 없는 복잡한 의사결정 과정을 포함한다(Averduk, van Galder, Eisner & Ribeaud, 2016). 일부 이론가들은 이러한 관계가 낮은 자기통제력과 같은 공통된 제3의 요인 때문이라고 설명하지만, 최근 연구에서는 피해 경험이 이후의 위험 인식, 신뢰, 회피 행동 등의 의사결정 패턴에 실질적 영향을 줄 수 있음을 주장한다. 즉, 폭력 피해를 경험한 사람은 갈등 상황에서 폭력의 비용보다 이익이 더 크다고 판단할 수 있다. 이러한 사고방식은 범죄 선택 모델의 예시로, 범죄자가 범행을 결정할 때 비용과 편익을 분석하는 경제적 행위자로 간주하는 시각을 따른다(Clarke & Cornish, 1985).

최근 연구자들은 이러한 범죄 선택 과정에서 감정이 중요한 동기 요소임을 강조하며, 이를 모델에 포함시켰다(Lerner & Tiedens, 2006). 특히, 폭력 피해는 분노와 부당함 같은 부정적 감정과 깊게 연관된다. 피해자는 보복에 대한 두려움으로 갈등 상황에서 공격성을 줄이기도 하지만, 반대로 사회적 지위와 자존감 상실로 인해 폭력 사용에 대한 비용과 편익을 긍정적으로 평가할 수 있다. 분노와 부당함, 그리고 보복 욕구가 강할수록 폭력을 통한 보상이 크다고 인식하게 된다. 또한, 이러한 폭력이 도덕적으로 정당화되면 폭력을 사용할 때 느껴야 할 죄책감이나 수치심이 감소할 수 있다.

결국, 피해자와 가해자의 중첩은 단순한 우연이 아닌 복잡한 사회적, 심리적 요인들이 얽혀 만들어진 결과이다. 이들은 범죄의 피해자로서의 경험이 다시 가해자로 이어질 수 있는 순환 구조를 형성하며, 이러한 악순환을 끊기 위한 사회적 개입이 필요하다.

범죄 피해로 인한 외상 후 스트레스 장애(PTSD)

강간, 아동 학대, 폭력과 같은 심각한 범죄는 피해자뿐만 아니라 이를 목격한 사람들, 가족, 친구들에게도 심각한 심리적 충격을 준다. 이러한 범죄 피해로 인해 불안, 우울 증상, 섭식장애, 적대감, 전반적인 신체적·정서적 기능 저하 등 다양한 부정적 심리적 결과가 나타난다. 특히 범죄 피해의 심리적 결과 중 가장 많이 연구된 것은 외상 후 스트레스 장애(PTSD)이다. PTSD는 외상 직후 즉각적으로 발생하기도 하지만, 수주 ~ 수개월 뒤에 지연 발현되는 경우도 있다(지연성 PTSD).

최근에는 복합 외상 후 스트레스 장애(CPTSD)에 대한 관심이 커지고 있으며, 이는 국제질병분류 ICD-11(WHO, 2018)에서도 정식으로 인정되었다. PTSD가 주로 두려움에 기반한 장애로 분류되는 반면, CPTSD는 감정 조절, 대인 관계, 자기 개념과 관련된 심각한 문제를 포함한다. CPTSD는 성적 학대와 같은 반복적인 대인 간 학대를 경험한 이들에게 주로 나타나는 심리적 장애로, PTSD와 유사하지만 그 영향이 더 광범위하고 깊다. 이 두 장애의 구분은 비교적 최근에 이루어졌으며, 이에 따른 연구 역시 아직 충분하지 않은 상황이다.

범죄 피해 이후 만성 PTSD의 발병률에 대한 추적 조사에 따르면 약 10~15% 수준으로 추정된다(Winkel, 2007). 이는 만성적 특성을 고려한 보수적인 추정치이며, 일부 연구에서는 더 높은 비율이 보고되기도 한다. 예를 들어, 친밀한 파트너 폭력 이후 PTSD 발병률은 연구 대상의 특성에 따라 33%에서 84%까지 다양하게 나타난다(Norwood & Murphy, 2012). 물론 중요한 것은 정확한 발병률 자체보다는 많은 범죄 피해자들이 심리적 고통을 겪으며, 이들이 정서적·심리적 회복을 위해 즉각적이고 지속적인 지원이 필요하다는 점이다.

PTSD는 외상성 사건 직후 바로 나타나지 않더라도 시간이 지나면서 발현될 수 있다. 다음은 PTSD의 일반적인 증상들이다.

- 심각한 우울증과 자살 충동
- 수면 장애: 잠들기 어려움부터 비정상적으로 긴 수면 시간까지 다양한 형태로 나타남
- 반복적 행동: 통제력을 잃었던 과거 상황에서 보였던 행동을 반복함 (Cloitre, Shevlin & Brewin, 2018)
- 소음에 대한 과민 반응: 예상치 못한 소음에 과도하게 놀라며, 싸움 혹은 도피(fight/flight) 반응이 활성화됨
- 타인에 대한 불신과 공포: 외상 사건이 재발할 것이라는 두려움으로 인해 타인과의 접촉을 불편하게 여김(Broken Spirits Network, 2004)
- 침습적 플래시백: 깨어 있는 동안에도 과거의 외상 사건이 생생하게 떠오르는 현상이 반복됨

이러한 증상들은 피해자의 일상생활에 큰 영향을 미치며, 조기 개입과 지속적인 심리적 지원이 필수적이다. 특히 플래시백이 강렬할 경우, 피해자는 자신이 실제로 사건을 다시 경험하고 있다고 믿을 수 있으며, 밤에는 악몽으로 외상이 재현되기도 한다. 피해자들은 외상 사건을 떠올리게 하는 모든 상황을 피하려 하고, 사건이 발생한 날짜가 다가오면 불안이 심화되기도 한다. 이러한 악순환을 끊기 위해서는 적절한 심리적 치료와 지원이 반드시 필요하다.

외상 후 성장(Post-Traumatic Growth)

주목할 점은 동일한 외상 사건이 긍정적 결과와 부정적 결과를 동시에 가져올 수 있다는 사실이다. 일부 연구자들은 이러한 외상경험 후 개인이 내면적으로 성장하는 외상의 긍정적 결과를 '외상 후 성장(Post-Traumatic Growth)'이라고 언급한다. 예를 들어, 최근 테러 공격에 대한 긍정적이고 공동체 중심의 대응 사례들이 미디어를 통해 자주 보도되고 있다. 외상 후 성장은 주로 심리적 척도인 '외상 후 성장 척도(Post-Traumatic Growth Inventory)'를 통해 평가된다(Tedeschi & Calhoun, 1996). 이 척도는 여러 구성 요소를 포함하고 있으며, 그중 중요한 하나는 '타인과의 관계'이다.

- 타인에게 의지할 수 있음을 깨닫는 것
- 감정을 효과적으로 표현할 수 있는 능력
- 타인의 도움이 필요하다는 점을 인식하는 것

또 다른 중요한 구성 요소는 삶에서 새로운 가능성을 창출하는 능력이다. 예를 들어, 새로운 삶의 경로를 발견하거나, 삶의 다양한 측면을 긍정적으로 변화시킬 수 있다는 자신감을 갖고 더 나은 기회를 창출하는 능력 등이 이에 해당한다.

쿤스트는 네덜란드의 폭력 범죄 피해자들(성폭력, 심각하거나 중간 수준의 신체적 폭행, 폭력 수반 절도 등)을 대상으로 외상 후 성장과 PTSD 간의 관계를 조사했다(Kunst, 2011). 연구 결과에 따르면, 외상 후 성장은 개인의 삶의 철학, 자기 인식, 대인 관계에 다양한 변화를 가져올 수 있다. 그러나 쿤스트의 연구와 다른 여러 연구들은 PTSD와 외상 후 성장 간에 뚜렷한 상관관계가 거의 없다는 점을 발견했다. 즉, 외상을 경험한 사람이 PTSD를 겪을 수도 있고, 외상 후 성장을 경험할 수도 있으며, 때로는 두 가지를 모두 겪을 수 있다는 것이다.

쿤스트는 이전 연구 결과를 바탕으로 피해자들이 경험한 긍정적 정서(Positive Affectivity)와 부정적 정서(Negative Affectivity) 점수를 기준으로 네 가지 그룹을 형성했다. 이들은 PANAS-SF 척도(Thompson, 2007)를 사용하여 측정되었으며, 참가자들은 목록에 제시된 긍정적 및 부정적 정서 단어 중 자신이 경험한 것을 표시했다. 예를 들어, 긍정적 정서 단어에는 '결단력 있음(determined)'이 있었고, 부정적 정서 단어에는 '긴장함(nervous)'이 포함되었다. 그 결과, 개인의 긍정적 및 부정적 정서 점수 패턴에 따라 다음 네 가지 그룹이 도출되었다.

1. 고정서(High Affective)
2. 자기파괴적(Self-Destructive)
3. 자기실현적(Self-Actualising)
4. 저정서(Low Affective)

이 중 자기파괴적 정서 패턴은 PTSD 증상 발달과 밀접한 관련이 있었고, 고정서 패턴은 PTSD와 외상 후 성장 모두에 영향을 미쳤다. 이는 외상 후 성장이 발전하기 위해서는 일부 부정적 정서의 경험이 필요할 수 있음을 의미한다. 예를 들어, 테러 공격과 같은 외상 사건도 그 영향이 반드시 부정적이지만은 않을 수 있다. 때로는 공동체의 결속력 강화나 개인의 심리적 성장으로 이어질 수 있다는 점에서 긍정적 변화를 유발할 수 있다.

침묵하는 피해자들

피해자가 범죄를 신고하지 않는 이유는 매우 다양하다(Burcar, 2013). 범죄가 사소하게 여겨지거나, 신고하는 것이 지나치게 과장된 행동으로 보일 수 있다는 인식 때문이다. 또한 피해자가 해당 사건을 범죄로 인식하지 못하는 경우도 있다. 예를 들어, 젊은 남성들 간의 싸움이 단순한 상호작용의 일환으로 여겨져서 범죄로 인식되지 않을 수 있다. 피해자는 스스로 약해 보이거나 통제력을 잃었다는 인상을 남기기 싫어서 사건을 단순히 잊어버리는 것이 더 낫다고 생각할 수 있다. 이와 함께, 경찰에 대한 부정적인 인식과 신뢰 부족도 신고를 꺼리는 이유 중 하나다.

반면, 범죄를 신고하는 데에는 분명한 이유가 존재한다. 도난 사고의 경우, 보험금 청구를 위해 경찰 신고가 필요하거나, 공공의 폭력에 노출된 직원들의 취약성을 사회적 문제로 환기시키기 위한 상징적 행위로서의 신고가 있을 수 있다. 또한, 미래에 발생할 수 있는 범죄를 예방하기 위한 목적도 있다. 영국과 웨일스 범죄조사에 따르면, 범죄를 신고하지 않는 가장 일반적인 이유는 사건이 사소하거나 금전적 손실이 없다고 판단하기 때문이다(Tarling & Morris, 2010). 또한, 경찰이 아무런 조치를 취하지 않을 것이라는 불신과 무관심에 대한 인식도 중요한 원인으로 나타났다. 반대로, 도덕적 의무감(모든 범죄는 신고해야 한다는 신념)이나 범인을 체포하고 처벌받게 하려는 욕구가 신고의 주요한 동기라고 보고되었다(Tarling & Morris, 2010).

피해자는 범죄를 형사사법 제도로 가져오는 중요한 관문 역할을 한다. 미국의 경우 전체 범죄 중 약 60%가 피해자에 의해 경찰에 신고된다(Greenberg & Beach, 2001). 그러나 범죄 신고에 책임이 있는 다양한 집단의 역할과 신고 가능성은 고정된 것이 아니며, 시간에 따라 여러 요인에 의해 변화할 수 있다.

범죄 신고 여부는 범죄의 특성과 종류에 크게 좌우되며, 피해자의 특성은 상대적으로 덜 중요한 요인으로 평가된다. 특히 범죄의 심각성보다는 신고를 통해 얻을 수 있는 실익에 대한 인식이 더 중요한 역할을 한다. 예를 들어, 자동차 도난 사건의 경우 보험 청구를 위해 반드시 신고해야 하므로 신고율이 매우 높다.

현장 연구에 따르면 피해자들이 범죄 피해에 대해 다른 사람들과 대화하는 정도는 범죄 유형에 따라 달라진다. 강간 피해자 지원 센터를 찾은 성폭력 피해자의 78%가 사건에 대해 다른 사람들과 이야기했으며, 그중 76%는 조언을 받았고 84%가 그 조언을 따랐다. 절도나 강도 피해자들도 비슷한 양상을 보였는데, 62%가 신고 전에 다른 사람들과 대화했고, 그중 58%가 조언을 받았으며 95%가 그 조언을 따랐다. 물론, 이들은 최종적으로 범죄를 신고한 피해자들로, 신고하지 않은 이들의 경험까지 일반화하기에는 한계가 있다.

범죄 신고 결정에 가장 강력한 영향을 미친 요인은 주변 사람들의 조언 유형이었다. 특히 경찰에 신고하라는 권유를 받은 피해자는 실제로 신고할 확률이 높았다. 또한 범죄의 유형도 중요한 변수로 작용했는데, 도난보다 주거 침입 사건이 신고될 가능성이 훨씬 높았다. 재산적 손실이 신고 의지에 영향을 미쳤지만 그 영향은 크지 않았으며, 범죄에 대한 정서적 반응 역시 비슷한 정도의 영향을 보였다. 그러나 범죄 신고가 단순히 사회적 영향에 의한 결과라고 보기에는 무리가 있다. 이는 피해자가 독립적인 판단을 하지 않는다는 전제이기 때문이다. 실제로, 피해자의 의견에 다른 사람이 동의했을 가능성도 존재한다.

재산 범죄 피해자들이 경찰에 범죄를 신고하는 의사결정 과정을 연구한 결과, 그 결정은 세 가지 주요 메커니즘을 통해 이루어지는 것으로 나타났다(Greenberg & Beach, 2001). 이 연구는 피해자의 범죄 신고 결정이 정서적, 금전적, 사회적 요인에 의해 복합적으로 영향을 받는 과정을 설명했다. 연구에 따르면, 범죄를 경찰에 신고하는 이유는 보상/비용 기반, 정서 기반, 사회적 기반의 세 가지 설명으로 구분되며, 이 모든 요인이 신고 과정에 영향을 미쳤다. 하지만, 이 요인들은 독립적으로 작용했으며 서로 상호작용하지는 않았다. 예를 들어, 극도로 분노한 상태에서 경찰에 신고하라는 조언을 받은 사람이 특별히 더 많이 신고하는 경향은 보이지 않았다.

주거 침입 피해자는 절도 피해자보다 신고할 가능성이 3배 이상 높았으며, 금전적 손실의 크기와는 상관없이 동일하게 나타났다. 이는 주거 침입이 절도보다 더 개인적으로 침해적이라고 인식되기 때문일 수 있고, 혹은 보험 청구를 위해 경찰 보고서가 필수적이기 때문일 수 있다. 결국 범죄를 신고하는 결정은 여러 복잡한 요인들이 결합된 결과이며, 일부 범죄는 피해자의 자아 정체성에 영향을 미쳐 신고를 더욱 어렵게 만들 수 있다.

범죄와 피해자 저항

피해를 입었을 때 중요한 결정 중 하나는 저항할 것인지 아니면 수동적으로 대응할 것인지를 선택하는 것이다. 예를 들어, 강간이나 강도를 막기 위한 저항 전략은 다음과 같이 네 가지로 나눌 수 있다.

- 강한 신체적 저항: 발로 차기, 주먹질, 긁기, 유도나 무술 기술 사용 등 적극적인 물리적 대응
- 덜 강한 신체적 저항: 가해자의 손아귀에서 벗어나기, 도망치기, 접촉

을 피하려는 시도 등 상대적으로 소극적인 물리적 대응

- 강한 언어적 저항: 비명을 지르거나 큰 소리로 외치기, 가해자를 위협하는 언어적 표현
- 덜 강한 언어적 저항: 애원하거나 간청하기, 울기, 가해자와 타협하려는 시도 등 상대적으로 소극적인 언어적 대응

피해자가 범죄 상황에서 목표하는 것은 가해자가 범행을 중단하도록 만드는 것이다. 따라서 자기 보호 행동의 성공 여부는 가해자가 범행을 완수하기 전에 중단했는지에 따라 판단할 수 있다. 물론 피해자는 신체적 부상을 피하고자 하며, 이러한 저항 전략들은 대체로 효과적이었다. 그러나 덜 강한 언어적 저항은 강간 범행을 저지하는 데 큰 효과가 없었다. 반면, 강도 상황에서 강하게 저항할 경우 피해자가 폭력을 당할 위험이 커졌다. 그렇다면 피해자의 자기 보호 행동이 효과적인 이유는 무엇일까? 이에 대해서는 합리적 선택 이론(rational choice theory)이 일부 설명할 수 있다(Guerette & Santana, 2010).

범죄자는 범행을 준비하거나 실행하는 과정에서 의사결정을 내린다. 범죄의 종류에 따라 서로 다른 의사결정 모델이 적용되며, 범행의 목적 또한 다양하다. 범죄는 무작위로 발생하는 것이 아니라 가해자와 주변 상황에 따른 판단에 의해 결정된다(Guerette & Santana, 2010).

합리적 선택 이론에 따르면, 가해자는 잠재적 범죄와 관련된 노력, 위험, 보상을 평가한 후 범행 여부를 결정한다. 이러한 결정은 합리적 과정을 따르지만, 가해자가 가지고 있는 정보의 질에 의해 제한되기도 한다. 피해자의 자기 보호 행동은 가해자가 인식하는 목표물의 매력을 낮추거나 주변 사람들(보호자)의 경계를 자극해 위험성을 높일 수 있다. 피해자가 저항할 경

우 범행이 성공적으로 완료될 가능성은 낮아지는데, 이는 가해자가 감수해야 할 노력과 위험이 증가하기 때문이다.

모든 형태의 저항은 가해자가 범행을 포기할 가능성을 높였으며, 저항의 강도가 높을수록 범죄가 완수될 가능성은 더욱 낮아졌다. 반면, 상황적 변수는 범죄의 성공 여부에 큰 영향을 미치지 않았지만, 공공장소에서 발생하거나 야간에 일어난 범죄는 일정한 영향을 미쳤다. 피해자가 저항했을 때 부상을 입을 가능성은 저항의 방식과 관계없이 크게 달라지지 않았다.

개인 범죄 상황에서는 피해자와 가해자의 행동이 서로 영향을 주고받는다. 예를 들어, 가해자의 폭력성은 피해자의 반응 정도와 성격에 중요한 영향을 미친다. 따라서 범죄를 연구할 때는 가해자와 피해자 모두의 입장을 고려해야 한다.

가해자의 관점에 초점을 맞춘 연구에 따르면 가해자는 피해자의 반응을 저항으로 인식했는가? 그 저항을 적절한 것으로 보았는가? 저항에 대한 가해자의 반응은 어땠는가? 모든 성폭력 피해자가 저항하는 것은 아니다. 피해자가 저항하지 않는 이유는 살해에 대한 두려움, 수치심, 사회적 낙인 등 다양한 이유에서 비롯된다.

특히 가해자가 무기, 폭력, 설득 등의 전략을 사용할 경우, 피해자의 저항 여부에 결정적인 영향을 미쳤다. 가해자가 폭력으로 범죄를 시작한 경우, 피해자가 저항했을 때 더욱 강한 폭력을 사용할 가능성이 높았다. 또한, 범죄 중 무기가 사용되면 폭력의 강도가 더 커졌다. 이는 피해자가 가해자가 무기를 소지하지 않았을 때 저항이 더 효과적일 것이라는 판단에서 비롯된 것으로 보인다(Beauregard & Mieczkowski, 2012).

잠재적 피해자는 범죄에 저항해야 하는지에 대한 명확한 답변을 원하지만, 기존 연구들은 이에 대해 확실한 결론을 제시하지 못하고 있다. 그러나 특정 범죄에서는 저항이 상당히 효과적일 수 있다. 예를 들어, 낯선 사람이 아이를 납치하려 할 때 다양한 저항 전략이 유효한 것으로 나타났다(Collie & Greene, 2016). 저항 전략의 효과 여부는 범죄 상황, 가해자의 행동, 피해자의 대응 등 여러 요소에 의해 결정된다. 특정 상황에서는 저항이 유리할 수 있지만, 다른 경우에는 불리할 수 있다.

회복적 정의

회복적 정의(restorative justice)는 피해자 중심의 접근 방식으로, 범죄로 인한 법적 위반보다는 피해자가 입은 상처와 회복에 중점을 둔다. 특히, 가정폭력과 같은 일부 범죄는 단순한 법적 위반을 넘어서 피해자와 가해자 간의 관계에도 심각한 손상을 초래한다. 회복적 정의 프로그램은 피해자가 가해자와 직접 대면하거나, 범죄로 인해 자신이 경험한 고통과 영향을 전달할 기회를 제공한다. 이를 통해 가해자는 자신이 저지른 행위가 피해자에게 미친 실제적인 영향을 보다 깊이 이해할 수 있다. 이러한 과정은 피해자가 사건을 수용하고 회복하는 데 도움을 줄 뿐만 아니라, 가해자가 자신의 행동에 대한 책임을 인정함으로써 재범 가능성을 낮추는 데 기여한다.

회복적 정의가 효과를 발휘하는 한 가지 방식은 가해자가 피해자뿐만 아니라 사회 전반에 대한 공감을 키우는 것이다. 이 프로그램은 1970년대에 처음 시작되었으며, '회복적 정의'라는 용어는 1980년대에 등장했다. 초기에는 실천 중심의 활동으로 발전했지만, 이후 이론적 기여 또한 상당한 비중을 차지하게 되었다. 회복적 정의는 일반적으로 가해자와 피해자 간의 공식적인 중재 과정을 포함하며, 법정 중심의 재판 절차와 병행하거나, 때로는 법적 절차의 대안으로서 사용되기도 한다.

범죄로 인해 피해자가 발생했을 때 정부의 대응 방식은 크게 두 가지로 나뉜다. 응징적 정의(retributive justice)는 형사사법제도가 일방적으로 형벌을 부과하여 정의를 실현하려 한다. 반면, 회복적 정의는 가해자를 포함한 모든 관련 당사자가 상호 합의를 통해 피해 복구와 관계 회복을 목표로 한다. 여기서 중요한 것은 피해의 본질, 책임의 귀속, 그리고 관련된 가치에 대한 합의를 이루는 것이다(Wenzel, Okimoto, Feather & Platow, 2008).

회복적 정의의 핵심은 범죄 발생 자체보다는 그로 인한 피해 회복에 중점을 두는 것이다(Wright, 2002). 회복적 정의의 궁극적인 목표는 피해자가 만족감을 느끼고, 가해자가 공정한 대우를 받았다고 인식하는 데 있다. 따라서 재정적 보상만이 아닌 회복 과정 자체가 중요한 의미를 지닌다. 또한, 회복적 정의는 공동체가 적극적으로 참여하는 방식으로 이루어지며, 피해자와 가해자가 대화를 통해 범죄의 원인(예: 사회적, 경제적 압박)을 이해하고, 이를 바탕으로 공동체의 범죄 예방과 감소에 기여할 수 있다.

회복적 정의는 피해자뿐만 아니라 가해자와 그들의 가족까지 포함한 모든 관련자들에게 초점을 맞춘다. 예를 들어, 한 가족의 가장이 수감되었을 때 자녀들은 부모의 부재로 2차적 피해를 겪을 수 있으며, 사회적 낙인에 시달리기도 한다(Philbrick, 2002). 또한, 범죄 수사 과정에서 경찰관이 겪는 정신적 충격 역시 회복적 정의가 다뤄야 할 중요한 피해로 간주된다.

회복적 정의 과정은 시간이 걸릴 수 있으며, 모든 피해자가 즉각적으로 이를 받아들이는 것은 아니다. 그러나 시간이 지나면서 이러한 프로그램에 대해 더 수용적인 태도를 보이기도 한다. 반면, 일부 피해자는 끝까지 참여를 거부하기도 한다. 회복적 정의는 주로 중재 서비스(mediation services)를 통해 운영되며, 피해자와 가해자 간의 소통을 돕는다. 이때, 피해자에게 참여를 강요하는 것은 오히려 역효과를 초래할 수 있다.

서구 여러 국가에서 시행된 피해자-가해자 중재 프로그램 연구에 따르면, 피해자가 참여를 결정한 이유는 범죄의 이유를 이해하기 위해, 범죄가 자신에게 미친 영향을 가해자에게 전달하기 위해, 가해자 앞에서 자신의 감정을 표현할 기회를 얻기 위해, 그리고 가해자를 용서할 기회를 가지기 위함이다(Coates, Umbreit & Vos, 2001). 또한, 향후 공동체 내에서 피해자와 가해자가 평화롭게 공존할 수 있는 가능성을 높이기 위한 목적도 있다. 이러한 프로그램은 피해자와 가해자 모두에게 심리적·사회적 치유를 제공하며, 공동체 내에서 더 나은 상호작용을 촉진하는 중요한 방법으로 자리 잡고 있다.

회복적 정의를 설명하는 대표적인 이론 중 하나가 브레이스웨이트의 통합적 수치이론(reintegrative shaming theory)이다. 이 이론은 주로 청소년 범죄를 설명하기 위해 제시되었으며, 회복적 정의의 다른 접근법과 마찬가지로 범죄가 가해자, 피해자, 공동체 간의 관계를 손상시킨다고 보았다(Braithwaite, 1989). 통합적 수치이론은 낙인이론(labelling theory)을 포함하는 개념으로 사회가 일탈적인 개인을 다시 사회로 포용할 때 범죄를 더 효과적으로 통제할 수 있다고 주장한다.

14

범죄 예방을 위한 아이디어

질병 예방과 범죄 예방

현대 사회에서 암을 앓고 있는 사람을 주변에서 보았다면, 누구나 안타까운 마음을 가질 것이다. 특히 가까운 사람이 암에 걸렸다면 그 마음은 더욱 클 것이다. 암이 진단되면 의사들은 환자를 돕기 위해 최선을 다해 치료에 임했을 것이다. 때로는 치료가 성공하기도 하지만, 그렇지 못한 경우도 있다. 그러나 결과와 상관없이 암 환자를 위한 최선의 의료 서비스가 필요하다는 점에는 이견이 없다. 이것이 바로 표준 의료 모델이 추구하는 방향이다. 심각한 건강 문제가 발생했을 때 최선의 의료 서비스를 제공해야 한다는 생각에 동의한다면, 그보다 더 나아가 이러한 질병에 걸리지 않도록 예방하는 것이 훨씬 더 중요하다고 생각할 수 있다.

질병을 예방할 수 있다면, 환자들이 겪게 될 신체적, 정서적, 경제적 어려움을 크게 줄일 수 있다. 또한 환자의 가족들이 느끼게 될 정서적 고통과 트라우마 역시 덜어줄 수 있다. 물론 개인이 건강한 식단을 유지하고 금연하는 등의 노력을 하더라도, 또는 사회적으로 정부가 대기 오염을 줄이기 위해 노력하더라도 암에 걸릴 수 있는 가능성은 완전히 배제할 수 없다. 그럼에도 불구하고 예방을 위한 노력은 장기적으로 큰 비용 절감과 고통 경감을 가져온다. 즉, 치료보다 예방이 훨씬 효과적이라는 것은 분명하다.

20세기 동안 주요한 공중 보건의 노력으로는 소아마비와 같은 심각한 질병에 대한 백신 개발, 교통사고 예방, 안전한 직장 환경 조성, 모자(母子) 위생 및 영양 개선, 흡연 감소 등이 있었다. 이러한 노력 덕분에 전 세계적으로 수많은 질병과 사망을 예방하며 수백만 명의 생명을 구할 수 있었다. 공중 보건 분야에서는 질병, 질환, 부상의 원인을 자연적, 물리적 환경 문제, 개인 행동 문제, 그리고 사람들 간의 상호작용에서 찾는다. 그렇기 때문에 공중 보건은 특정 건강 문제의 정확한 원인을 파악하고, 이를 제거하거나 최소한 영향을 줄이기 위한 전략을 개발하는 데 중점을 둔다.

그렇다면 공중 보건과 범죄 예방은 어떤 관련이 있을까? 특히 1980년대 공중 보건 전문가들은 살인이나 강도와 같은 폭력 범죄에 주목하기 시작했다. 매년 평균 2만 명 이상의 미국인이 살인으로 목숨을 잃고, 강도 사건은 연간 140만 건, 중상해 사건은 180만 건에 달했다. 이러한 충격적인 통계에 맞서 공중 보건 연구자들은 폭력 범죄를 주요한 건강 문제로 정의했다(Hemenway, 2009).

그들의 목표는 이미 폭력 범죄를 저지른 사람들을 처벌하거나 교정하는 것이 아니라, 그러한 범죄가 발생하기 전에 예방하는 것이었다. 이 접근 방식은 폭력 범죄의 원인과 해결책을 찾기 위한 연구로 이어졌고, 범죄학자들 역시 '증거 기반' 범죄 예방에 관심을 두며 범죄 감소 효과를 평가하기 위한 연구를 시작했다. 공중 보건 연구자들은 질병, 질환, 부상의 예방을 위한 세 가지 수준의 원인을 강조한다. 이 예방 수준은 1차, 2차, 3차 예방으로 나뉜다(Schneider, 2017).

1차 예방은 사회적, 물리적, 자연적 환경을 개선하여 문제를 근본적으로 예방하는 것을 의미한다. 예를 들어, 대기 오염은 많은 질병과 사망을 초래하므로, 이를 줄이면 건강을 증진시키고 생명을 구할 수 있다. 저소득 국가에서는 화장실 부족으로 인해 위생 환경이 열악해 많은 질병이 발생하므로, 위생 개선이 1차 예방의 핵심이 된다. 사회적 측면에서는 빈곤이 다양한 신체적·정신적 질환을 악화시키는 예로 들 수 있다(Cockerham, 2013).

이러한 공중 보건의 1차 예방과 마찬가지로 범죄 예방의 1차적 접근 역시 사회적, 물리적 환경을 개선함으로써 위험 요인을 사전에 차단하는 데 중점을 둔다. 빈곤, 실업, 인종적 분리, 도시 황폐화, 남성 중심 사회화 등은 범죄 발생 가능성을 높이는 요인으로 작용한다. 따라서 이러한 환경적 조건들을 개선함으로써 범죄 발생을 예방하려는 노력이 필요하다.

2차 예방은 특정 위험 요소를 가진 집단이나 상황에 집중하여 위험을 줄이는 것이다. 공중 보건의 예로는 금연 캠페인이나 백신 접종, 자동차 안전 장치의 의무화가 있다. 범죄의 2차 예방 역시 특정 환경이나 행동으로 인해 범죄를 저지를 가능성이 높은 사람들을 대상으로 한다. 특히 성장 과정에서 비행이나 범죄의 위험이 높은 아동들에게 예방적 개입을 통해 범죄를 사전에 차단하는 것이 중요한 목표가 된다. 이러한 접근은 심리학적 용어로 '발달적 범죄 예방'이라고도 불린다.

3차 예방은 이미 문제가 발생한 이후, 그 피해를 최소화하고 재발을 방지하는 데 초점을 맞춘다. 공중 보건에서는 질병에 걸린 환자를 치료하고 회복시키는 것을 의미하며, 범죄 예방에서는 이미 범죄를 저지른 사람들의 재범을 방지하는 것이 목표가 된다. 형사사법 시스템의 체포와 수감은 3차 예방의 대표적인 예이다. 특히 수감은 범죄자가 사회에 나와 추가적인 범죄를 저지르지 않도록 하는 예방적 기능을 한다. 최근 연구들은 이러한 3차 예방이 더 효과적으로 작동할 수 있도록 형사사법 정책의 변화를 요구하고 있다.

결국, 공중 보건에서의 예방 모델은 단순히 질병을 치료하는 데 그치지 않고, 발생 이전에 예방하고 발생 후에도 재발을 막는 데까지 확장된다. 범죄 예방 역시 같은 원리로 접근할 수 있으며, 이러한 다학제적 접근은 공중 보건과 범죄 예방이 서로 연결될 수 있음을 보여 준다.

일상생활과 범죄 예방

일상활동이론(Routine Activities Theory)은 1979년 로렌스 코헨과 마커스 펠슨에 의해 처음 제안된 이론으로, 제2차 세계대전 이후 미국의 경제 호황기에 급증한 범죄율을 설명하기 위해 개발되었다(Cohen & Felson, 1979). 코헨과 펠슨은 범죄가 개인이나 집단의 결함보다는 일상생활의 패턴과 구조 속에서 어떻게 발생하고 예방될 수 있는지에 주목했다. 당시 소득 증가와 함께 범죄율이 증가하는 현상은 학자들 사이에서 '사회학적 역설(Sociological paradox)'로 불렸다. 기존의 이론에 따르면 소득이 증가하면 범죄율이 감소할 것으로 예상되었으나, 실제로는 반대 현상이 나타나 새로운 이론적 접근이 필요하게 되었다. 이러한 배경에서 일상활동이론은 범죄 발생을 설명하는 중요한 틀로 자리 잡았다.

전통적인 범죄학 이론들은 주로 개인의 성향이나 집단의 결함에 초점을 맞추어 범죄를 설명하려 했지만, 코헨과 펠슨은 범죄가 일상생활의 패턴과 구조에 어떻게 맞물리는지를 주목했다. 이들은 범죄자가 될 수 있는 개인의 성향보다는 일상적인 상황이 조성되면 누구나 범죄를 저지를 수 있다는 점을 강조했다. 특히 전후 경제 성장이 이루어지면서 사람들의 소득이 증가했고, 그로 인해 가정이라는 보호적 공간을 벗어나 외식, 쇼핑, 여가 활동 등 다양한 일상활동이 증가했다. 이러한 변화는 사람들을 보호받기 어려운 환경에 노출시키며 범죄 기회를 확대했다. 소득 증가는 더 많은 사람이 집 밖에서 시간을 보내게 만들었고, 이는 범죄자에게 더 많은 범행 기회를 제공하는 결과를 낳았다(Becker, 1968; Ehrlich, 1973).

일상활동이론은 개인의 성향이나 동기보다는 특정 시간과 공간에서 이루어지는 일상적인 활동이 범죄에 어떻게 영향을 미치는지를 설명한다. 범죄율을 이해하기 위해서는 단순히 소득 수준만을 고려할 것이 아니라, 그 소득이 사람들의 일상활동에 어떤 변화를 일으키는지를 살펴보아야 한다. 이러한 관점에서 코헨과 펠슨은 범죄 예방 전략을 수립할 때 사람들의 일상생활 패턴을 분석하고, 그에 따라 범죄 발생 가능성을 줄이는 방식을 제안했다(Cohen & Felson, 1979: 588-605). 이 이론은 범죄 예방과 관련된 정책 수립에 중요한 이론적 틀을 제공하며, 범죄가 단순히 개인의 문제가 아닌 사회적·경제적 변화에 의해 영향을 받는 복합적인 현상임을 시사한다.

일상활동이론은 라이프스타일이론(Lifestyle Theory)으로도 불리며 범죄자가 합리적인 결정을 내린다는 가정에 기반한 고전적 범죄이론의 현대적 형태 중 하나이다. 코헨과 펠슨은 일상적인 활동을 "생물학적 또는 문화적 기원과 관계없이 기본적인 인구와 개인의 필요를 충족시키는 반복적이고 널리 퍼져 있는 활동"으로 정의했다(Cohen & Felson, 1979: 588-605). 여기에는 직장 생활, 학교, 쇼핑, 여가 활동 등 우리가 매일 수행하는 일상적인 활동들이 포함된다. 이 이론에 따르면, 이러한 활동들은 시간과 공간을 이동하며 다양한 사람들과의 상호작용을 통해 범죄 발생에 영향을 미친다. 코헨과 펠슨은 시간이 지남에 따라 이러한 일상활동이 변화하면서 범죄율에도 영향을 미칠 수 있다고 주장했다. 즉, 사람들이 어디에서 시간을 보내고 어떤 활동을 하는지가 범죄 발생에 중요한 역할을 한다는 것이다.

원래 이 이론은 모든 범죄를 설명하기 위한 일반 이론이 아니었으나, 이후 연구에서 펠슨은 일상활동이론이 설명할 수 있는 범죄의 범위를 확장했다(Felson, 2002). 초기 단계에서 일상활동이론은 대면 약탈적 범죄(directcontact predatory violations)에 중점을 두었으며, 이러한 범죄는 직접적인 대면을 통해 발생한다. 이를 설명하기 위해 '범죄발생 삼각형(Crime Triangle)'이라는 개념이 도입되었으며, 이는 범죄가 발생하기 위해 세 가지 핵심 요소가 필요하다는 것이다.

첫 번째 요소는 동기가 부여된 범죄자(motivated offender)이다. 이는 범죄를 저지를 의향과 동기를 가진 사람을 의미하며, 개인적 상황, 사회적 환경, 또는 심리적 특성 등에 의해 영향을 받을 수 있다. 예를 들어, 경제적 어려움, 심리적 스트레스, 사회적 소외감 등이 범죄 동기를 유발할 수 있다.

두 번째 요소는 매력적인 목표물(suitable target)이다. 범죄자가 범행 기회를 노릴 수 있는 물건, 사람, 또는 장소를 의미하며, 가치, 접근성, 취약성 등으로 그 매력이 결정된다. 예를 들어, 보호받지 않는 고가의 물건이나 방치된 개인은 범죄자에게 매력적인 목표물이 된다.

세 번째 요소는 보호자의 부재나 약화(lack of guardianship)이다. 이는 범죄를 예방하거나 저지할 수 있는 사람, 조직, 또는 메커니즘이 부재하거나 약화된 상황을 의미한다. 보호자는 경찰관이나 보안 요원 같은 공식적인 경우도 있지만, 이웃, 친구, 가족 같은 비공식적 보호자도 포함된다. 이러한 보호가 약화되거나 없을 경우, 동기가 부여된 범죄자는 범행을 저지르기 더 쉬워진다. 보호자의 부재는 범죄 발생 가능성을 높이는 중요한 요소로 간주된다.

일상활동이론은 일상적인 활동의 변화가 범죄에 직접적인 영향을 미칠 수 있다는 점을 설명하며, 범죄 예방에 있어 중요한 이론적 기틀을 제공한다. 이를 통해 단순히 범죄자의 특성이나 개인적 결함이 아닌, 사회 구조와 일상생활의 변화가 범죄 발생에 어떻게 작용하는지를 이해할 수 있다.

범죄자의 합리적 선택

현대 사회에서 우리가 합리적 선택 이론(Rational Choice Theory)이라고 부르는 접근법은 로널드 클라크와 데릭 코니쉬의 연구에서 시작되었다. 합리적 선택 이론은 범죄 행위가 충동적이거나 우발적인 것이 아니라, 논리적이고 일관된 의사결정 과정에 의해 이루어진다고 가정한다(Conish & Clarke, 1985).

범죄를 저지르는 결정은 개인의 사회적 관계, 특성, 능력, 그리고 환경적 요소에 의해 영향을 받는다. 이러한 요소들은 인간의 감정과 사고 과정을 통해 범죄로 이어지며, 합리적 선택 이론은 인간 행동이 신중하고 의도적인 결과라고 본다(Ward, Stafford & Gray, 2006).

합리적 선택 이론에 따르면, 법을 위반하는 행위는 범죄자가 개인적 요인(예: 경제적 이익, 복수심, 스릴 추구)과 상황적 요인(예: 보안 수준, 경찰의 감시력)을 고려한 후, 범죄로 얻는 이익이 체포와 처벌의 위험을 상회한다고 판단될 때 발생한다. 만약 범죄의 위험이 보상보다 크다고 판단되면, 범행을 포기할 가능성이 높아진다(Sung & Richter, 2007).

그러나 범죄의 결과가 처벌과 사회적 비난으로 이어진다고 해도, 일부 사람들에게는 범죄가 큰 장애물이 되지 않을 수 있다. 예를 들어, 반복적으로 범죄를 저지르는 청소년들에게 범죄는 마약이나 술을 얻기 위한 수단이자, 친구들 앞에서 용기를 과시하는 방법이 되기도 한다. 또한, 범죄는 일상에서 겪는 문제나 스트레스를 해소하고, 자신의 삶을 통제할 수 있다는 느낌을 주며, 원하는 물건이나 활동을 위한 자원을 획득하는 수단이 될 수 있다(Brezina, 2000).

청소년들이 반사회적 행동을 통해 범죄를 선택하는 경우, 그들은 종종 학대받는 가정에서 벗어나거나 불편한 상황을 회피하기 위해 범죄를 저지른다. 범죄는 이들에게 물질적 이익뿐만 아니라 자존감을 높이는 수단이 되기도 한다(McCarthy & Hagan, 1992).

하지만 범죄를 선택했다고 해서 항상 범행을 저지르는 것은 아니다. 그들 역시 학교에 다니고, 교회에 출석하며, 가족과 시간을 보내고, 취미 생활을 즐기기도 한다. 그럼에도 불구하고 특정 시점에 범죄를 선택하는 이유는, 범죄자가 체포 위험, 처벌의 강도, 그리고 범죄로 얻을 수 있는 잠재적 이익을 철저히 계산하기 때문이다(Wellsmith & Burrell, 2005).

범죄자들은 과거 경험을 통해 체포 가능성과 범죄로 얻을 수 있는 주관적 보상을 저울질하며, 보상이 크고 위험이 적다고 판단될 때 추가적인 범죄를 저지르게 된다(Matsueda, Kreager & Huizinga, 2006).

그렇다면 왜 사회경제적으로 어려움을 겪는 대다수의 사람들은 범죄를 선택하지 않는 것일까? 이는 범죄가 단기적으로는 매력적일 수 있지만, 장기적으로는 위험성이 크기 때문이다. 범죄를 계획하던 사람들이 범행을 중단하는 이유는 장기적 위험이 단기적 보상보다 크다는 사실을 깨닫기 때문이다(Rengert & Wasilchick, 1985).

범죄를 이해하기 위해서는 합리적 선택 이론이 말하는 '합리성'의 개념을 명확히 아는 것이 중요하다. 흔히 재산범죄나 강도 같은 범죄는 금전적 이득을 목적으로 한다는 점에서 합리적이라고 논의되지만, 폭력범죄의 경우 이를 합리적이라고 보기 어려워한다. 그렇다면 '합리성'이란 무엇일까? 간단히 말해, 어떤 행동이 합리적이라는 것은 그 행동이 논리적이고 이성적인 판단의 결과라는 뜻이다. 즉, 행동이 이성적인 판단에 의해 결정되었다면 그것은 합리적이라 할 수 있다(Cusson, 1993). 중요한 점은, 여기서 말하는 합리성은 일반적인 사회적 기준이 아닌 범죄자의 관점에서 평가된다는 것이다.

합리성을 더 잘 평가하기 위해서는 어떤 선택이 다른 선택지에 비해 그 사람에게 얼마나 '가치' 있는지를 고려해야 한다. 경제학에서 말하는 합리적 선택은 가능한 모든 대안을 알고 그 가치를 평가한 뒤, 최선의 선택을 하는 것을 의미한다. 그러나 이러한 '순수한' 합리성은 현실적이지 않다. 왜냐하면 사람은 완전한 정보를 가질 수 없고, 정보를 수집하고 처리하는 데 시간과 비용이 들기 때문이다. 또한, 의사결정자가 무엇을 최적화하려는지 명확하게 인지하고 있어야 한다는 전제가 있다. 결국, 범죄자가 내리는 선택이 객관적으로 최선이 아니더라도, 그 순간 그에게는 가장 '가치 있는' 선택일 수 있다. 따라서 합리성은 범죄자의 시각에서 이해해야 하며, 이는 범죄를 분석하고 예방하는 데 중요한 역할을 한다.

허버트 사이먼은 사람들이 항상 논리적이고 이성적인 선택을 하는 것이 아니라, 제한된 정보와 시간, 인지적 한계 속에서 최선의 결정을 내린다고 보았다. 그는 이를 '제한된 합리성(bounded rationality)'이라 정의했다(Simon, 1957; 1982).

이러한 제한된 합리성은 범죄자가 표적을 선택하는 과정에서도 발견된다(Cromwell, Olson & Avary, 1991). 사람들은 의사결정을 할 때 모든 대안을 철저히 분석하기보다, 제한된 정보와 경험을 바탕으로 직관적인 결정을 내리며, 이는 범죄자 역시 마찬가지다. 범죄자들은 자신의 경험과 직관을 바탕으로 쉽게 접근할 수 있는 표적을 선택하며, 그 선택이 그들에게는 합리적일 수 있다. 이처럼 합리성은 사람마다 다르게 나타날 수 있으며, 특정 상황에서는 주관적으로 적용된다. 제한된 합리성 개념은 합리적 선택 이론의 엄격한 모델과 달리, 사람들의 다양한 상황을 포괄하며, 현실적이고 유연한 해석을 가능하게 한다. 이는 우리가 범죄를 분석할 때, 단순히 '논리적 결정'으로만 보기보다, 개인의 경험과 맥락을 이해해야 함을 시사한다.

방어 가능한 공간

방어 가능 공간 이론은 환경 범죄학에 근거한 범죄 예방 전략 중 하나인 환경설계를 통한 범죄 예방 접근법의 일환으로, 건축가 오스카 뉴먼의 아이디어에서 시작되었다. 뉴먼은 제프리 C. 레이(Jeffery C. Ray)와 거의 같은 시기에 그의 저서 『방어 가능 공간(Defensible Space)』을 통해 주택 디자인이 주민들이 환경에 대한 비공식적 통제를 행사하는 것을 방해함으로써 범죄가 발생하기 쉽다는 견해를 제시했다. 그는 제이콥스(Jane Jacob)와 마찬가지로 도시 환경의 설계가 범죄 예방에 중요한 역할을 한다고 보았다(Newman, 1972).

뉴먼은 두 가지 방법을 통해 자신의 이론을 증명했다. 첫째, 뉴욕시 주택 당국 경찰국에서 얻은 자료를 바탕으로 뉴욕시 133개 공공 주택 단지의 범죄 발생 현황을 분석했다. 이 자료는 각 주택 단지 내부와 주변에서 범죄가 어디서 발생하는지를 구체적으로 보여 주었다. 분석 결과, 엘리베이터가 건물 내에서 가장 위험한 장소로 나타났으며, 다음으로 로비와 복도, 그리고 화재 탈출구가 있는 계단이 위험 지역으로 드러났다.

둘째, 뉴먼은 두 개의 인접한 주택 단지를 비교하여 이론의 타당성을 입증했다. 하나의 단지는 방어 가능 공간의 특성이 잘 설계되어 있었고, 다른 하나는 그렇지 않았다. 그 결과, 방어 가능 공간의 특성이 우수한 단지에서는 범죄 발생이 거의 없었던 반면, 그렇지 않은 단지에서는 높은 범죄율이 기록되었다. 뉴먼은 이러한 차이가 단지 주민들의 특성에 의한 것이 아니라고 주장했다(Newman, 1975; Newman & Franck, 1980).

뉴먼의 이론은 방법론적인 한계와 비공식적 통제 및 범죄의 사회적 기원을 충분히 고려하지 않았다는 이유로 비판받았다. 그러나 그의 아이디어는 미국 내에서 큰 인기를 끌었으며, 많은 추종자들이 생겨났다. 1970년대에는 방어 가능 공간 개념을 바탕으로 다양한 CPTED(환경설계를 통한 범죄 예방) 프로젝트가 실행되었고, 이를 통해 많은 논의와 비판, 시행착오가 이루어졌다. 이 과정에서 방어 가능 공간 이론은 물리적 결정론적인 측면이 약화되며 재정의되었다. 뉴먼은 이후 자신의 이론을 수정하여 사회적 요인의 중요성을 강조하게 된다(Newman, 1979).

뉴먼은 '이익 공동체(communities of interest)' 개념을 통해 유사한 생활 방식, 나이, 가족 주기를 공유하는 소규모 주민 집단의 결속을 중시했다. 그는 건축과 도시 계획이 이러한 이익 공동체를 위한 주택이나 아파트를 설계해야 한다고 주장했다. 이를 통해 도시 계획이 사회적 결속력을 창출할 수 있다고 보았다.

한편, 클라크는 뉴먼과 리차드 가드너(Richard Gardiner) 같은 건축가들이 주택을 더 안전하게 만들기 위한 구체적이고 다양한 디자인 제안을 내놓았다고 높이 평가했다(Clarke, 2001).

뉴먼의 제안은 주민들이 자신의 거주지 주변 공공 공간을 자연스럽게 감시할 수 있도록 유도함으로써 영역성 강화 행동을 촉진하는 데 중점을 두었다. 그러나 그의 이론은 환경 결정론(environmental determinism)과 동물의 영역성 강화 행동을 인간 행동에 단순히 대입했다는 비판을 받았다. 그럼에도 불구하고, 그의 이론은 세계 여러 곳의 공공 주택 설계에 큰 영향을 미쳤다. 특히, 고층 아파트의 대규모 폐기는 뉴먼이 주장한 범죄 유발 가능성에 기인한 것이 컸다. 미국 연방 정부는 그의 이론에 다시 주목하며, 그의 견해를 방어하고 입증하기 위해 재위촉하기도 했다(Cisneros, 1995).

제이콥스와 뉴먼의 이론은 모두 범죄 예방에 있어 중요한 의미를 지니며, 기존 논의를 새로운 차원으로 확장시켰다. 그러나 그들이 강조한 자연 감시나 비공식적 통제는 일종의 이상적인 개념으로, 물리적 환경의 설계가 실제로 효과적인 통제로 이어지는지를 보장하지는 못했다. 즉, 공동체 생활과 감시, 통제만으로는 범죄를 예방하기에 충분하지 않으며, 범죄자들이 비(非)범죄적 행위로 전환하는 구조적 접근도 필요하다는 점을 간과했다.

결국, 범죄 예방을 위한 물리적 설계는 공동체의 안전감을 증진하고 두려움을 완화하는 데 유용하지만, 실제 범죄 억제의 핵심 요소는 여전히 범죄자와 그들이 활동하는 물리적 환경의 상호작용에 있다고 할 수 있다. 이러한 접근은 시카고학파의 연구로부터 이어져 온 오랜 역사적 맥락을 가지고 있다.

상황적 범죄예방

상황적 범죄 예방 이론은 1970년대 말에서 1980년대 초에 로널드 클라크에 의해 공식화된 범죄 예방 이론이다(Clarke, 1980: 136-147). 이 이론은 범죄자를 처벌하는 것에 중점을 두기보다는, 범죄가 발생할 기회 자체를 줄이는 데 초점을 맞추고 있다. 상황적 범죄 예방의 핵심 개념은 범죄자가 범행을 저지를 때 느끼는 위험, 노력, 그리고 잠재적 보상에 대한 인식이 중요한 결정 요소라는 점이다. 즉, 범죄자는 범행을 실행하기 전, 자신이 직면할 위험과 범행에 필요한 노력, 그리고 그로 인해 얻게 될 보상을 바탕으로 실행 여부를 판단한다.

클라크가 제시한 상황적 범죄 예방(Situational Crime Prevention: SCP)의 사례는 매우 실용적이다. 대표적인 예로 오토바이 운전자의 헬멧 착용 의무화를 들 수 있다. 이 정책은 원래 안전을 목적으로 시행되었으나, 예상치 못하게 오토바이 절도를 감소시키는 효과를 가져왔다. 이는 헬멧 착용으로 인해 절도범들이 쉽게 식별될 위험이 커졌기 때문이다. 또 다른 사례로는 경비원이나 직원을 전략적으로 배치하여 범죄자가 쉽게 범행 기회를 찾지 못하도록 하고, 이를 통해 자연적 감시를 강화하여 범죄를 예방하는 방법이 있다.

SCP는 경찰이나 사법제도에만 의존하지 않고, 비공식적인 범죄 예방 수단도 강조한다. 예를 들어, 건물 설계 시 가시성을 높이거나, 공공장소의 조명을 개선하고, 지역 사회의 상호 감시를 강화하는 등의 방법이 SCP에서 제안하는 중요한 전략이다. 이러한 접근법은 경찰이 모든 장소를 감시할 수 없는 현실적인 한계를 보완하기 위한 방안으로 평가된다.

결론적으로, SCP는 범죄자의 범행 의도를 근본적으로 제거하기보다는, 물리적·사회적 조건을 변화시켜 범죄 행위를 어렵고 위험하게 만드는 데 중점을 둔다. 상황적 범죄 예방의 핵심은 범죄 기회를 줄이는 것이다. 범죄 기회란 범죄자가 발각되지 않고 성공적으로 범죄를 저지를 수 있는 조건을 의미하며, 이는 범죄를 촉진하는 중요한 요인으로 작용한다. 범죄 기회가 많아질수록 범죄자는 그로 인한 이득이 비용을 초과할 것이라고 판단하게 된다. SCP는 이러한 범죄 기회를 차단하고, 범죄 행위를 더 어렵고 위험하게 만들어 범죄 발생을 예방하는 데 중점을 두고 있다.

범죄자가 범행을 저지르기 위한 기회는 그들이 합리적으로 선택하고 결정하는 과정에서 매우 중요한 요소로 작용한다. 이러한 기회는 범죄자가 쉽게 접근할 수 있는 장소, 발각될 위험이 적은 상황, 그리고 범행을 통해 얻을 수 있는 보상이 클 때 더욱 증가한다. 로널드 클라크와 데릭 코니쉬는 범죄자를 합리적인 선택을 하는 존재로 보았으며, 그들이 범행을 결정할 때 이러한 요소들을 고려한다고 설명했다(Clarke & Cornish, 1985).

이 접근법은 범죄자의 동기나 성향보다는 범죄가 발생하는 특정 환경과 상황에 초점을 맞춘다. 따라서 SCP는 범죄가 발생하는 환경적 요인과 조건을 분석하고, 범죄를 유발할 수 있는 요인(예: 어두운 골목, 감시가 부족한 지역 등)을 식별하여 이를 개선하거나 변경함으로써 범죄 기회를 감소시키는 데 중점을 둔다.

상황적 범죄 예방(SCP)은 범죄자를 단순히 처벌하는 데 그치지 않고, 범죄 발생의 환경적·사회적 조건을 변경하는 데 초점을 맞춘다. 이러한 접근법은 범죄 예방에 매우 실용적이고 구체적인 전략을 제공하며, 도시 계획, 정책 결정, 법 집행기관 등 다양한 분야에서 활용될 수 있다. 예를 들어, 도시 설계에서 CCTV 설치, 조명 개선, 공공장소의 가시성 강화 같은 조치는 SCP의 대표적인 사례로 꼽힌다. 이러한 접근은 범죄를 예방하기 위한 실질적이고 구체적인 전략을 제공하며, 범죄 기회를 사전에 차단하는 데 효과적이다.

집합효율성이론

샘슨과 그로브의 연구는 집합효율성이론을 이해하는 데 중요한 기여를 했다(Sampson & Groves, 1989: 93-122). 샘슨과 그의 동료들은 사회자본을 범죄 예방의 '자원 잠재력(resource potential)'으로 설명하면서, 단순히 사회적 연결에 의존하는 대신 이웃 간의 집합효율성에 주목했다. 집합효율성(collective efficacy)은 사회적 환경을 활용해 이웃 주민들이 협력하고, 사회적 통제를 통해 공공질서 유지나 범죄 예방과 같은 공동 목표를 달성하는 과정을 의미한다. 이는 신뢰와 사회적 통제를 바탕으로 공동체의 목표를 이루려는 집단의 의지이기도 하다. 여기서 '집합'은 특정 지역 또는 공동체 내의 사회적 네트워크 및 상호작용, 즉 사회적 결속력(social cohesion)을 나타내며, '효율성'은 이러한 집합 내 사람들이 얼마나 효과적으로 범죄에 대응하는지를 뜻한다. 두 요소가 높을수록 범죄 예방에 더 효과적이다.

이 이론은 두 가지 핵심 개념을 포함한다. 첫째, 사회적 결속력은 특정 지역 내 주민들이 서로 신뢰하고 협력하는 정도를 의미한다. 둘째, 사회적 통제는 주민들이 범죄를 예방하기 위해 얼마나 효과적으로 협력하는지를 나타낸다. 이러한 이론적 틀은 범죄와 공동체 간의 관계에 초점을 두고, 특정 지역 내 사회적 네트워크와 상호작용이 범죄 예방과 대응에 어떤 영향을 미치는지 탐구한다(Sampson, 2010).

로버트 샘슨은 단순히 사회적 네트워크와 강한 유대감만으로는 범죄를 효과적으로 통제할 수 없다고 주장한다. 이는 강한 유대감이 항상 긍정적인 행동을 촉진하는 것은 아니기 때문이다. 윌리엄 와이트의 연구는 강한 사회적 네트워크가 반드시 낮은 범죄율로 이어지지 않는다는 사실을 보여 준다. 이는 사회적 유대감이 높다고 해서 항상 범죄를 억제하는 것은 아니라는 점을 강조한다(Whyte, 1993).

샘슨은 사회적 네트워크가 집합효율성이 발휘될 수 있는 기반을 제공하지만, 그것만으로는 충분하지 않다고 강조한다. 다시 말해, 이웃 간의 신뢰는 사회적 통제를 용이하게 만들지만, 그것만으로 범죄 예방을 보장할 수는 없다.

배리 웰먼은 사회과학자들이 단순한 유대감보다는 지역적 연대에 더 집중해야 한다고 주장했다(Wellman, 1979). 그는 강한 유대와 이해관계만을 강조하기보다는, 이웃 간, 기관 간, 그리고 지역 외부와의 연결 구조가 자원, 정보 또는 사회적 통제를 얼마나 효과적으로 제공하는지에 주목해야 한다고 보았다. 이는 단순한 지역 내 결속을 넘어서, 외부와의 네트워크 형성이 범죄 예방에 중요한 역할을 할 수 있음을 의미한다.

집합효율성이론은 사회적 환경이 범죄율에 미치는 영향을 이해하는 데 중요한 이론적 틀을 제공한다. 이 이론은 공동체 내 다수의 사람이 협력해 범죄를 예방하고 통제할 수 있는 능력을 나타내며, 신뢰와 사회적 통제, 네트워크의 효과성 등 다양한 요소와 연관되어 있다. 그러나 이 이론이 모든 공동체와 상황에 적용될 수 있는 것은 아니다. 주로 공동체 수준에서 연구되기 때문에 개인의 특성이나 더 큰 사회적 불평등 문제를 충분히 고려하지 못할 수 있다는 한계도 존재한다(Sampson, 2010).

결론적으로, 집합효율성이론은 범죄와 지역사회 간의 복잡한 관계를 이해하는 데 필수적이며, 이를 바탕으로 보다 효과적인 범죄 예방 프로그램을 개발하는 데 중요한 역할을 한다. 공동체의 사회적 결속력을 강화하고, 관리 능력을 높이는 것은 범죄 예방의 핵심 전략이 될 수 있다.

15

환경을 디자인하면 범죄가 줄어든다?

범죄를 바라보는 새로운 시선

범죄에 대한 많은 이론은 주로 범죄자를 연구 대상으로 삼아 왔다. 범죄학자 조지 볼드는 "모든 과학적 범죄학은 그 방법과 이론이 실증주의적이다."라고 말한 바 있다. 실제로 범죄자에 대한 연구는 생물학적, 심리학적, 사회학적 관점에서 다양하게 이루어졌다(Vold, 1958).

초기 생물학적 연구에서는 유전적 특징이나 체질적인 특성이 범죄에 영향을 미친다고 보았지만, 이러한 이론들은 충분한 검증 과정을 거치지 못했다. 심리학적 연구에서는 범죄자와 비범죄자를 지능이나 성격 구조를 통해 구분하려 했으며, 지그문트 프로이트(Sigmund Freud)의 이론은 범죄가 개인의 내면적 욕구나 동기, 충동에서 비롯된다고 설명했다(Cavan, 1962; Sutherland & Cressey, 1966; Reckless, 1967).

그러나 에드윈 서덜랜드와 도널드 크레시는 성격의 어떠한 특징도 범죄와 직접적으로 관련되지 않는다고 주장했다(Sutherland & Cressey, 1966). 즉, 특정한 성격 때문에 범죄를 저지르는 것이 아니라는 것이다.

사회학적 연구에서는 나이, 성별, 거주지, 사회적 환경 같은 요소들이 범죄와 어떻게 연관되는지 살펴보았다. 서덜랜드의 차별적 접촉 이론에 따르면, 사람은 주변에서 법을 어기는 행동을 학습하게 되며, 이러한 접촉이 많을수록 범죄에 빠질 가능성도 높아진다고 보았다(Sutherland & Cressey, 1966).

도널드 크레시는 이런 차별적 접촉이 개개인의 범죄 행동을 설명하기는 어렵지만, 어떤 지역에서 범죄가 더 많이 발생하는지 같은 범죄율의 차이는 설명할 수 있다고 덧붙였다(Cressey, 1969).

바바라 우튼은 기존의 범죄 연구가 환경적인 요인보다는 개인적인 특성에 지나치게 초점을 맞춰서, 범죄의 원인과 결과를 충분히 밝혀내지 못했다고 지적했다(Wootton, 1959; Hirschi & Selvin, 1967).

결국, 범죄 연구의 핵심은 "범죄자를 연구할 것인가?" 아니면 "범죄가 발생하는 환경과 기회와 같은 상황적 조건을 연구할 것인가?"라는 질문으로 모아진다. 최근에는 인간 행동을 분석할 때, 정신적인 요인보다는 신체적이고 물리적인 측면에 더 주목하는 경향이 커지고 있다. 자연과학적 방법이 범죄 연구에 도입되면서, 행동주의, 환경론, 시스템 분석, 의사결정 이론 같은 새로운 접근법이 등장했다(Handy & Kurtz, 1964; De Grazia et al., 1968; Kretch et al., 1969; Charlesworth, 1967).

최근 연구에 따르면, 뇌의 성장과 발달은 환경적 자극에 큰 영향을 받는다. 예를 들어, 단백질이 부족한 식단을 섭취한 아이들은 그렇지 않은 아이들보다 뇌세포가 적으며, 학습과 경험이 뇌의 화학 성분과 구조에도 영향을 미친다는 사실이 밝혀졌다(Kretch et al., 1969).

오늘날의 범죄학자들은 범죄 자체만이 아닌, 그것이 발생하는 배경과 조건들을 종합적으로 이해하려고 노력한다. 범죄는 단순히 개인의 선택이나 성격만으로 설명되지 않는다. 그 사람의 과거 경험, 사회적·경제적 배경, 심리적 요인, 그리고 그가 속한 환경 등이 복합적으로 작용한다. 예를 들어, 자동차 절도를 저지른 경우에도 이는 단순한 도둑질이 아니라, 가정의 문제, 경제적 어려움, 낮은 학업 성취도, 친구 관계의 갈등 같은 다양한 원인이 있을 수 있다.

따라서 범죄학자들은 범죄의 근본적인 원인을 다양한 관점에서 분석하고, 이를 바탕으로 장기적인 해결책을 찾으려 노력한다. 현대의 행동주의적 시각에서는 범죄를 환경적인 조건과 그 결과에 대한 반응으로 설명하며, 이러한 분석을 통해 범죄 예방과 재발 방지의 해법을 모색하고 있다.

환경설계를 통한 범죄 예방(CPTED)의 기원

환경설계를 통한 범죄 예방(CPTED) 기법이 적용된 범죄 예방 아이디어는 인류의 초기 정착지에서도 찾아볼 수 있다. 철기시대의 요새와 성채 건설에는 접근을 통제하기 위한 조경, 성벽, 해자, 도개교 등이 사용되었다(Schneider & Kitchen, 2002). 특히 에드워드 1세는 1285년에 「윈체스터 법령」 제5장에서 도로 주변의 도랑과 나무가 범죄자의 은신처가 될 수 있으므로 이를 제거하도록 명시했다. 이에 따라 토지 소유자는 자신의 땅에 있는 나무 숲과 도랑을 정리할 책임이 있었으며, 이를 지키지 않아 범죄가 발생할 경우 그에 대한 책임도 함께 지도록 규정되었다(Kuo & Sullivan, 2001).

현대적 CPTED의 기원은 제인 제이콥스(Jacobs, J), 레이 제프리(Jeffery, C), 오스카 뉴먼(Newman, O)의 연구에서 비롯되었다. Jeffery(1976)는 현대 CPTED의 기초가 자신의 연구가 아닌 뉴먼의 '방어 가능한 공간'에 있음을 인정했다. 이는 제프리의 연구가 복잡하고 장기적인 분석을 요구했던 반면, 뉴먼의 이론은 단순하고 즉각적인 적용이 가능했기 때문이다(Andresen, 2010).

Jacobs(1961)의 『위대한 미국 도시의 죽음과 삶(The Death and Life of Great American Cities)』은 당시 도시 계획에 대한 기존의 사고방식을 뒤흔들었다. 그녀는 안전과 보안을 도시 기능의 중요한 요소로 보았으며, 성공적인 도시 지역의 핵심은 사람들이 거리에서 안전하다고 느끼는 것에 있다고 강조했다. 이를 실현하기 위해서는 공적 공간과 사적 공간의 명확한 구분이 필요하며, 거리를 자연스럽게 감시할 수 있는 '눈'이 존재해야 한다고 보았다. 또한, 거리에는 항상 사람들이 왕래해야 하며, 건물 내부에서도 충분한 사람들이 거리를 바라볼 수 있도록 설계되어야 한다고 주장했다. 이를 통해 거리에 대한 자연스러운 감시와 사회적 통제가 이루어질 수 있다고 설명했다.

범죄예방 환경설계의 적용

제프리는 그의 저서 『환경설계를 통한 범죄 예방(Crime Prevention through Environmental Design)』에서 범죄의 사회적 원인이 과장되어 있으며, 생물학적 및 환경적 요인에 대한 검토가 필요하다고 주장했다. 또한, 범죄의 원인을 보다 다학문적이고 전체론적인 관점에서 바라보며, 사회적, 행동적, 정치적, 심리적, 생물학적 설명을 모두 고려했다. 특히 범죄성을 결정하는 데 있어 뇌의 내부 환경이 외부의 물리적 환경만큼이나 중요하다고 보았다(Jeffery, 1971).

1960년대 후반과 1970년대 초반, 미국의 건축가이자 도시계획가인 뉴먼은 범죄율과 공공 주택의 설계에 대해 논의했다(Newman, 1973). 이 연구는 제이콥스(Jacobs, J.)의 이론을 실용적으로 발전시킨 것으로, 미국과 영국에서 큰 관심을 불러일으켰다(Mawby, 1977). 이는 당시 많은 도시에서 범죄율이 상승하고 기존의 범죄 대책에 대한 실망이 확산된 상황과 맞물려 더욱 주목받았다.

뉴먼의 '방어 가능한 공간(Defensible Space)' 개념은 건축적 관점에서 발전한 이론으로, 다양한 사회 및 행동 과학자의 연구를 기반으로 하고 있다. 그는 건축 형태, 특히 공공 주택의 설계가 범죄율에 영향을 미친다고 주장했다. 뉴욕의 브라운스빌(Brownsville)과 반 다이크(Van Dyke) 공공 주택 프로젝트를 비교 분석한 결과, 두 지역의 입주자 특성은 유사했지만, 범죄율에서는 큰 차이를 보였다. 반 다이크의 고층 건물은 브라운스빌의 저층 건물보다 범죄율이 훨씬 높았으며, 이는 고층 아파트의 구불구불한 복도와 감시가 어려운 공공 구역이 주요 원인으로 지적되었다. 특히 범죄의 절반 이상이 이러한 가시성이 낮고 은신이 용이한 장소에서 발생했다.

제이콥스의 사적 공간과 공공 공간의 구분 개념에 영향을 받은 뉴먼은 자신의 '방어 가능한 공간' 개념을 발전시켰다. 그는 다수의 주민이 공유하는 넓은 공적 공간의 사용 빈도가 낮아질수록 익명성이 증가하고, 관리가 부실해져 주민들의 소유감이 약해진다고 주장했다. 또한 감시가 어려운 내부 복도와 거리에서 보이지 않는 외부 출입구는 범죄를 촉진한다고 분석했다. 마지막으로, 엘리베이터, 계단, 출입구가 상호 연결되어 대체 탈출 경로를 제공함으로써 범죄자들에게 유리한 환경을 조성한다고 지적했다. 이러한 요인들이 결합될수록 범죄 발생 가능성은 더욱 높아졌다. 방어 가능한 공간(Defensible Space)은 "거주자들이 스스로 자신의 안전을 보장하는 주요 주체가 될 수 있도록 하는 물리적 특성, 즉 건물 배치와 부지 설계가 기능하는 주거 환경"으로 정의된다(Newman, 1973). 이 이론은 안전한 도시 환경 조성을 위한 네 가지 설계 요소로 구성된다.

1. 영역성(Territoriality): 상징적 또는 물리적 장벽을 통해 공간의 소유권을 명확히 구분하고, 소유 의식이 생기도록 설계한다.
2. 자연적 감시(Surveillance): 건물의 배치, 창문 및 출입구의 설계가 거주

자와 외부인이 서로를 감시할 수 있는 기회를 제공하도록 구성된다.

3. 이미지와 환경(Image and Milieu): 공간이 깨끗하고 잘 관리되며 질서 있게 보이도록 설계와 관리가 이루어지며, 이는 범죄의 발생을 억제한다.
4. 지리적(환경적) 인접성(Geographical Juxtaposition): 특정 장소가 주변 환경과 어떻게 연결되어 있는지를 나타내며, 이러한 연결성은 그 장소의 안전성과 범죄 발생 가능성에 영향을 미친다.

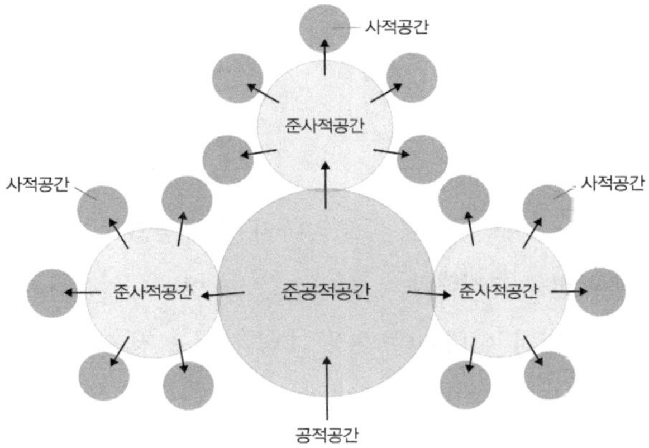

그림 15-1 **방어공간 계층구조(Newman, 1973)**

이 네 가지 방어 가능한 공간 요소는 결합하여 거주자들에게 소유감과 공동체 의식, 그리고 책임감을 증진시킨다. 이를 통해 안전하고 생산적이며 잘 유지되는 이웃을 형성할 수 있다. 뉴먼은 건축 환경이 범죄를 촉진할 수 있기 때문에 방어 가능한 공간의 구축이 필요하다고 주장했다. 그는 도시의 주거 환경을 재구조화하여 사람들이 다시 살기 좋은 공간으로 만들고, 경찰이 아닌 지역 공동체가 스스로 통제할 수 있는 환경을 조성해야 한다고 강조했다(Newman, 1973).

방어 가능한 공간 이론은 당시 건축계에서 새로운 접근 방식으로 평가받았다(Schneider & Kitchen, 2002). 이후, 이 이론의 적용은 사회 주택 프로젝트를 넘어 다양한 주거 형태뿐만 아니라 소매, 상업, 교통 거점, 학교, 병원, 도심, 스포츠 시설 등으로 확장되었다. 또한 방어 가능한 공간 이론은 명확한 사회적 차원을 포함하도록 더욱 정교해졌으며, 이러한 개념들은 현대 CPTED(범죄 예방 환경설계) 접근 방식의 핵심 요소가 되었다. 미국에서는 1990년대 중반 주택도시개발부의 지원을 받으며 더욱 발전하게 되었다(Cisneros, 1995).

CPTED의 전세계적 확산

브렌팅햄(Brantingham, P. L.)은 플로리다의 주거 침입 범죄를 연구하면서 환경범죄학의 발전을 촉진했다(Clarke & Mayhew, 1980). 윌슨과 켈링의 깨진 유리창 이론은 뉴먼의 '이미지와 환경' 개념을 더욱 정교화하는 데 영향을 미쳤고, 이는 CPTED의 '이미지 유지 및 관리' 개념으로 발전했다(Wilson & Kelling, 1982). 콜먼은 영국에서 디자인 개선 통제 실험(DICE)을 위해 많은 자금과 지원을 받았다. 이 실험은 CPTED와 관련된 16개의 설계적 결함 요소를 제안하여, 런던 인근의 4,000개 이상의 아파트와 건축물 설계를 수정했다. 초기에는 긍정적인 반응을 얻었으나, 이후 과학적 엄밀성이 부족하다는 비판을 받기도 했다(Smith, 1986). 그럼에도 그의 저서 『유토피아의 재판: 계획된 주거의 비전과 현실』은 CPTED 아이디어의 대중화를 촉진하는 데 중요한 역할을 했다(Coleman, 1990).

미국 국가범죄예방연구소(NCPI)의 전 이사이자 범죄학자인 크로우(Crowe, T.)는 경찰 및 관련 종사자를 위한 다양한 CPTED 교육 프로그램을 개발하고 진행했으며, 그의 저서 『환경설계를 통한 범죄 예방: 건축 설계와 공간 관리 개념의 응용』은 CPTED에 대한 관심을 불러일으키며, 1990년대 이후 CPTED 발전의 견고한 기초를 마련했다(Carter & Carter, 1993).

1990년대 이후에는 CPTED 개념을 정교화하기 위한 환경심리학 연구가 지속되었다. 이러한 연구들은 CPTED와 관련된 중요한 인지적 차원에 초점을 맞추었으며, 범죄자, 경찰, 도시 계획자, 시민 등이 도시 공간과 그 안의 요소를 어떻게 인식하는지를 탐구했다(Perkins & Taylor, 1996). 이러한 인지적 접근은 새로운 천년기가 도래한 이후에도 꾸준히 이어졌다. 이후 연구는 방어 가능한 공간과 물리적 보안 개념에서 벗어나, 도시 계획적 접근을 통해 CPTED의 발전을 이끌었다(Wekerle & Whitman, 1995).

CPTED의 발전에는 상황적 범죄 예방 연구도 중요한 기여를 했으며(Clarke, 2008), 기회 이론의 등장에도 영향을 미쳤다(Cohen & Felson, 1979; Cornish & Clarke, 1986; Jeffery & Zahm, 1993; Felson & Clarke, 1998; Ekblom, 2001). 최근에는 거주지의 유능한 감시자 역할에 대한 연구가 CPTED 분야에서 주목받고 있다(Reynald, 2014). 여러 연구자들은 CPTED의 지속 가능성과 공공 안전 의제와의 연계에 관심을 가지고 있다(Cozens & Love, 2015).

현재 CPTED는 유엔(UNHSP, 2007)과 세계 여러 정부의 지지를 받으며, 많은 국가와 기관이 CPTED 코드와 표준을 정책 지침에 반영하게 되었다(Cozens, 2014). 이러한 발전은 CPTED가 단순한 이론을 넘어 실제 정책으로 자리 잡을 수 있는 기반을 마련했다.

CPTED의 기본요소

CPTED는 환경심리학과 행동심리학을 기반으로 하며, 사람과 환경 간의 관계에 중점을 둔다. 건축 환경에서 제공되는 단서들은 사람들에 의해 인지되고 해석되며, 그들의 행동에 영향을 미친다. 예를 들어, 가시성을 높여 합법적 공간 이용자들이 안전하다고 느끼게 하면, 비합법적 이용자들이 범죄를 저지르기 어려워진다. CPTED는 인간 활동과 공간 설계를 자연스럽게 결합시켜 범죄 예방을 도모하는 전략이다. 기존의 범죄 예방은 순찰 같은 인력 의존적 방법이나 물리적 보안 장비에 의존해 왔으며, 이로 인해 인건비, 시설비, 건물 운영비 등이 크게 증가했다. 반면 CPTED는 설계 단계에서부터 선제적으로 적용할 수 있으며, 영역성 강화, 감시, 이미지, 접근 통제, 합법적 활동 지원, 표적 강화, 지리적 인접성 등 7가지 핵심 요소를 바탕으로 한다(Cozens & Love, 2015).

영역성 강화를 통해 공간의 합법적 이용자들에게 소유감과 소유 의식을 심어줌으로써, 비합법적 이용자가 쉽게 접근하지 못하도록 한다. 영역성 강화는 상징적 장벽(표지판, 도로 질감의 변화)과 실제 장벽(울타리, 공간의 명확한 구분)을 통해 이루어지며, 이를 통해 범죄 기회를 줄인다. 접근 통제와 감시는 비공식적 사회 통제의 수준을 높여 영역성을 더욱 강화한다. 이러한 전략은 창문 배치와 같은 물리적 속성을 통해 자연스러운 감시 기회를 늘리고, 공공 공간과 사적 공간을 명확히 구분하며, 소유권을 확립하도록 설계된다.

자연적 감시 강화는 오랜 역사를 지닌 범죄 예방 전략으로, 거주자가 거리를 쉽게 관찰할 수 있도록 설계하거나 출입구와 창문을 배치함으로써 이루어진다. 범죄자는 자신이 누군가의 시선에 노출될 수 있다고 생각하면, 경찰의 개입이나 체포 가능성을 두려워하게 되어 범행을 포기할 가능성이 커진다. 이러한 감시는 공식적 또는 조직적 감시(경찰 및 경비 순찰)와 기계적·전자적 감시(CCTV)로도 이루어진다.

이미지와 공간 관리 전략은 물리적 환경의 긍정적 이미지와 정기적 유지 관리를 통해 공간의 기능을 효과적으로 유지하고, 이용자들에게 안정감과 신뢰를 전달한다. 연구에 따르면, 관리되지 않은 도시 공간은 범죄를 유발할 수 있으며, 합법적 이용자의 접근을 막는 장애물이 된다(Cozens & Love, 2015). 예를 들어, 빈 건물은 각종 일탈 행위나 범죄를 유발하는 유인책이 될 수 있다. 이러한 현상은 브랜팅햄의 '범죄 유인자(crime attractors)'와 '범죄 생성자(crime generators)' 개념, 뉴먼의 '지리적 인접성(geographical juxtaposition)'과 연결된다.

접근 통제는 잠재적 범죄자들의 접근을 차단하기 위한 공간적 경계를 설정하여, 그들이 위험을 감수해야만 범행을 시도하도록 유도한다. 이를 통해 자연스럽게 범죄 기회를 줄일 수 있다. 또한, 지역사회 구성원들이 공간을 감시하고 개입할 수 있도록 권한을 부여하는 방식으로 이루어진다. 이러한 접근 통제는 공식적(경비 인력) 또는 기계적(자물쇠, 보안문) 방식으로도 이루어지며, 이는 영역성, 감시, 이미지 관리 등과 결합하여 더욱 강력한 범죄 예방 효과를 발휘한다.

합법적 활동 지원은 설계와 표지판을 통해 공공장소에서 허용되는 행동을 장려하고, 위험한 활동은 감시가 용이한 안전한 장소에 배치하는 전략이다. 또한, 사람들이 많이 모이는 곳에 안전한 활동을 유도함으로써 자연스러운 감시가 이루어지도록 한다. 그러나 보행자가 많아지면 '거리의 눈' 역할을 하면서 범죄 예방에 효과적일 수 있지만, 경우에 따라 소매치기와 같은 다른 범죄의 기회가 증가할 수 있다.

표적 강화는 전통적인 범죄 예방 전략으로, 범죄 대상에 대한 접근을 어렵게 하고 위험성을 높여 범죄 실행을 어렵게 만든다. 이를 위해 울타리, 대문, 보안문, 자물쇠 등 물리적 장벽을 설치하여 보호하고, 개별 건물 단위에서도 적용된다. 그러나 지나친 표적 강화를 통해 '요새화'된 이미지가 형성되면, 시민들이 물리적 장벽 뒤로 숨게 되어 CPTED의 기본 전략인 감시,

영역성, 이미지 관리와 상충될 수 있다. 미국 교외에 흔한 '게이트 커뮤니티(Gated communities)'가 그 예로, 높은 울타리와 보안 게이트로 외부인의 출입을 차단하여 보안과 프라이버시를 확보하지만, 사회적 고립과 배타성을 초래할 수 있다.

지리적 인접성은 CPTED의 여섯 가지 차원이 뉴먼의 '지리적 인접성' 개념으로 둘러싸여 있음을 의미한다. 이 개념은 합법적 활동 지원의 일부로 통합되었지만, 그 중요성이 종종 간과되곤 한다(Cozens, 2015). 잘 설계되고 관리된 환경은 합법적 이용자가 쉽게 공간을 관찰할 수 있도록 하여 범죄자를 억제하며, 범죄자는 도전받거나 신고될 가능성을 크게 느끼게 된다. 이러한 환경 조성은 사회적 통제를 강화하고 범죄자들이 쉽게 접근하지 못하도록 유도함으로써, 범죄 예방에 큰 효과를 발휘한다.

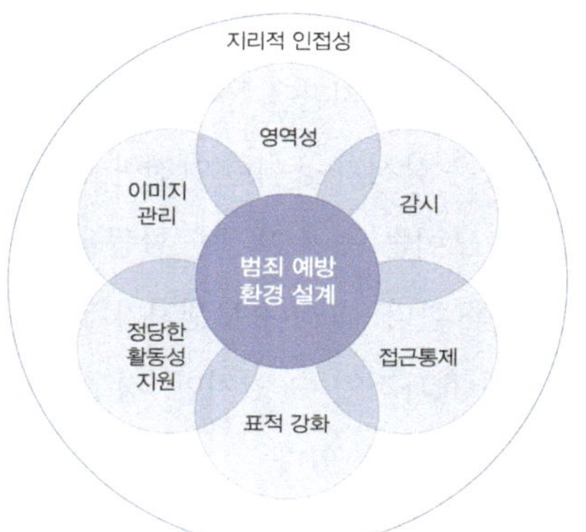

그림 15-2 CPTED의 7가지 핵심전략(Cozens, 2014)

CPTED의 핵심은 공간을 단순히 물리적으로 보호하는 것을 넘어서, 사람들의 심리적 인식과 행동을 고려한 환경설계를 통해 자연스럽게 범죄를 예방하는 데 있다. 이를 통해 지역사회는 더욱 안전하고 쾌적한 생활 공간으로 변모할 수 있다.

2세대 CPTED로의 진화

환경설계를 통한 범죄 예방(CPTED) 개념은 1970년대 이후 연구자와 실무자, 정책 입안자들에 의해 지속적으로 발전해 왔다. 특히 최근에는 2세대 CPTED(Saville & Cleveland, 1997), 커뮤니티 CPTED(Plaster Carter, 2002), 사회적 CPTED(Mallett, 2004)로 불리는 개념이 등장하면서, 1세대 CPTED가 물리적 환경에만 치우쳐 사회적 요소를 간과했다는 비판을 극복하려는 시도가 이루어졌다. 이러한 변화는 공동체의 사회적 특성, 사회적 결속력, 집합 효율성(collective efficacy) 개념을 중심으로 이루어졌으며(Sampson, Raudenbush & Earls, 1997), 물리적 설계를 넘어서 사회적 프로그램과 공동체 참여를 중시하고, 커뮤니티의 자율적 치안 역량 강화를 목표로 한다(Saville & Cleveland, 2008). 2세대 CPTED는 크게 사회적 결속력, 커뮤니티 연결성, 커뮤니티 문화, 수용 한계라는 네 가지 핵심 개념으로 구성된다(Cozens & Love, 2015).

사회적 결속력은 공동체 내 사람들과 집단 간의 유사점과 차이점을 존중하고 인식하는 환경을 조성하는 것을 의미한다. 이는 공동체의 다양성을 인정하고, 지지하며, 기념하는 데 중점을 둔다. 사회적으로 결속된 공동체는 구성원 간의 상호 존중과 긍정적인 관계 형성을 통해 공통된 비전과 소속감을 공유하게 된다. 이러한 사회적 결속은 범죄 예방과 공동체의 안전성 증대에 중요한 역할을 한다.

커뮤니티 연결성은 공동체 내에서 정부 및 비정부 기관과의 협력 관계를 구축하는 것이다. 이를 통해 다양한 프로그램과 활동이 조정되고, 공동체는 더 강하게 연결되며 통합된다. 이러한 연결성은 장소적 소속감을 강화시키고, 공동체의 자율적 치안을 유지하도록 돕는다. 결과적으로, 범죄와 일탈 행동을 억제할 수 있는 강력한 기반이 마련된다.

커뮤니티 문화는 주민들이 공동체에 대한 소속감을 공유하며 형성된다. 주민들은 축제나 문화 행사, 청소년 클럽 활동 등을 통해 서로 교류하고, 중요한 지역 행사나 인물을 기념한다. 이러한 활동은 공동체 의식을 강화시키고, 이웃들이 자율적 치안을 위한 긍정적인 행동을 채택하도록 유도한다. 강한 커뮤니티 문화는 외부의 범죄적 요소가 침투하기 어려운 환경을 만들어낸다.

수용 한계란 특정 지역의 활동과 토지 이용에 대한 자연적 한계를 의미한다. 사람 중심의 보행자 지향적인 토지 이용과 활동을 촉진하면서 이러한 수용 한계를 인식하고 관리하는 것이 중요하다. 지역사회가 수용 한계를 넘어서면 '전환점'에 도달하게 되며, 이로 인해 이웃의 기능성이 저하된다(Saville, 1996). 전환점에 이르면 범죄 발생률이 증가하고, 준법 주민들이 이탈하면서 지역이 불안정한 임시 거주지로 변할 수 있다. 특히 방치되거나 버려진 건물이 많아지면 지역의 이미지를 훼손하고, 기물 파손이나 낙서가 빈번해지면서 관리 소홀의 악순환이 이어진다. 이러한 상황은 지역사회 생태계를 붕괴시키고, 범죄와 반사회적 행동을 촉진할 수 있다.

2세대 CPTED에서 강조되는 또 다른 핵심 요소는 포용성과 공동체 참여이다. 포용적이고 건강하며 안전한 공동체는 주민들이 지역사회의 문제를 해결하기 위한 실질적인 아이디어를 제시하고 실행할 수 있는 환경을 제공한다. 주민들이 이웃을 관리하거나 개선하는 과정에서 의사결정에 능동적으로 참여하는 것이 중요하다(Brassard, 2003). 또한, 포용성은 편의 시설과 서비스에 대한 동등한 접근을 의미하며, 이를 통해 공동체 구성원들이 차별 없이 지역사회 발전에 기여할 수 있도록 한다.

포용성과 참여의 이러한 사회적 차원은 CPTED의 효과를 극대화하는 중요한 역할을 한다(Sarkissian, Cook & Walsh, 1997). 이는 지역 안전 감사를 통해 지역사회가 인식하는 문제를 점검하고, 갈등을 해결하며, 2세대 CPTED를 육성하기 위한 사회적 상호작용을 활성화하는 것을 포함한다(Saville & Cleveland, 1997). 궁극적으로, 이러한 공동체 중심의 접근법은 지역사회의 자율적 치안 역량을 높이고, 범죄 예방의 실질적인 효과를 도출할 수 있다.

2세대 CPTED의 개념은 물리적 환경의 개선만으로는 한계가 있음을 인식하고, 공동체의 사회적 결속력과 문화, 참여를 통해 자율적 치안을 촉진하려는 시도이다. 이를 통해 지역사회가 스스로 안전을 지키고 범죄를 예방할 수 있는 역량을 갖추게 되며, 결국 커뮤니티가 건강하고 지속 가능하게 유지될 수 있는 기반이 마련된다.

CPTED 동적 통합 모델

1세대와 2세대 CPTED를 보다 총체적으로 개념화하기 위해 코젠스는 최근 CPTED를 위한 동적 통합 모델(Dynamic Integrated Model for CPTED)을 개발하여 <그림 15-3>과 같이 제시했다(Cozens, 2014). 아미티지는 CPTED의 범위가 지나치게 확장되는 것에 대해 경고하지만(Armitage, 2013a), 2세대 CPTED가 채택한 사회적 접근을 통합하는 것에는 의미가 있다고 제안한다(Saville & Cleveland, 2003a). 사회적 요인은 거리에서의 '눈(eyes)', 즉 가시성의 질에 영향을 미치기 때문에 CPTED의 효과에도 중요한 영향을 줄 수 있다.

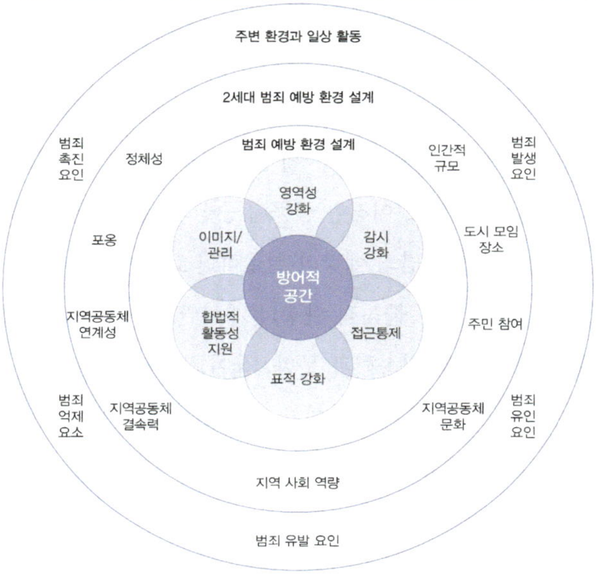

그림 15-3 CPTED를 위한 동적 통합 모델(Cozens, 2014)

실제로 제이콥스의 '거리의 눈'에서 중요한 것은 단순히 시선이나 거리 자체가 아니라, 그 '눈'의 존재 그 자체라고 주장했다. 또한, 주민들이 이웃을 인식하고 서로를 주시할 수 있는 '거리의 눈'이 존재한다는 사실을 깨닫게 하는 실질적인 '관심'이 필요하다고 보았다. 여기서 중요한 점은 물리적 환경의 역할은 비교적 측정하기 쉬운 반면, 공동체 의식이나 '관심'과 같은 사회적 요인은 파악하거나 측정하기가 훨씬 어렵다는 것이다(Saville & Cleveland, 1997).

뉴먼은 방어 가능한 공간의 영역성 개념을 통해 이러한 사회적 요인을 어느 정도 다루었으며, 영역성이 사람들로 하여금 자신의 지역 환경에 관심을 갖고 보호하려는 의식을 가지도록 장려할 수 있다고 설명했다. 이 모델은 공동체 구성원들이 실제로 이웃의 자율적 치안에 얼마나 참여하고 있는지를 파악하는 데 도움이 되는 2세대 CPTED의 사회적 요소와 연결된다(Newman, 1972).

코젠스는 "범죄의 복잡성과 그것이 사회문화적 환경의 다양한 측면에 의존한다는 점을 고려할 때, 사회적 차원을 고려하는 것은 항상 CPTED 과정의 일부가 되어야 한다."라고 강조했다. 이 모델은 또한 CPTED 실무자들이 주변 환경의 잠재적인 범죄 유발 요인을 고려하도록 하며, 이는 뉴먼이 제시한 방어 가능한 공간의 '지리적 인접성(geographical juxtaposition)' 개념과도 연계된다(Cozens, 2014).

표 15-1 영역에 대한 이용 유형과 범죄 기회

유형	범죄 기회
범죄 생성자 (Crime generators)	범죄적 동기가 미리 정해져 있지는 않지만 범죄적 기회가 분명해지면 행동하는, 대중을 끌어들이는 중심 활동.
범죄 유인자 (Crime attractors)	동기 부여된 범죄자를 유혹할 수 있는 범죄에 대한 잘 알려진 기회가 있는 중심 활동.
범죄 억제자 (Crime detractors)	매력이 거의 없고 사람들을 멀어지게 할 수 있는 장소. 잠재적인 범죄자들로 하여금 이용하도록 장려하게 함.
범죄 촉진자 (Crime facilitators)	범죄자의 능력을 키우거나 기존 범죄 예방 조치를 우회하는 데 도움이 되는 것. 물리적(총기), 사회적(갱단 및 조직 범죄 네트워크) 또는 화학적(알코올/약물) 요소.
범죄를 촉진하는 요인 (Crime precipitators)	일반적으로 범죄로 간주하지 않는 개인이 범죄를 저지르도록 적극적으로 격려하는 직접적인 환경 내의 것들(예: 공중 화장실이 없는 경우 공중 소변을 장려할 수 있음).

※ 출처: Brantingham and Brantingham(1995), Clarke and Eck(2005), Wortley (2008), and Kinney et al.(2008).

CPTED와 범죄 예방 효과성 평가

환경설계를 통한 범죄 예방(CPTED)의 복잡성 때문에 개별 프로젝트의 평가는 연구의 질적인 한계로 인해 명확한 결론을 도출하기 어려운 경우가 많다. 이는 결과에 영향을 미칠 수 있는 다양한 요인에 비해 증거의 규모가 상대적으로 작기 때문이며, 각 CPTED 사례가 세부 사항에서 고유하기 때문에 결과를 일반화하기 어렵기 때문이다. 하지만 여러 개별 사례를 모아 분석하는 연구는 더 많은 증거를 확보하고, 다양한 상황에서 적용 가능성을 높일 수 있다는 장점이 있다(Cozens & Love, 2015).

CPTED에 대한 최초의 실증적 평가는 1971년부터 1973년까지 진행되었다. 미국 법무부의 지원을 받아 코네티컷주 하트퍼드에서 3년간 CPTED 적용을 테스트했으며, 환경 설계를 통한 범죄 예방이 실제로 범죄 기회를 줄인다는 결과를 발견했다. 이 연구 결과는 미국 전역에서 CPTED 전략을 시행하고 평가하는 연방 프로그램의 출발점이 되었다(Westinghouse Electric Corporation, 1978).

CPTED의 대표적인 성공 사례 중 하나로는 오하이오주에서 뉴먼이 진행한 파이브 오크스 프로젝트(Five Oaks Project)가 있다. 이 프로젝트는 다양한 CPTED 개입 이후 범죄율이 26% 감소했다고 보고되었다(Schneider & Kitchen, 2002). 또 다른 사례로는 캘리포니아에서 시행된 CPTED 조치들이 있다. 이 프로젝트에서는 탈출 경로 감소, 조명 및 표지판 개선, 표적 강화, 접근 통제, CCTV 설치, 야간 보안 순찰 등을 시행한 결과, 주말마다 빈번하게 발생하던 침입, 기물 파손, 낙서가 월 2회로 절반 이상 감소했으며, 산업단지의 점유율도 75%에서 98%로 상승했다(Pieser & Chang, 1998).

CPTED 사례 연구들은 일부 모호한 부분이 있지만 전반적으로 CPTED

개입이 범죄 감소에 효과적이라는 경향을 보여 준다. 루벤스타인은 1970년대에 진행된 다양한 연구들을 실증적으로 검토한 결과, 이용 가능한 증거들을 종합하면 물리적 환경의 변화가 범죄 발생률과 범죄에 대한 두려움을 줄이는 데 효과가 있다는 결론을 내렸다(Rubenstein, 1980). 더 나아가, 오리건 주 포틀랜드에서 실시된 CPTED 개입은 상업용 건물에서 발생하는 절도 사건을 줄이는 데 기여했을 뿐만 아니라, 이웃의 삶의 질 향상, 물리적 환경의 개선, 그리고 사업체 간 사회적 결속의 안정화에도 긍정적인 영향을 미쳤다고 보고되었다(Kushmuk & Whittermore, 1981).

강도 사건에 대한 CPTED의 실질적 효과를 검토한 연구도 있다. 강도 사건에 대한 28건의 CPTED 연구를 분석한 결과, 16건의 다중 구성 요소 CPTED 연구와 12건의 단일 구성 요소 연구 중 1건을 제외한 모든 연구에서 범죄가 30%에서 84%까지 감소했다고 밝혔다(Casteel & Peek-Asa, 2000). 이들은 CPTED가 강도 예방에 효과적이고 적응 가능한 접근 방식임을 확인했다. 또한 미국 법무부는 미국 전역의 경찰 부서가 수행한 100건 이상의 문제 해결 프로젝트를 검토한 결과, 성공적인 프로젝트의 57%가 CPTED 전략을 활용했다고 발표했다(Scott, 2000). 미국 의회 보고서 "범죄 예방: 무엇이 효과적인가, 무엇이 효과적이지 않은가, 무엇이 유망한가?"에서도 장소 기반 범죄 예방 평가의 90%가 상당한 범죄 감소 효과를 보였다고 설명했다. 소렌슨은 주거 침입 범죄에 대한 증거를 검토한 결과, CPTED가 효과적인 기법으로 높은 신뢰성을 갖춘다는 평가를 내렸다(Sorensen, 2003).

CPTED의 범죄 예방 효과에 대한 평가가 지속되는 가운데, 일부 연구들은 환경설계 기반 프로젝트가 실제로 범죄를 감소시킨다는 증거를 제시하고 있다. 포이너는 범죄 예방 프로젝트에 대한 122건의 평가를 분석하면서 환경설계 기반 프로젝트 중 45건 중 24건에서 모든 범죄 유형에서 범죄 감소의 뚜렷한 증거가 나타났다고 보고했다(Poyner, 1993). 4개의 주거 지역을 대상으로 한 연구(Feins, Epstein & Widom, 1997)에서도 CPTED 수정이 범죄를 줄일 수 있지만, 그것이 직접적인 증거인지는 확신할 수 없다고 결론지었다(Schneider & Kitchen, 2002).

영국에서는 '설계에 의한 보안(Secured by Design: SBD)' 프로그램이 시행되고 있으며, 경찰이 CPTED 원리를 적용한 건축물이나 단지에 인증을 부여하고 있다. 연구에 따르면, SBD 인증을 받은 건축물과 단지는 범죄 발생률이 현저히 낮아지는 경향이 있다는 결과가 일관되게 나타났다(Cozens & Love, 2015).

호주 범죄학 연구소(Australian Institute of Criminology) 역시 다양한 범죄 예방 개입을 검토한 결과, CPTED가 주거 침입 절도, 차량 절도, 고의적 손괴, 개인 물품 절도 감소에 전반적으로 효과적이라고 결론지었다. 연구자들은 CPTED의 영향에 대해 추가적인 연구가 필요하다는 점을 인정하면서도, 새로운 개발 계획이나 도시 재생 프로젝트에 CPTED 원칙을 적용할 수 있을 만큼 충분한 근거가 확보되었다고 보았다(Morgan et al., 2014).

반면, CPTED에 대한 비판적 평가에서는 연구 결과가 일관되지 않다는 점이 강조된다. Taylor(2002)는 그의 보고서 "환경설계를 통한 범죄 예방(CPTED); 예, 아니요, 아마도, 알 수 없음, 그리고 이 모든 것"에서 건축 환경의 변화가 실제로 범죄를 줄였는지에 대해 불확실하다고 설명했다. 일부 연구에서는 '아마도' 범죄가 줄었을 것이라고 추정했으며, 다른 연구에서는 결과를 '알 수 없다'고 평가했다. 그는 이러한 결과가 "핵심 용어의 정의, 요구되는 증거의 엄격성, 찾고자 하는 답변의 명확성"에 크게 좌우된다고 결론지었다.

또한, 많은 CPTED 프로젝트의 의뢰인들은 디자인 개입에 대한 후속 연구에 자금을 지원하지 않으며, 연구가 이루어지더라도 기밀 유지로 인해 결과 공개가 제한되는 경우가 많다. 이러한 점들은 CPTED의 효과성을 평가하는 데 큰 걸림돌이 되고 있다. 이처럼 CPTED는 다양한 연구에서 범죄 예방에 긍정적인 결과를 보이기도 하지만, 연구의 신뢰성과 방법론에 따라 그 효과가 명확하지 않은 경우도 많다. 후속 연구의 필요성과 보다 정교한 평가 방법의 도입이 CPTED의 효과성을 더욱 명확하게 밝혀 줄 수 있을 것이다.

찾아보기

ㅁ

ㅂ

ㅅ

참고문헌

본 QR코드를 스캔하시면 '현대사회와 범죄'의

참고문헌을 확인하실 수 있습니다.

저자약력

김순석

동국대학교 경찰행정학과 졸업
동국대학교 대학원 경찰행정학과 경찰학 석사·박사
現 신라대학교 경찰행정학과 교수
現 신라대학교 평생교육원장
現 경찰청 과학수사 자문위원
現 부산경찰청 운전면허 행정처분 심의위원
現 부산교육청 학교폭력대책 심의위원
現 부산시 청원경찰 처우개선 위원회 위원장
現 국립재난안전연구원 정부사업 심사평가위원
現 경남도 청원경찰 채용 면접위원
現 부산교도소·구치소 채용 면접위원
現 부산강서소방서 징계심의위원
現 한국안전정책학회 회장
現 한국경찰학회 부회장
現 한국치안행정학회 부회장
現 한국범죄심리학회 부회장
現 한국민간경비학회 부회장
現 대한범죄학회 상임이사
現 한국경호경비학회 상임이사
現 순경 및 경찰간부후보생 공개채용시험 출제 및 선정위원
現 경비지도사 자격시험 출제위원
現 신변보호사 자격시험 출제위원
前 New Jersey City University, Exchange Professor
前 신라대학교 입학처장, 교무부처장, 기획부처장
前 한국피해자지원협회(KOVA) 부산지회장
前 부산경찰청 집회시위 자문위원

김양현

동국대학교 대학원 경찰행정학과 경찰학 석사·박사
現 신라대학교 경찰행정학과 교수
現 신라대학교 학생부처장
現 신라대학교 IPP일학습병행사업단장
現 신라대학교 현장실습지원센터장
現 신라대학교 민간경비센터 책임교수
現 부산광역시 사전영재난영향성검토위원
現 경찰서 감찰처분위원
現 경찰서 청원심의위원
現 경찰서 경미범죄심사위원
現 경찰서 민원조정위원
現 경찰서 정보공개청구심의위원
現 한국경찰학회 이사
現 한국민간경비학회 이사
現 한국공안행정학회 이사
現 한국범죄심리학회 이사
現 한국치안정책학회 이사
前 신라대학교 대학원 부원장
前 유원대학교 경찰행정학과 교수
前 한국경비협회 외래교수
前 지방검찰청 형사조정위원
前 경찰인재개발원 발전위원
前 부산경찰청 징계위원

경찰공무원/해양경찰공무원/소방공무원 채용 출제 및 면접위원
해양경찰정비창 채용 면접 및 점검위원
해양경찰정비창 책임운영기관 실사평가위원
시도경찰청/구치소 방호직 면접위원
경비지도사/신변보호사 자격시험 출제위원
시도 청원경찰 출제 및 면접위원

조민상

現 신라대학교 경찰행정학과 교수
現 법무부 채용 면접 및 점검위원
現 충남경찰청 손실보상심의위원회 위원
現 남해지방해양경찰청 고충심사위원회 위원
現 해양경찰정비창 채용 면접 및 점검위원
現 국세청 일반직 공무원 채용 심사위원
現 한국융합과학회 부회장
現 한국민간경비학회 이사
現 국가위기관리학회 이사
現 한국재난관리학회 이사
現 미래융합통섭학회 이사
現 한국치안행정학회 이사
現 한국범죄심리학회 이사
現 한국해양경찰학회 이사
現 사단법인 위기관리 이론과 실천 이사
前 백석대학교 경찰학부 교수
前 국무조정실 정부업무평가단 평가위원
前 전국재해구호협회 연구위원
前 충청남도 학술연구용역심의 위원
前 충남연구원 미래기획위원회 위원

경비지도사/신변보호사 자격시험 출제위원
경찰공무원(순경 및 경찰간부후보생) 공개채용 출제 및 면접위원
해양경찰공무원 채용 면접위원
소방공무원 채용 면접위원

현대사회와 범죄

초판발행 2025년 9월 1일

지은이 김순석 · 김양현 · 조민상
펴낸이 안종만 · 안상준

편 집 이승현
기획/마케팅 박부하
표지디자인 BEN STORY
제 작 고철민 · 김원표

펴낸곳 (주) 박영사
서울특별시 금천구 가산디지털2로 53, 210호(가산동, 한라시그마밸리)
등록 1959. 3. 11. 제300-1959-1호(倫)
전 화 02)733-6771
f a x 02)736-4818
e-mail pys@pybook.co.kr
homepage www.pybook.co.kr
ISBN 979-11-303-2377-0 93350

정 가 19,000원